QICHE DIANLU SHITU
CONG RUMEN DAO JINGTONG

汽车电路识图
从入门到精通

（修订本）

孙洋 孔军 等编著

化学工业出版社
·北京·

本书通过彩色图解的形式，在介绍了汽车电路的基础知识上，运用大量的汽车电路识图示例，对国内外常见车系的电路特点和识图方法进行了综合的讲解，在实例中为读者归纳总结了汽车电路导线标注、汽车电器符号、汽车电气设备端子及汽车电路缩略语等方面的内容，使读者在识读汽车电路图时能够轻松入门；并进一步深入地对汽车内部各子系统电路分别进行了详细的分析，内容涵盖子系统概述、工作原理、识图示例、故障检修等，使读者对汽车电路的关键和细节之处达到精通的地步。整体上来看，本书既有着汽车电路的共性问题，还有着许多有针对性的典型示例，内容充实。

本书以图说话，图文并茂，在诸多示例中教给读者汽车电路各方面的相关知识，由浅及深且具有很强的实用性，特别适合从事汽车维修的技术人员以及职业学校相关专业的师生学习使用。

图书在版编目（CIP）数据

汽车电路识图从入门到精通/孙洋等编著．—修订本．—北京：化学工业出版社，2019.2（2021.6重印）
ISBN 978-7-122-33569-2

Ⅰ.①汽⋯　Ⅱ.①孙⋯　Ⅲ.①汽车-电气设备-电路图-识别　Ⅳ.①U463.620.2

中国版本图书馆CIP数据核字（2018）第303150号

责任编辑：耍利娜　李军亮　　　　　　装帧设计：王晓宇
责任校对：王鹏飞

出版发行：化学工业出版社（北京市东城区青年湖南街13号　邮政编码100011）
印　　装：北京建宏印刷有限公司
880mm×1230mm　1/16　印张12¹/₂　字数373千字　2021年6月北京第2版第2次印刷

购书咨询：010-64518888　　　　售后服务：010-64518899
网　　址：http://www.cip.com.cn
凡购买本书，如有缺损质量问题，本社销售中心负责调换。

定　　价：59.80元　　　　　　　　　　　　　　　　　　　　　　版权所有　违者必究

PREFACE 前言

　　汽车电路图是检修汽车的必要基础资料，只有读懂电路图，才能掌握汽车电路的特点及原理，当汽车发生故障时，可在短时间内找到故障原因。由此看来，汽车电路图识读对维修人员至关重要。

　　由于汽车品牌较多，各生产厂家在电路图的绘制风格上有较大的不同，这给汽车维修人员识别电路带来诸多不便。编者本着以服务汽车维修人员为宗旨的原则而编写本书，希望对汽车维修人员识读汽车电路图有所帮助。

　　本书的第一章介绍汽车电路基础，使读者对电路图有基本的认识。第二章介绍汽车电路图的分类与识读方法。第三章介绍汽车电路图识读示例，涉及通用、丰田、大众、双龙、福特、现代、马自达、神龙富康、东风悦达起亚等国内外常见车系的电路特点和电路图的识读方法。为了方便读者学习，还编入了电路导线颜色代码表、电路图符号及含义和缩略语。第四章介绍汽车各系统电路分析及识图，主要讲述各系统的概述、组成、电路原理、识图示例和故障检修方法。

　　修订版主要做了如下修改：

　　（1）增加维修要诀，采用"要诀+说明+图解+专家提示"的编写方式，为零基础读者量身打造；要诀朗朗上口，容易记诵；说明一步一图解，准确达意，一看就懂。读者可边学边记，提高学习效率。

　　（2）黑白图替换成彩色图。第一版里面有一部分图片和元器件符号采用的是黑白形式，相比于彩色的阅读体验要差一些，新版更换为彩色图片，使图书更加美观，真正做到彩色图解，更加方便读者学习。

　　本书图文并茂、通俗易懂、实用性较强，特别适用汽车维修的人员进修、自学使用，也可作为大、中专及中职、高职汽车维修专业的培训教材和参考书。

　　本书主要由孙洋、孔军主编，参与本书编写的还有康小厂、李俊、彭耀伍、韩博、宋家乐、石超、秦萌、苏影、韩文飞、楚建功、马亮亮、刘彦楠、刘地、刘中江、黄秋杰、张爱萍、赵世成、侯元德、冯丹丹、黄文霞、耿荣森、李宁、李建伟、杨易锋、李换、孙慧敏、马娟、张荔荔、赵怀宙、孙鹏、张旭、张玉河、闫修品、冯志刚、薛瞧、王佳、薛秀云、孙兰、谭连枝、李艳丽、孙慧杰等。

　　由于水平有限，书中难免有不足之处，望读者批评指正。

编著者

目录

第一章　汽车电路基础　/001

第一节　汽车电路的概念及组成　/002
一、汽车电路的概念　/002
二、汽车电路的组成　/002
三、汽车电路的特点　/003

第二节　汽车电路基础　/005
一、直接控制电路和间接控制电路　/005
二、非电控电路　/008
三、电控电路　/009

第二章　汽车电路图的分类与识读方法　/017

第一节　汽车电路图的分类　/018
一、汽车电器布线图　/018
二、汽车电路原理图　/019
三、汽车线束图　/021
四、汽车电器设备定位图　/022

第二节　汽车电路图的识读方法　/023
一、汽车电路原理图的识读方法　/023
二、汽车线束图的识读方法　/024
三、汽车电气设备定位图的识读方法　/028

第三章　汽车电路图识读示例　/029

第一节　概述　/030
一、汽车电路电器符号　/030
二、汽车电路导线标注　/031
三、汽车电器设备端子标注　/031
四、汽车电路缩略语　/033

第二节　汽车电路识图示例　/033
一、上海通用汽车电路识图示例　/033
二、一汽丰田汽车电路识图示例　/043
三、上海大众汽车电路识图示例　/051
四、一汽大众汽车电路识图示例　/055
五、双龙汽车电路识图示例　/061
六、长安福特汽车电路识图示例　/063
七、北京现代汽车电路识图示例　/069
八、海南马自达汽车电路识图示例　/074
九、神龙富康汽车电路识图示例　/078
十、东风悦达起亚汽车电路识图示例　/085
十一、中国汽车电路图符号及含义　/088
十二、中国汽车常见报警灯和指示灯标志　/089

目录

第四章 汽车各系统电路分析及识图 /093

第一节 充电系统 /094
- 一、充电系统概述 /094
- 二、发电机的组成及工作原理 /094
- 三、充电系统工作状态指示电路 /097
- 四、充电系统识图示例 /098
- 五、电压调节器识图示例 /100
- 六、故障检修 /101

第二节 启动系统 /102
- 一、启动系统概述 /102
- 二、启动机的组成及工作原理 /102
- 三、启动系统识图示例1 /103
- 四、启动系统识图示例2 /105
- 五、故障检修 /106

第三节 电源分配系统 /107
- 一、电源分配系统概述 /107
- 二、电源分配系统的组成及工作原理 /107
- 三、电源分配系统电路识图示例 /109

第四节 发动机电控系统 /113
- 一、发动机电控系统概述 /113
- 二、M7-Motronic发动机电控系统识图示例 /114
- 三、广州本田雅阁发动机电控系统识图示例 /127

第五节 防抱死制动系统 /131
- 一、防抱死制动系统概述 /131
- 二、防抱死制动系统的组成及工作原理 /131
- 三、防抱死制动系统识图示例 /134
- 四、故障检修 /134

第六节 自动变速器电控系统 /135
- 一、自动变速器电控系统概述 /135
- 二、自动变速器电控系统的组成及工作原理 /135
- 三、自动变速器电控系统识图示例 /136
- 四、故障检修 /139

第七节 空调系统 /141
- 一、空调系统概述 /141
- 二、空调系统的组成 /141
- 三、广州本田飞度汽车空调系统识图示例 /142
- 四、一汽大众速腾空调系统识图示例 /145

第八节 防盗系统 /148
- 一、防盗系统的组成及工作原理 /148
- 二、防盗系统识图示例 /149
- 三、故障检修 /151

第九节 安全气囊系统 /152
- 一、安全气囊系统概述 /152

目录

  二、安全气囊系统的组成及工作原理　/ 152
  三、安全气囊系统识图示例　/ 153
  四、故障检修　/ 155
 第十节　中央门锁系统　/ 155
  一、中央门锁系统概述　/ 155
  二、中央门锁系统的组成及工作原理　/ 155
  三、中央门锁系统识图示例　/ 155
 第十一节　巡航控制系统　/ 158
  一、巡航控制系统概述　/ 158
  二、巡航控制系统的组成及工作原理　/ 158
  三、巡航控制系统识图示例　/ 158
  四、故障检修　/ 160
 第十二节　仪表系统　/ 162
  一、仪表系统概述　/ 162
  二、仪表系统的组成及工作原理　/ 162
  三、仪表装置系统识图示例　/ 162
  四、故障检修　/ 167
 第十三节　刮水器和洗涤器　/ 171
  一、刮水器和洗涤器概述　/ 171
  二、刮水器和洗涤器系统电路识图示例　/ 172
  三、故障检修　/ 174
 第十四节　辅助电器系统　/ 174
  一、辅助电器概述　/ 174
  二、辅助电器的组成及工作原理　/ 174
  三、后车窗除霜和后视镜加热电路识图示例　/ 175
  四、驾驶员侧电动座椅电路识图示例　/ 176
  五、天窗电路识图示例　/ 177
 第十五节　照明与信号装置系统　/ 179
  一、照明与信号装置结构特点　/ 179
  二、故障检修　/ 182
 第十六节　故障自诊断系统　/ 183
  一、故障自诊断系统概述　/ 183
  二、故障自诊断系统的组成及工作原理　/ 184
  三、自诊断系统诊断插座电路识图示例　/ 185
 第十七节　车载网络系统　/ 187
  一、车载网络系统概述　/ 187
  二、车载网络系统的组成及工作原理　/ 187
  三、车载网络系统识图示例　/ 189
 第十八节　中央集控门锁　/ 191
  一、中央集控门锁概述　/ 191
  二、中央集控门锁系统识图示例　/ 191
 第十九节　电动后视镜　/ 192
  一、电动后视镜概述　/ 192
  二、电动后视镜系统识图示例　/ 193

Chapter 01 第一章 汽车电路基础

随着电控技术在汽车上被越来越广泛地应用，汽车的动力性、经济性、舒适性和安全性得到了很大提高，汽车污染物的排放量也得到了控制。这些新技术的应用使汽车上的用电设备越来越多，汽车电路随着用电设备的增加也变得越来越复杂。在对现代汽车进行维修时，电路图是必备的维修资料。能读懂汽车电路图也就成为现代汽车维修人员必备的技能。

由于世界上各汽车制造厂家在电路图的绘制上没有统一的规定，风格各异，再加上汽车电路图本身的复杂性，使得缺乏汽车电路基础知识的维修人员一下子很难读懂。在读懂汽车电路图之前，应先了解汽车电路的基础知识——汽车电路的组成、分类及特点。

第一节　汽车电路的概念及组成

一、汽车电路的概念

在汽车上用导线和车身把电源（蓄电池或发电机）、过载保持装置、控制器和用电设备等装置连接起来，构成能使用电设备正常工作的电流流通的路径，称这种路径为汽车电路。汽车电路图就是由很多条这样的电路构成的。

二、汽车电路的组成

按照电器设备在汽车电路中的不同作用可以把汽车电路大致分为汽车电源、控制装置、汽车用电器、配电装置及导线等。

1.汽车电源

汽车电源由蓄电池和发电机两部分构成。在发动机不工作或启动时由蓄电池供电。在发动机启动后，发电机产生电能向各用电设备供电，同时向蓄电池充电。

2.控制装置

汽车电路控制装置按控制电路的形式可以分为开关、继电器和电控制单元。点火开关是汽车控制装置中最重要的开关。继电器按受控制的装置不同可以分为受开关控制的继电器和受电控单元控制的继电器。开关或控制单元通过控制继电器线圈的电路来控制继电器触点的断开和闭合，进而控制用电器的电路。电控单元是汽车上各电控系统的核心。汽车上电控系统包括电控燃油喷射系统、电控自动变速器、防抱死制动系统（ABS）、电控点火系统、空调系统、防盗系统等。电控单元控制各个电控系统以最佳工作状态工作，达到提高汽车动力性、经济性、安全性、舒适性、降低汽车污染物排放的目的。

3.汽车用电器

汽车上的电器设备绝大部分是用电器。汽车用电器包括启动系统、点火系统、照明系统、信号装置、仪表及报警装置、辅助电器、用电传感器等。

（1）启动系统　启动系统主要作用是用来启动发动机，由启动机和控制电路组成。

（2）点火系统　点火系统用来产生电火花、点燃发动机汽缸中的可燃混合气，现代汽车都采用电控点火系统，主要包括点火线圈、点火器、火花塞等。

（3）照明系统　照明系统按在车上的安装位置不同可分为车内照明和车外照明。车内照明用来满足驾乘人员车内的照明的需要，车外照明用来保障车辆在夜间、雨雾天气中行驶的安全。

（4）信号装置　信号装置用来向外界提供车辆的位置、运行状态等信号，以提高汽车的安全性。

（5）仪表及报警装置　仪表及报警装置常安装在驾驶员面前的仪表板上，用于向驾驶员提供汽车运行的各种参数及异常情况，确保汽车正常运行。仪表及报警装置主要有车速里程表、水温表、燃油表、机油压力表和指示灯、发动机转速表、各系统危险警报灯、警报器等。

（6）辅助电器　随着汽车电控技术的发展，辅助电器在汽车上安装得越来越多，大大提高了汽车的舒适性和安全性。例如电动挡风玻璃刮水器、电动车窗玻璃升降器、电动座椅、防盗装置等。汽车的豪华、自动程度越高，辅助电器的数目就越多。

（7）用电传感器　汽车电控系统中的传感器大部分为用电传感器。有的传感器需要消耗电能才能产生电压信号，例如霍尔效应式传感器、各种热敏电阻式传感器、滑动变阻式传感器等，有的传感器需要消耗电能产生工作的环境，例如加热式氧传感器等。

> **要诀1**
> 汽车电路啥组成，请您仔细往下听，
> 电源发电又蓄电，功能强大显神通，
> 控制装置很重要，电控装置是核心，
> 汽车电器有很多，最重要的共七个，
> 配电装置及导线，它的作用把电连。

4. 配电装置及导线

配电装置包括中央接线盒、仪表板接线盒、熔断器（俗称保险丝）、导线、连接器等，作用是把电源分配到各用电器或控制装置，并连接各用电器或控制装置使全车电路构成一个统一的整体。

三、汽车电路的特点

汽车电路既具有一般电路的特点又有自身的一些特点。汽车电路和一般电路一样，电器设备间采用串联和并联的基本连接方式；具有通路、断路和短路三种基本工作状态；电路图中的电器设备采用专门的符号或图框加文字的标注方法。

由于世界上各汽车制造厂家在绘制电路图上没有统一的标准，各种车型的结构、电器设备的数量、安装位置、类型、接线方法、工作原理也不尽相同，使各汽车制造厂家的电路又具有自身特点，但汽车电路都具有以下特点。

1. 汽车电路为低压直流电路

为了简化汽车用电器设备结构和保障驾乘人员安全，汽车电器设备采用低压直流供电，汽油发动机汽车为12V，柴油发动机汽车为24V。在以后的汽车上可能采用42V供电系统来满足汽车上不断增加的用电需要。

2. 汽车电路均采用单线制

单线制是汽车电路最大的特点。所谓单线制是指汽车上所有的电器设备正极都由导线与电源正极相连，汽车的金属壳体作为负极的一种接线方式。采用单线制，不仅可以节省材料，使电路简化，而且也便于安装和检修。

3. 汽车电路中的用电设备均为并联

汽车电路中的用电设备采用并联方式可以保证每个用电器的正常，而不会相互干扰。在维修汽车电路时，可以单独方便地拆装用电设备而不会影响到其他用电设备。汽车电路中的用电设备与控制装置采用串联方式，例如，喇叭与喇叭开关、门控灯与车门接触开关等。

4. 汽车电路中有两个供电电源

蓄电池在发动机停止运转或启动发动机时向车上的用电设备和启动机供电。在发动机启动后，发电机在向车上的用电设备供电的同时，还向蓄电池充电以补充蓄电池损失的电能。蓄电池和发电机两个电源之间采用并联的方式向用电设备供电，这样可以保障车上的用电设备在无论何种情况下都能正常地工作，同时也延长了蓄电池的使用寿命和供电时间。

5.汽车电路中均安装有过载保护装置

为了防止汽车电路或用电设备因电路中电流过大而损坏,在汽车电路中都安装有过载保护装置。过载保护装置与电器设备串联在电路中。最常用的过载保护装置是片式熔断器,俗称保险丝,也有采用管式熔丝或电路断电器的。

6.汽车电路采用负极搭铁的接线形式

采用负极搭铁的接线形式是汽车电路的另一大特点,不仅可以充分利用电化学作用使车身和车架更难以锈蚀,而且汽车电器设备对无线电设备(音响、通信系统等)的干扰也较电源正极搭铁方式小。但在少数汽车和少数电路中,采用正极搭铁的接线形式,在阅读汽车电路和检修汽车电路时,应特别注意。

7.汽车电路由单元电路组成

汽车电路虽然复杂,但都是由完全不同功能、相对独立的单元电路组成的,即使在同一张电路图中也分为不同的部分,如电源、启动、点火、控制开关或电控单元、用电器等。只要认真分析读懂每个单元电路也就能读懂全车电路。

8.汽车电路上常标有导线颜色和线路编号

随着汽车上用电设备的不断增加,汽车上的导线数目在不断增加,为了便于安装,常把汽车电路中的导线做成线束,为了便于识别和检修汽车电路,在汽车电路中常采用不同颜色的导线,并在汽车电路图中用颜色的字母代号标出,不同系统导线的颜色也往往不同。

在我国,对汽车电路中导线的颜色及代号做了统一规定,有以单色线为基础和以双色线为基础的两种标准供选用。以单色线为基础时,单色线的颜色及代号如表1-1所示。其中,黑色导线规定为搭铁线(俗称接地线)。以双色线为基础时,各用电系统的电源线或横截面积大于1.5mm²的导线采用单色,其余为双色。双色线就是选一种颜色作为主色,另一种颜色作为辅色,主色占据导线的大部分表面。双色线主色颜色代码及采用的用电系统名称如表1-2所示。在电源系统中还可以增加以红色为主色,辅色为白色或黑色的两种双色线。我国还规定:汽车电路中导线的颜色,在同一电气系统中,双色线的主色与单色线的颜色相同;一个电路中的分支线必须按规定选配相应的辅色;辅色在导线的主色上成两条轴对称直线分布。

要诀 2: 1为黑色2为白,3红4绿5黄来,6棕7蓝8是灰,9紫10橙挨着排。

表1-1 单色线的颜色及代号

序号	1	2	3	4	5	6	7	8	9	10
颜色	黑	白	红	绿	黄	棕	蓝	灰	紫	橙
代号	B	W	R	G	Y	Br	Bl	Gr	V	O

表1-2 双色线主色颜色代码及采用的用电系统名称

序号	系统名称	电线主色	代号
1	电气装置接地线	黑	B
2	点火、启动系统	白	W
3	电源系统	红	R
4	灯光信号系统(含转向指示灯)	绿	G
5	防空灯系统及车身内部照明系统	黄	Y
6	仪表及报警指示系统和喇叭系统	棕	Br
7	前照灯、雾灯等外部灯光照明系统	蓝	Bl
8	各种辅助电动机及电气操纵系统	灰	Gr
9	收放音机、电子钟、点火器等辅助装置	紫	V

第二节　汽车电路基础

现代汽车为了满足人们对汽车舒适性、安全性、经济性的需求，不断地增加汽车上的电器设备。随着汽车上电器设备不断地增加，汽车电路也变得越来越复杂，读懂汽车电路图的难度在不断地增加。其实读懂汽车电路并不难，在读懂汽车电路之前，应先了解汽车电路的基本组成。

纵观汽车整车电路，不难发现汽车电路是由许多基本电路和电器设备组成的。汽车电路按照控制电路中有无使用继电器可以分为直接控制电路和间接控制电路，按照控制用电器工作时是否使用电控单元可以分为电控电路和非电控电路，按照电路的作用可以分为电源电路、信号电路和执行器工作电路等。在阅读汽车电路图的时候，可以按照上面的分法先把整个电路分为不同种类的电路，然后再逐类分析解读，把每类电路读懂了，也就读懂整车电路了。

一、直接控制电路和间接控制电路

1. 直接控制电路

直接控制电路是指不使用继电器，用电器由控制器（如点火开关、灯光开关）直接控制的电路。在这种电路中控制器和用电器串联，直接控制用电器的工作，汽车倒车灯电路如图1-1所示。这种直接控制电路是最简单、最基本、最常见的电路。

在阅读直接控制电路时，关键是要遵循回路原则，即用电器正常工作时必须在蓄电池正极、过载保护装置（如熔断器）、控制器、用电器和蓄电池负极间构成闭合回路。如图1-1所示，电路为蓄电池正极→仪表板熔断器盒F20 10A（过载保护装置）→倒车开关（控制器）→倒车灯（用电器）→G401接地→蓄电池负极。

在汽车上的控制开关中，点火开关是最重要的开关，用来控制汽车各条分支电路的通断。点火开关的主要功能有：① 置于LOCK挡时锁止转向盘轴；② 置于ACC挡时，接通车上的附件电器设备（如收音机、电动车窗）电路；③ 置于ON挡时，接通点火电路、油泵电路等；④ 置于ST挡时，接通启动机电路，启动发动机。点火开关在置于ST挡时，只要一松手就能自动回到ON挡，不能进行自行定位，而在其他挡均可自行定位，这样可以防止启动机长时间工作。

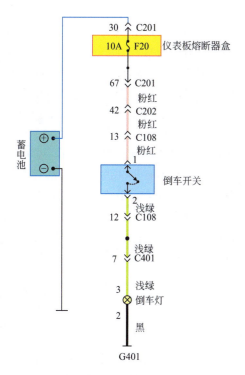

图1-1　汽车倒车灯电路

多功能组合开关是汽车上控制用电器工作的又一重要开关，包括照明开关（前照灯开关、变光开关）、信号开关（转向信号开关、危险警告灯开关、超车灯开关）、挡风玻璃、刮水器和清洗器开关等，安装在驾驶员前面的转向柱上，便于驾驶员的操纵。

熔断器是汽车上最常见的过载保护装置，用于对局部电路进行保护，能以额定电流长时间工作的负载，但在通过电流超过额定电流25%时，约1min就熔断，在超过额定电流10%时，则3min就熔断。因此熔断器在结构一定时，流过熔断器的电流越大，熔断器熔断的时间就越短。熔断器为一次性保护装置，在熔断后，只能更换新的熔断器。

2. 间接控制电路

间接控制电路是指在用电器和控制器之间使用继电器、控制器，通过控制继电器触点的通断来控

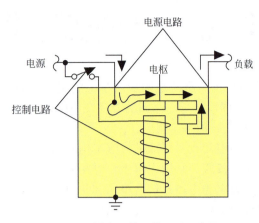

图1-2 继电器的工作原理示意图

制用电器工作的电路。

继电器是间接控制电路中重要的控制器。继电器主要由电磁线圈和触点等组成。继电器的工作原理如图1-2所示。在间接控制电路中控制器（开关、电控单元）控制用电器工作过程实质是控制继电器线圈通电产生磁力闭合继电器触点，接通用电器工作电路使用电器工作的过程。在这个控制过程中，把控制器控制继电器线圈的电路称为控制电路，把继电器触点控制用电器工作的电路称为主电路。在电路中使用继电器进行间接控制，解决了控制器允许通过的电流小和用电器工作需要的电流大之间的矛盾。通过利用小电流来控制大电流，不仅可以保护控制器，还可以使控制器做得体积更小，节约空间和材料。

由于继电器具有用小电流控制大电流的工作特点，使继电器在电路中具有双重身份。对于受继电器控制的用电器来说，继电器是控制器，对于控制继电器的各种开关和电控单元来说，继电器是用电器。在汽车间接控制电路中，常见的继电器有：① 常开式继电器，如图1-3（a）、（f）所示，在继电器线圈通电时，触点闭合，接通用电器电路；② 常闭式继电器，如图1-3（b）所示，与常开式继电器工作原理相反，在继电器线圈通电时，触点断开；③ 切换式继电器，如图1-3（d）所示，继电器有两对触点，一对为常开触点，一对为常闭触点，在电磁线圈通电时，常开触点闭合，常闭触点断开；④ 多路控制继电器，如图1-3（e）所示，继电器内线圈不止有一个，继电器触点受多个继电器线圈多个控制器控制，常用于同一个用电器受多个控制器控制的电路；⑤ 多触点继电器，如图1-3（c）所示，在同一个继电器内，继电器触点不止有一个，继电器各个触点之间是联动关系，这样的继电器常用于多个或多路用电器的控制电路中，在有的继电器线圈上会并联一电阻、电容或二极管，这样是为了保护继电器线圈、控制开关触点和电控单元。

无论是何种形式的继电器都有继电器线圈和继电器触点这两个基本元器件。继电器在电路图中常用电器符号表达。电路图中常见继电器符号如图1-3所示。继电器符号一般由继电器线圈和继电器触点组成，线圈与触点用虚线相连，表示此触点受该线圈的控制。继电器触点在电路图中所处的位置一般表示该系统处于停止工作状态时的位置。若继电器触点处于断开状态，如图1-3（f）所示，则说明该继电器为常开继电器。若继电器触点处于闭合状态，则说明该继电器为常闭继电器。

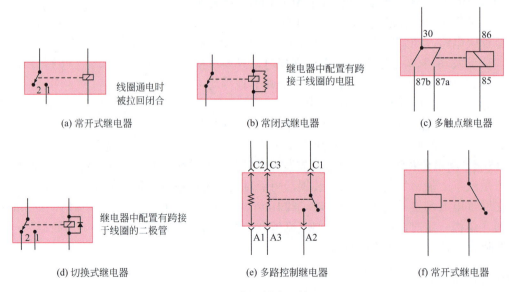

图1-3 常见继电器符号

间接控制电路由两部分电路构成，即控制电路和主电路，在阅读间接控制电路时关键是以继电器为中心来区分控制电路和主电路，然后再根据回路原则，分别分析控制电路和主电路。上海通用汽车前雾灯受继电器的控制，电路如图1-4所示。以该电路为例，来分析间接控制电路。

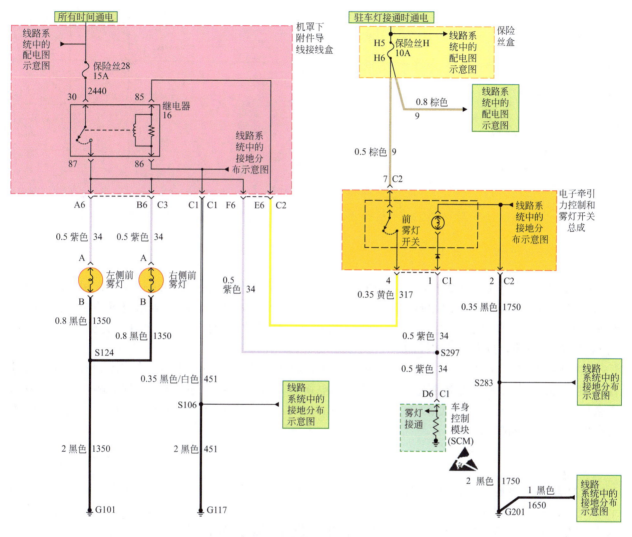

图1-4　上海通用汽车前雾灯电路

（1）雾灯控制电路　驻车灯接通时通电→保险丝H（10A）→前雾灯开关触点→继电器16端子85→继电器线圈→继电器16端子86→S106铰接点→G117接地。

（2）雾灯主电路　所有时间通电→保险丝28（15A）→继电器16端子30→继电器16触点→继电器16端子87→连接器C3的A6端子→左侧前雾灯端子A→左侧前雾灯→左侧前
　　　　　　　雾灯端子B→S124铰接点→G101接地。
　　　　　→连接器C3的B6端子→右侧前雾灯端子A→右侧前雾灯→右侧前
　　　　　　　雾灯端子B→S124铰接点→G101接地。
　　　　　→连接器C2的F6端子→S297铰接点→连接器C1端子1→前雾灯
　　　　　　　开关指示灯→连接器C2端子2→S283铰接点→G201接地。

在汽车电路中还使用另一种继电器——干簧式继电器，其结构如图1-5所示。干簧式继电器在工作时，继电器线圈里通过电流产生磁力，使笛簧开关触点闭合，接通主电路。由于干簧式继电器线圈允许通过较大的电流，因此具有反应灵敏的特点，常用于信号采集电路，作为传感器使用。还用于控制雾灯，电路如图1-6所示。干簧式继电器在电路中的符号依然采用继电器符号，控制电路和主电路的分析方法与继电器相同。

> **要诀3**
> 电路控制有几种，
> 直接间接两种控制，
> 直接控制无继电器，
> 控制器直接把电管，
> 间接控制有特点，
> 继电器引入是关键，
> 继电器由啥构成，
> 线圈、触点等组成。

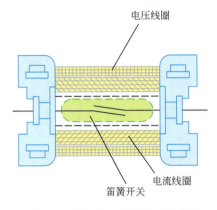

图1-5　干簧式继电器结构示意图

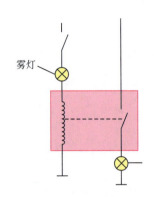

图1-6　干簧式继电器控制雾灯电路

二、非电控电路

在汽车电路中非电控电路和电控电路的最大区别在于是否使用电控单元进行控制。传统用电器的控制电路多为非电控电路。例如照明灯、转向信号灯、手动刮水器、清洗器等用电器的控制。电控电路在汽车电路中越来越多，主要用于自动化、高精度、高灵敏度的控制。例如自动变速器、发动机、电控燃油喷射系统、点火系统的控制等。

非电控电路指的是由各种手动开关、压力开关、温控开关、滑动变阻器等传统控制器对用电器进行控制的电路。例如照明灯控制电路、冷却风扇电路等。这些控制开关都是通过开关触点的断开或闭合来接通或断开用电器工作电路，实现对用电器的控制。滑动变速器则是通过改变接入电路中电阻的大小来控制用电器的工作。

1. 手动开关

手动开关主要是指点火开关、照明灯开关、转向信号灯开关、危险警告灯开关、鼓风机转速调节开关及各种控制面板开关、座椅位置调节开关、门窗玻璃升降开关等。在汽车上最重要的开关是点火开关，驾驶员通过旋转点火开关来控制汽车上各用电器电路的通断。点火开关在电路图中常见的符号如图1-7所示。照明灯开关、转向信号灯开关、危险警告灯开关、远近光转换开关等开关往往组合在一起组成组合开关安装在驾驶员面前的方向盘柱上，方便驾驶员的操作。组合开关在电路图中往往只画出所需的开关，再在开关旁边注明在组合开关上。

2. 温控开关

温控开关是指受温度控制的开关。这类开关往往由热敏电阻材料或温度系数不同的双金属组成，在外界温度发生变化时切断或接通用电器的电路。例如用于控制冷却液散热风扇的热敏开关；空调系统中用来感受外界的温度，控制压缩机工作的温度保护开关等。温控开关在电路图中一般用普通开关的符号再在开关触点上加字母θ或者是在开关旁用文字说明的方法来标注常见符号，如图1-8所示。

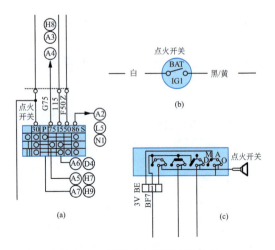

图1-7　常见点火开关电路符号

3.压力开关

压力开关是指受液压或气压管路中压力控制的电路开关。在管路压力高于或低于一定标准值时，开关触点断开或关闭，切断或接通用电器电路，起到对用电器的保护作用。例如空调系统中用于控制压缩机工作的双压开关，发动机润滑系统中的机油压力开关等。压力开关在电路图中可用普通开关符号加文字标注的方法来表示，也可以用专用符号来表示。如图1-9所示。

4.滑动变阻器

滑动变阻器通过改变串入电路中的电阻来改变电路中用电器两端的电压来控制用电器的转速、亮度等。例如用来调节电动机的转速，用来调节灯光的亮度等。调节电动机转速的原理图如图1-10所示。

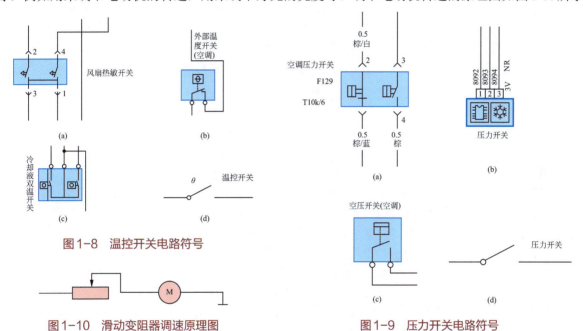

图1-8 温控开关电路符号

图1-10 滑动变阻器调速原理图

图1-9 压力开关电路符号

随着汽车电控技术的发展，汽车上越来越多的传统控制器将被电控单元或电控单元的功能所取代。例如可以利用压力传感器来代替压力开关，利用电控单元来代替滑动变阻器，控制电动机的转速、灯光亮度等。

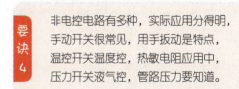

要诀4：非电控电路有多种，实际应用分得明，手动开关很常见，用手扳动是特点，温控开关温度控，热敏电阻应用中，压力开关液气控，管路压力要知道。

三、电控电路

电控电路是在原有的控制电路上增加信号输入装置（信号传感器）和电控单元，利用电控单元来对用电器进行自动控制的电路。电控电路能够适应汽车电控技术的发展，实现对车上执行器的自动控制，在现代汽车上电控电路已代替传统的非电控电路成为汽车控制电路的主要形式。例如电控燃油喷射系统取代机械控制燃油喷射系统，电控自动变速器控制系统取代传统的液压自动变速器控制系统，电控自动空调取代手动空调等，汽车越来越多的用电器被电控单元所控制。

电控单元是整个电控电路的核心。在汽车电路中，电控单元有两种形式，一种是简单的电子模块式，另一种是微电脑式的电控单元。在电控电路中，根据电器设备的作用不同可把电控电路分为三部分，即信号输入电路、执行器工作电路和电控单元电路。在电控单元工作时，电控单元接收信号输入电路输入的信号，根据其内部固定的电路（电子模块式）或程序（微电脑式）对输入信号进行分析、处理、计算后控制执行器（用电器）的工作。

在分析电控电路图的时候，可以电控单元为中心，把电控电路分为电控单元电源电路、信号输入电路和执行器工作电路,然后再逐类分析电控电路,可以收到事半功倍的效果。

1. 电控单元电源电路

电控单元电源电路是指蓄电池向电控单元供电的电路。按照蓄电池向电控单元供电电路的不同可把电控单元电源电路分为两部分。一部分电路是蓄电池正极与电控单元直接相连,无论何时都向电控单元供电,这部分电路作用是让电控单元在点火开关关闭时仍能保存必要的数据,电流较小称为常电源电路;另一部分电路是蓄电池正极与电控单元间通过点火开关或继电器相连,这部分电路一般在点火开关置于点火挡时向电控单元供电,作用是向电控单元提供工作电源,电流一般较大称为主电源电路。

电控单元还要与蓄电池负极相连,这样才能构成闭合回路正常工作。电控单元一般通过车体与蓄电池负极相连,这样的电路称为电控单元接地电路。电控单元的接地电路往往不止一条,这样可以提高接地的可靠性。

一汽丰田汽车发动机电控单元简称发动机ECU电路如图1-11所示。

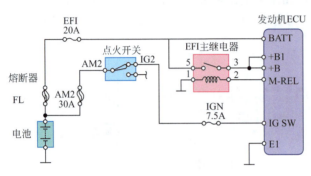

图1-11 一汽丰田汽车发动机电控单元电路

(1) 发动机ECU常电源电路 蓄电池"+"→熔断器FL→熔断器EFI(20A)→发动机ECU端子BATT→发动机ECU

(2) 发动机ECU主电源电路 发动机ECU主电源电路有两条。一条是蓄电池通过点火开关IG2触点向发动机ECU供电。主电源电路1:蓄电池"+"→熔断器AM2(30A)→点火开关AM2端子→点火开关IG2触点→熔断器IGN(7.5A)→发动机ECU IGSW端子→发动机ECU。另一条电源电路是点火开关置于IG2挡时,发动机ECU令EFI主继电器触点闭合,蓄电池通过EFI主继电器触点向发动机ECU供电。主电源电路2:蓄电池"+"→熔断器FL→熔断器EFI(20A)→EFI主继电器端子5→EFI主继电器触点→EFI主继电器端子3→ 发动机ECU端子+B1→发动机ECU。
　　　　　　　　　　　　　　　　　　　　　　　　　　　　　　　　　　　发动机ECU端子+B→发动机ECU。

(3) 发动机ECU接地电路 发动机ECU通过端子E1与车身相连和蓄电池"-"极构成回路。发动机ECU接地电路:发动机ECU→发动机ECU端子E1→接地。

2. 电控单元信号输入电路

电控单元信号输入电路按信号的来源不同,可以分为传感器信号电路、外接开关信号电路和电控单元间数据传输电路。

(1) 传感器信号电路 传感器信号电路按传感器在工作时需不需要电控单元或蓄电池向其提供工作电压,可以分为有源传感器信号电路和无源传感器信号电路。有源传感器信号电路一般分为电源电路、信号电路和接地电路。例如霍尔效应式车速传感器、空气流量计、节气门位置传感器等,其中信号电路一定与电控单元相连。电源电路和接地电路不一定与电控单元相连。无源传感器信号电路只有一条信号电路与电控单元相连。例如氧传感器、爆震传感器。由于无源传感器的信号较弱,为防止无线电信号的干扰,在传感器信号线上往往加有信号屏蔽线。信号屏蔽线可以通过电控单元接地,也可以直接接地如图1-12所示。

传感器在电路图中一般不绘制出其内部具体结构,只用简单的符号或符号加文字标注的方法来表示。例如冷却液温度传感器和进气温度传感器工作原理基本相同,在电路图中符号相似,可用在符号旁加文字标注的方法来表示。在阅读分析汽车电路图的时候,一般不需要知道传感器的内部结构如何,只要知道传感器各端子的作用即可。

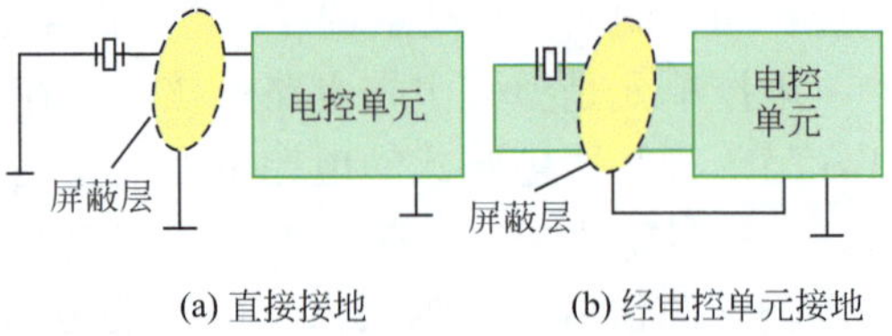

(a) 直接接地　　(b) 经电控单元接地

图1-12 传感器屏蔽层的接地

因此在电路图中,传感器和电控单元各端子处往往用缩略语或简洁文字来标明端子的作用。

在现代汽车上传感器数量众多,传感器信号主要应用于发动机控制、自动变速器控制、刹车控制、转向控制、车身控制、空调控制等。

① 空气流量计　空气流量计用来测量发动机的进气量,并将信号输送到发动机电控单元,作为电控直接燃油喷射系统燃油喷射量和点火控制的主要控制信号。空气流量计按测量空气的原理不同,可以分为叶片式、卡门涡旋式和热式空气流量计。空气流量计都为有源传感器。

a.叶片式空气流量计　叶片式空气流量计通过利用与测量板同轴转动的电位计来测量出叶片转动的角度,将进入发动机的进气量转变成电压信号输送到发动机电控单元。叶片式空气流量计的外观、结构和电路如图1-13所示。

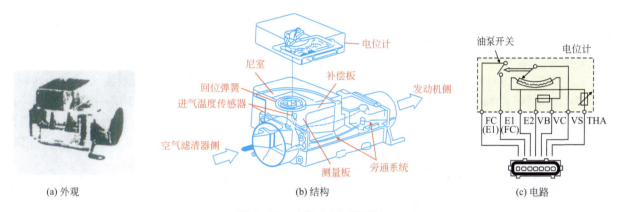

图1-13　叶片式空气流量计

b.卡门涡旋式空气流量计　卡门涡旋式空气流量计利用卡门原理制成,其结构与电路如图1-14所示。在空气流通道内设置涡流发生器,当空气流过时,在涡流发生器后方会产生许多空气涡旋。空气涡旋的数量与空气的流速成正比,因此只需测出空气涡旋的数量就可以计算出空气的流速。再将空气通道的有效截面积与空气流速相乘即可计算出发动机的进气量。测量空气涡旋数量的方法有反光镜测量法和超声波测量法两种。图1-14中所示为反光镜测量法。超声波测量法空气流量计各端子的作用与反光镜测量法空气流量计各端子的作用标注相同。

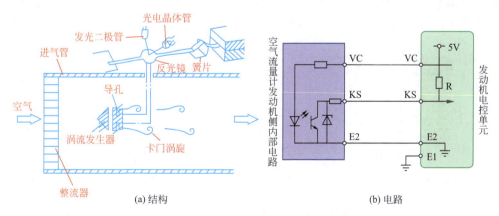

图1-14　卡门涡旋式空气流量计

c.热式空气流量计　热式空气流量计把发热电阻丝组成桥式电路,其电路如图1-15所示。把桥式电路放在空气流量计进气道内,蓄电池向桥式电路中的发热电阻丝供电。当有空气从空气流量计流过时,带走发热丝的热量使桥式电路失去平衡,产生电压差。发动机电控单元通过测量精密电阻R_H上的电压下降值来计算出发动机的进气量。热式空气流量计与发动机电控单元连接的电路如图1-16所示。热式空气流量计根据桥式电路安装的位置不同可分为主流测量式、旁通测量式和热膜式空气流量计三种。

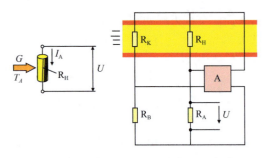

图1-15 热式空气流量计桥式电路及检测原理

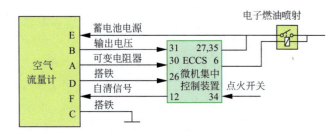

图1-16 热式空气流量计与发动机电控单元连接电路

② 进气压力传感器

a.信号作用　进气压力传感器用来测量发动机进气管压力,并把压力信号输送到发动机电控单元,发动机电控单元利用该信号和发动机转速信号间接计算出发动机进气量,是电控间接型燃油喷射系统的重要信号。

b.结构与工作原理　进气压力传感器主要由压力转换元件和压力信号放大元件组成。压力转换元件由具有压电效应的硅片（膜）组成。在进气压力作用下,硅片（膜）将产生变形,使硅片（膜）的电阻阻值发生变化,从而使电桥电压发生变化。由于电桥电压值很小,需要通过压力信号放大元件放大后输送到发动机电控单元PIM端。发动机电控单元通过端子VCC向进气压力传感器提供5V工作电压。进气压力传感器与发动机电控单元间的电路如图1-17所示。

c.工作原理应用　在汽车上各传感器中,除了进气压力传感器利用该工作原理外,还有机油压力传感器、各种液压传感器等压力传感器。

③ 进气温度传感器

a.信号作用　由于空气的密度会随着温度的升高而变小。进气温度传感器的作用就是检测进气温度,并把进气温度信号输送到发动机电控单元。发动机电控单元根据该信号来对发动机喷油量进行修正,以便获得最佳空燃比。

b.结构与工作原理　进气温度传感器里的电阻由热敏电阻材料制成。热敏电阻在外界温度发生很小的变化时,阻值就会发生很大的变化。根据热敏电阻材料的性质不同,可把热敏电阻分为正温度系数热敏电阻和负温度系数热敏电阻。进气温度传感器常采用负温度系数热敏电阻。进气温度传感器与发动机电控单元间的电路如图1-18所示。在发动机工作时,发动机电控单元向进气温度传感器提供5V或12V的工作电压,通过测量与进气温度传感器串联电阻R两端的电压来确定发动机的进气温度。

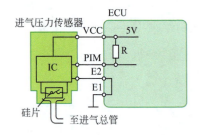

图1-17 进气压力传感器与发动机电控单元电路　　图1-18 进气温度传感器与发动机电控单元电路

c.工作原理与应用　在汽车上各传感器中,除了进气温度传感器利用该工作原理外,还有冷却液温度传感器、自动变速器油温传感器。空调系统中的环境温度传感器、车内温度传感器、出风口温度传感器、蒸发器表面温度传感器等温度传感器。

④ 节气门位置传感器

a.信号作用　节气门位置传感器安装在节气门体上,将节气门打开或关闭的角度信号转变成电压信号输送到发动机电控单元。发动机电控单元根据节气门位置传感器信号来控制喷油器的喷油量,节气门位置传感器信号不仅应用于发动机电控单元,还被其他电控单元所应用,例如自动变速器电控单元。

b.结构与工作原理　节气门位置传感器实质是一滑动变阻器,节气门位置传感器的外观与电路如图1-19所示。节气门位置传感器的电阻随着节气门开度的增大而增大,输出的电压信号也随着节气门开度增大而增大。节气门位置传感器往往和怠速开关做成一整体,在节气门处于怠速位置时,怠速开关触点闭合,向发动机电控单元输送怠速信号,用于发动机电控单元对发动机的怠速控制。

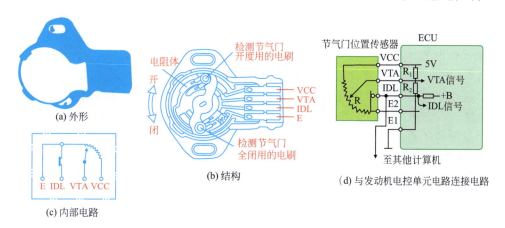

图1-19　节气门位置传感器结构与电路

c.工作原理应用　在汽车上各传感器中,该工作原理除了应用于节气门位置传感器外,还有叶片式空气流量计、EGR阀位置传感器、燃油表位置传感器等传感器。

⑤ 发动机转速与曲轴位置传感器

a.信号作用　空气流量计把单位时间内进入发动机的空气量输送到发动机电控单元。为了计算出每次循环进入发动机的进气量,确定喷油器的最佳喷油量,需要测出发动机在单位时间内的转速。发动机转速传感器就是用来测量发动机转速的。发动机电控单元为了选取最合适的喷油时刻和点火时刻,还需要知道发动机曲轴转角的位置。曲轴位置传感器就是用来测量发动机曲轴转角的。

b.结构与工作原理　发动机转速传感器和曲轴位置传感器往往可以共用一个传感器。发动机转速与曲轴位置传感器可以有很多种形式,如电磁感应式、霍尔效应式、光电式等,其中应用最为广泛的是电磁感应式。

电磁感应式发动机转速与曲轴位置传感器主要由信号转子、托架、电磁线圈和永久磁铁构成。永久磁铁的磁力线经信号转子、电磁线圈、托架构成闭合回路,在转子旋转时,转子凸起与托架间的磁隙不断发生变化,工作原理如图1-20所示,通过线圈的磁通量也不断发生变化,在线圈中便产生了感应电压,并以交流形式输出。电磁感应式传感器为无源信号传感器,不需电控单元或蓄电池额外供给电源。传感器上有两条线都与电控单元相连。电磁感应式传感器还应用在ABS系统中的轮速传感器、自动变速器上的转速传感器、车速传感器等。

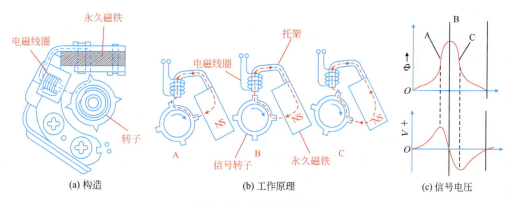

图1-20　电磁式传感器

⑥ 霍尔式传感器

霍尔式发动机转速与曲轴位置传感器是根据霍尔原理制成的传感器。其结构与工作原理如图1-21所示。当触发叶轮以其缺口对着空气隙时，磁铁产生的磁通经导板、空气隙到半导体基片构成回路，这时传感器输出霍尔电压。当触发叶轮的叶片进入空气隙时，原磁路被叶片旁通，此时，传感器无霍尔电压输出。霍尔电压变化的时刻反映了曲轴的位置，单位时间内霍尔电压变化的次数可反映发动机的转速。霍尔效应式传感器还可应用在自动变速器的输入轴转速传感器、车速传感器等。霍尔效应式传感器为有源式传感器，一般由三条线路与电控单元相连，分别是电源线、接地线和信号线。光电式发动机转速与曲轴位置传感器主要由发光二极管、光敏二极管、遮光盘和控制电路组成，结构如图1-22所示。遮光盘上均匀刻有360条缝隙，每条缝隙代表曲轴的每度转角，遮光盘固定在凸轮轴上，随凸轮轴一起转动，当遮光盘挡住发光二极管光线时，光敏二极管截止，控制电路输出低电压，当缝隙对准发光二极管与光敏二极管时，光线照射到光敏二极管上，控制电路输出高电压。凸轮轴每旋转一周，控制电路将输出360个脉冲信号，发动机电控单元根据该信号来确定一缸上止点位置和缸序，控制喷油器喷油和点火线圈点火。光电式传感器为有源式传感器，有三条电路与电控单元相连。光电式传感器还应用于主动悬架系统中的车身高度传感器等。

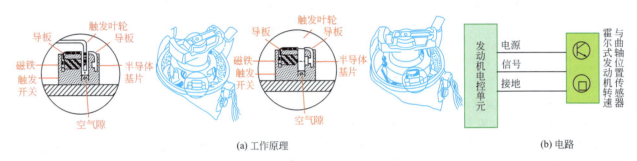

图1-21 霍尔式传感器工作原理与电路

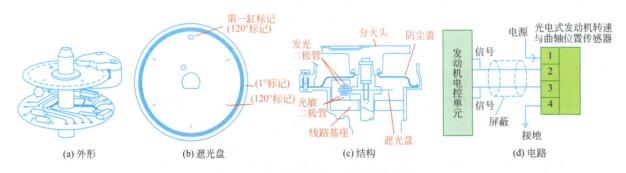

图1-22 光电式传感器工作原理与电路

⑦ 爆震传感器

a.信号作用 爆震传感器的作用是把发动机发生爆震时传到缸体上的机械振动转换成电压信号输送到发动机电控单元。发动机电控单元根据该信号来推迟点火提前角，减小发动机的爆震，实现发动机电控单元对爆震的控制。

b.结构与工作原理 爆震传感器根据工作原理不同，可以分为共振型、非共振型和火花塞座金属垫型三种。这三种类型的爆震传感器在工作时都不需要额外的电源供电，为无源式传感器，通过信号屏蔽线与发动机电控单元相联，电路如图1-23所示。

- 共振型爆震传感器是由与爆震几乎具有相同共振频率的振子和能够检测振子振动电压并将其转换成电压信号的压电元件构成，其结构如图1-24（a）所示。
- 非共振型爆震传感器与共振型爆震传感器相比在结构上缺少产生振动的振子，直接利用能够将振动转变成电压信号的压电元件构成，其结构如图1-24（b）所示。

- 火花塞座金属垫型爆震传感器是在火花塞的垫圈部位装上压电元件，根据燃烧压力直接检测爆震信号，并将振动压力转换成电压信号输送到发动机电控单元。该类型爆震传感器一般在每缸火花塞上都安装一个，其结构如图 1-24（c）所示。

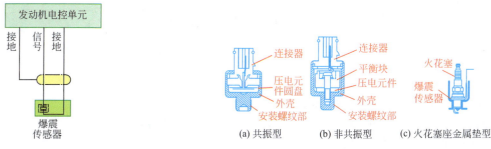

图 1-23 爆震传感器与发动机电控单元连接电路

图 1-24 爆震传感器的类型

⑧ 氧传感器

a.信号作用　现代汽车普遍采用三元催化排气净化器，把发动机排出废气中的有害气体转化成无害气体。由于只有当发动机在标准的理论空燃比 14.7∶1 运转时，三元催化转化器的转化效率最高，为此必须对发动机空燃比进行精确控制。氧传感器用来检测发动机排气废气中氧的含量，并转化成电压信号输送到发动机电控单元。发动机电控单元根据该信号来确定实际空燃比是比理论空燃比高还是低，并控制喷油器增加或减小喷油量。

b.结构与工作原理　氧传感器的结构与外观如图 1-25 所示。在敏感元件陶瓷材料（氧化锆）的内外表面都覆盖了薄层铂，传感器内侧与大气相通，外侧与发动机废气相接触。在 400～800℃ 的高温环境里，若氧化锆内外表面处氧的浓度有很大差别，则氧化锆元件内外侧两铂电极之间将会产生一电压。由于氧化锆只有在 400～800℃ 的高温环境里才能正常工作，为保证氧传感器在发动机进气量小，排气温度低时也能正常工作，在氧传感器中增加了电加热装置来对氧传感器进行加热。这样的氧传感器称为加热型氧传感器。氧传感器属于无源传感器，加热型氧传感器则属于有源传感器。加热型氧传感器与发动机电控单元的连接电路如图 1-26 所示。

（2）外接开关信号电路　在汽车电控系统电路中，外接开关的接通与断开也是作为一种特殊的信号输入发动机电控单元的。例如空调开关、自动变速器挡位开关、制动灯开关、电动座椅调整开关、电动门窗升降开关等。这些开关在接通或关闭时电控单元将根据开关信号控制或改变相应执行器的工作。例如，当制动灯开关触点闭合时，制动防抱死系统（ABS）电控单元将启动 ABS 系统工作，空调开关触点闭合时，把空调系统打开信号输送到发动机电控单元。若车上配置的空调为自动空调系统，空调开关同时还要把空调打开信号输送到自动空调电控单元。发动机电控单元根据空调开关闭合信号来增加喷油器的喷油量，提高发动机在怠速时的转速，防止发动机因增大负荷而熄火。

在汽车电控系统外接开关中，有的开关触点是靠手动断开或闭合，例如座椅调整开关、电动门窗升降开关，有的开关触点则是根据外部条件自动断开或闭合

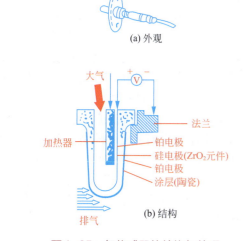

图 1-25 氧传感器的结构与外观

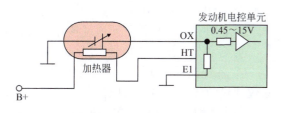

图 1-26 氧传感器与发动机电控单元的电路

的，例如风扇热敏开关。外接开关根据向电控单元输入的信号电路不同可以分为接地式、输入电压式和输入信号式。其电路及工作原理如图1-27所示。在汽车电控系统外接开关信号电路里属于接地式开关信号电路的有：① 自动变速器挡位开关；② 安全带开关；③ 怠速控制开关；④ 离合器踏板开关；⑤ 动力转向压力开关；⑥ 制动灯开关等。

属于输入电压式开关电路有：① 空调开关；② 巡航速度控制开关；③ 空调空气循环模式开关；④ 启动信号开关；⑤ 电动座椅调节开关；⑥ 电动门窗开关等。

属于输入信号式开关电路有：① 自诊断信号开关；② 点火钥匙通电开关；③ 风门位置开关等。

> **要诀 5**
> 汽车传感器很重要，无源重要莫忘掉；
> 空气流量计测量啥，发动机进气少不了它；
> 进气压力传感器，压力测试是必需；
> 进气温度传感器，温度测试不用提；
> 节气门位置传感器，角度信号转电压；
> 速度与曲轴位置传感器，公用一个很经常；
> 爆震传感器传振动，压力信号来变成；
> 氧传感器控制氧，电压信号输电泵。

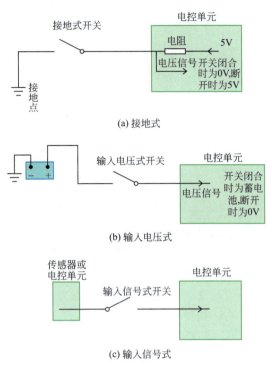

图1-27 外接开关信号电路及工作原理

3.执行器工作电路

执行器工作电路是指受电控单元控制的用电器的工作电路。执行器在工作时必须构成闭合回路才能正常工作。电控单元可以通过控制执行器的电源电路来控制执行器的工作，例如防盗警告器、行李厢盖锁电动机等。可以通过执行器接地电路来控制执行器的工作，例如喷油器、点火线圈、换挡电磁阀等。执行器既可以通过电控单元接地又可以通过执行器接地。

汽车电控系统的执行器按照工作原理的不同可以分为如下。

① 电磁阀类 电控单元通过控制电磁阀类执行器来控制汽车油路、气路、水路的工作。例如通过控制喷油器来控制发动机的喷油量；通过控制自动变速器换挡电磁阀来控制自动变速器换挡的油路来控制自动变速器换挡；通过控制热水阀来控制车内暖气的工作。

② 照明指示灯类 例如阅读灯、故障指示灯、警告灯、仪表信号灯等。

③ 警告装置 例如防盗系统中的警报器、仪表台上的蜂鸣器等。

④ 各种继电器 电控单元通过控制各种继电器来控制大功率用电器的工作，例如二次空气泵继电器、燃油泵继电器等。

⑤ 电动机类 电控单元通过控制电动机来控制汽车各系统的工作。电控单元对电动机的控制多是通过控制继电器来进行间接控制。例如燃油泵电动机，通过燃油泵继电器控制；空调系统中的各风门电动机、自动座椅各调节电机等，也有电控单元直接控制的电机，例如怠速步进电机、电动油门电机等。

⑥ 各种仪表 电控单元通过各种仪表显示来告诉驾驶员车辆各系统的运行状况。

⑦ 各种显示屏 各种显示屏除了显示车辆的运行状况外，还用于车辆的娱乐、导航等。

⑧ 各种数据传输接口 数据传输接口主要是指故障诊断接口。在对车辆进行故障诊断时，故障诊断仪通过故障诊断接口与电控单元相联。此时故障诊断仪相对电控单元是执行器。故障诊断仪通过故障接口来读取储存在电控单元里的故障诊断码，同时又可对电控单元进行程序升级、修复、更换等。

第二章 汽车电路图的分类与识读方法

Chapter 02

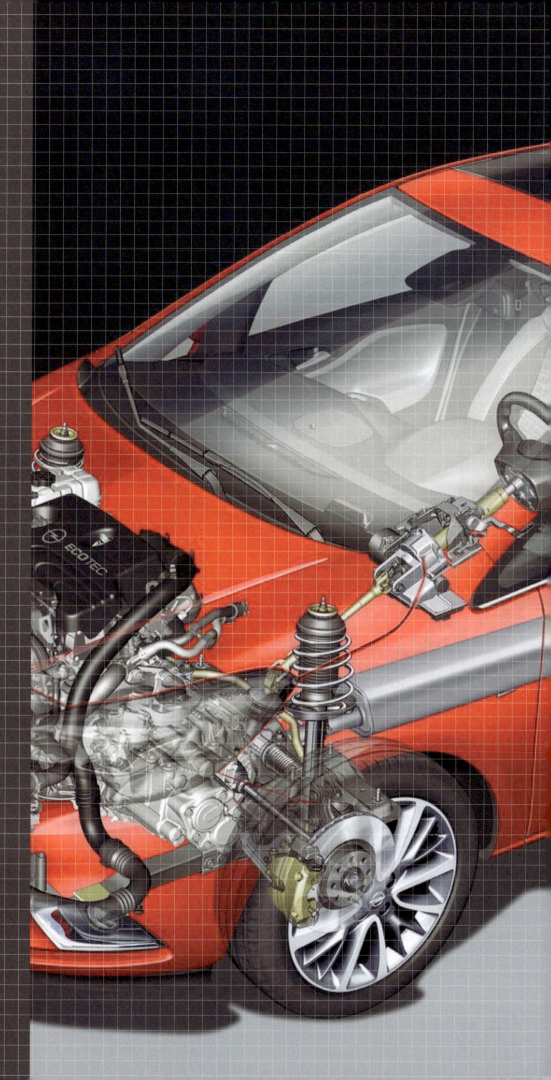

第一节 汽车电路图的分类

由于电路是由导线连接而成的，又可以把电路称为线路。汽车电路图就是用来表达汽车电路的特殊图形。

汽车电路图可以用来表达整车电路，也可以用来表达局部电路。局部电路又叫单元电路或部分电路。汽车电路图通常可以分为电源电路、启动电路、点火电路、燃油喷射电路、照明信号电路、仪表电路、自动变速器电路等局部电路。整车电路就是汽车用电设备总电路，通常将汽车上各种电器设备按照它们各处的工作特点和相互联系，通过各种开关、配电装置用导线把它们合理地连接起来而构成的整体电路。汽车电路图不仅可以用来表达汽车电路，还可以表示各用电设备、线束等在车上的具体位置。

世界上各汽车制造厂家在电路图的绘制上没有统一的规定，风格各异，但根据汽车电路图的特点可以把汽车电路图分为汽车电器布线图、电路原理图、线束图和电器设备定位图。

一、汽车电器布线图

汽车电器布线图也叫汽车电器线路图，如图2-1所示，是传统的汽车电路表达方法。汽车电器布线图就是根据汽车各电器设备的外形和实际安装位置，用相应的图形符号和合理的导线布置将电路中的电源、开关、用电器等用导线——连接起来所构成的电路图。汽车电器布线图的优点是能真实地反映电器设备的外形、安装位置和线路的路径，可以根据布线图很方便地找到导线中间的分支、接点，便于汽车制造厂制作线束，因此现在仍被不少汽车制造厂家采用。

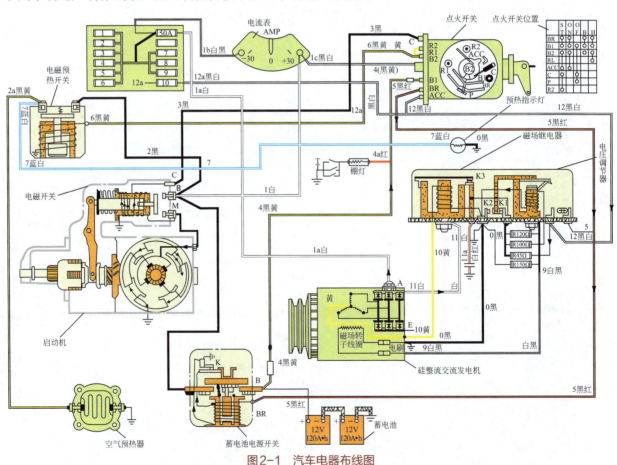

图2-1 汽车电器布线图

汽车电器布线图也有自身的缺点，布线图中线路密集，纵横交错，不能清晰简洁地反映出电器系统的工作原理，给读图、查找和分析故障带来很大不便，需要较长时间才能读懂。随着汽车上电器设备的增多，也不可能把所有电器设备画到一张图上，因此这样的图会越来越少。

二、汽车电路原理图

汽车电路原理图是用规定的图形符号，根据汽车各系统的工作原理和电器设备的连接关系绘制而成的。汽车电路原理图是现在最常见的汽车电路图，既可以是全车电路图，也可以是单元电路图。如图2-2所示。

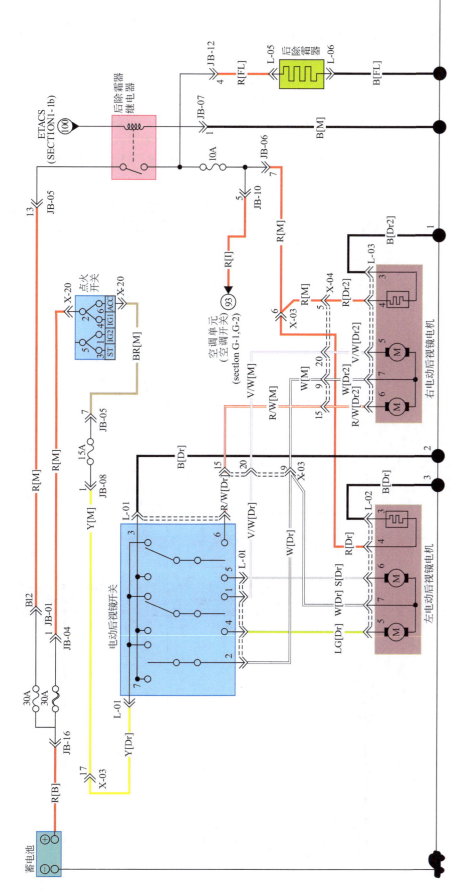

图2-2 东风悦达起亚电动后视镜系统电路

第二章 汽车电路图的分类与识读方法　019

汽车电路原理图在绘制的时候不讲究电器设备的开关、安装位和线路走向，用简明的符号代替电器设备，根据绘图的需要布置汽车电器设备的位置和线路走向，使得电路图简洁清晰，电路简单明了，电器设备间的连接控制关系十分清楚，对于读图者了解汽车电器设备的工作原理和分析排除电器系统的故障十分方便。汽车电器原理图多由汽车制造厂家提供，虽然在绘制风格和表达内容上没有统一规定，风格各异，但也存在着很多相似处。① 导线都标注有颜色代码和规格，在有的车型上还标有线路代码，例如上海通用车系。② 汽车电器设备符号旁边都标有设备名称和代码。③ 过载保护装置都标有规格、代码和安装位置。④ 电路图中的开关、继电器等控制器都处于断开状态，用电器都处于停止工作状态。⑤ 电路图中的电源线常画在图的上方，例如一汽大众车系，如图2-3所示。也有的画在图的左边，例如一汽丰田车系。在阅读汽车电路图的时候，可以充分利用不同车系电路图中的相似处来提高读图效率。

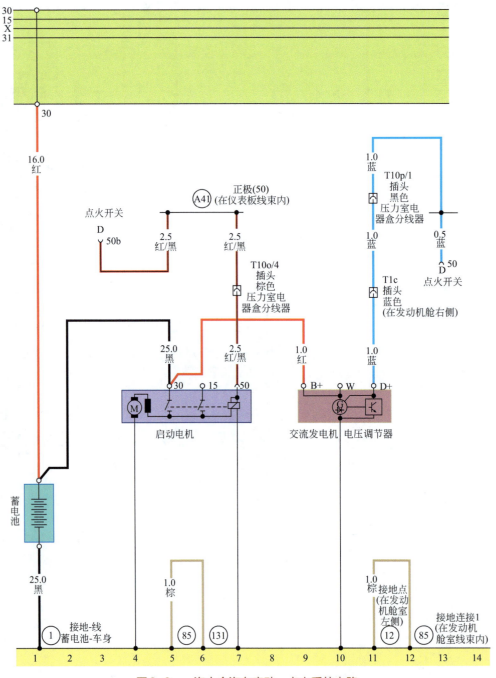

图2-3　一汽大众汽车启动、点火系统电路

三、汽车线束图

所谓汽车线束就是汽车上走向相同的各类导线包扎在一起，构成像电缆一样的一束线。线束图是根据线束在汽车上的布置走向，用来反映线束导线汇合、分支而绘制的电路图，如图2-4所示。根据线束在汽车上的位置不同可以把线束图分为底盘线束图、车身线束图和辅助线束图。辅助线束多用于辅助电器和车身线束，例如车顶线束、电动车窗线束、ABS线束等。

线束图能反映线束的外形、组成线束各导线的规格、长度、颜色，各分支导线端口连接器的型号、规格以及所连接的用电器设备名称等，主要用于线束的制作和在制造汽车时连接电器设备。

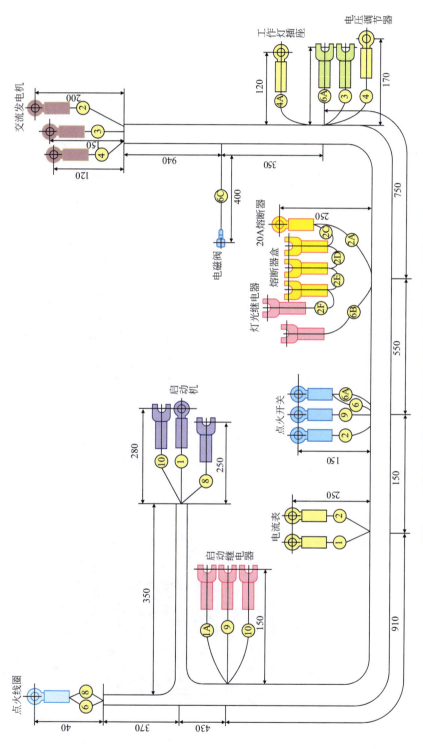

图2-4 东风EQ1090型载货汽车电源、启动、点火系统线束图

四、汽车电器设备定位图

汽车电器设备定位图一般采用立体图或实物照片的方式来标示汽车上各电器设备在车上的具体位置。汽车电器设备定位图常常以单独的图形画出来或放在电路图中用电器设备的旁边。汽车电器设备定位图在汽车电路图中较为少见。由于汽车电路设备定位图具有立体感强、能清晰、直观地反映电器设备在车上实际位置等特点，因此具有很高的参考和实用价值。

汽车电器设备定位图按照汽车上电器设备的不同可以分为电控单元定位图、用电器定位图、过载保护装置定位图（图2-5）、接地点（搭铁）定位图（图2-6）、诊断插座定位图等，汽车电器设备定位图如图2-7所示。在阅读汽车电路原理图的时候，参照汽车电器设备定位图能更容易地读懂电路图，并能把电路图与实物快速地联系起来，排除汽车电路的故障。

由于各国对汽车电路图的绘制技术标准、文字标注等方面没有制定出统一的标准，因此世界上各国各大汽车制造厂家绘制的电路在电器符号、连接关系的表达、文字标注等方面存在很大差异。在维修汽车电路时参考的电路里有时很难把它归到上面所述的标准中去。有些汽车制造厂家为满足不同的需要，在一张电路图中会采用不同的绘制方法。无论看到的汽车电路图采用怎样的绘制方法，只要能清楚地表达汽车电器系统的原理，各电器设备间的连接关系，只要能用简明规范的文字标注和电器符号来表示电器设备，只要能把电路图绘制得简单清晰便于阅读和分析，那么这种电路图绘制方法就是有价值的。

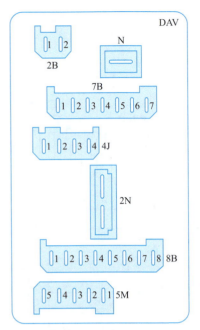

图2-5　东风神龙富康驾驶室熔断器盒内各熔断器位置

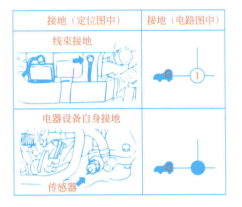

图2-6　东风悦达起亚汽车接地点定位图

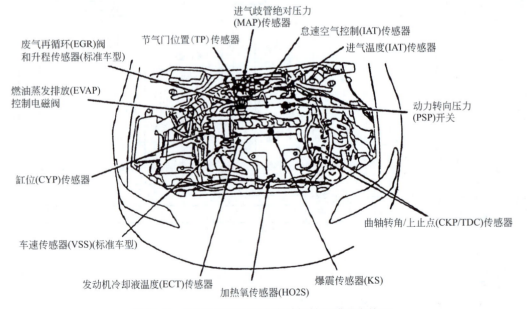

图2-7　广州本田雅阁汽车发动机舱传感器定位图

第二节 汽车电路图的识读方法

一、汽车电路原理图的识读方法

1. 掌握汽车电器设备的结构与工作原理

掌握汽车电路原理图中电器设备的结构与工作原理是识读电路原理图的基础。在掌握电路原理图中电器设备的结构与工作原理之后再去分析电路原理图中各电器设备的连接关系，电路故障就会变得很容易，读懂汽车电路原理图也就变得相对容易。

2. 牢记汽车电器设备符号

汽车电路原理图是利用电器设备符号代替电器设备来表现电器设备结构及电器设备间关系的，因此牢记汽车电器设备符号是读懂汽车电路原理图所必需的。

3. 判断汽车电路原理图的类型

根据汽车电器系统的工作原理可把汽车电路原理图分为电控电路原理图和非电控电路原理图。若是电控电路原理图，则可以以电控单元为核心把电路原理图分为四部分，即：① 电控单元信号输入电路；② 执行器工作电路；③ 电控单元电源电路；④ 其他电器设备电路。

若是非电控电路原理图，则可以从用电器入手，然后根据用电器找出控制器。若控制器为继电器，则要先分析继电器线圈电路，然后再分析继电器控制用电器电路。应注意继电器有时候不止控制一个用电器，这时候应对电路加以区分。在电路图中无论是继电器还是控制开关都处于断开停止工作状态。

4. 利用用电器回路原则

汽车上的用电器都必须在蓄电池正负极之间构成完整的闭合回路才能工作。可以利用该原则从用电器入手来对汽车电路进行分析。

5. 注意电路图中的共用导线

无论是经熔断器还是铰接点连接在一起的导线都具有共同作用，例如可以是电源线、接地线、信号线等。在电路图中凡是不经用电器而直接连接在一起的导线，只要其中有一根导线具有的作用（例如电源线），则其他导线都具有该作用（都是电源线）。特别是在有电控单元控制的电路里，为了减少电控单元的端子数和简化电控单元电路，共用导线的电路特别常见。

传感器经常共用电源线、接地线但绝不会共用信号线。执行器会共用电源线、接地线甚至控制线。在阅读分析带有电控单元时的电路应特别注意。

6. 运用排除法来确定电路的作用

在分析电路图，特别是带有电控单元的电路图时，往往需要确定某条电路的作用。而有些电路的作用在电路图上并没有明确的标注出来，这时可以采用排除法来确定未知作用电路的作用。例如某一传感器上有三条线路，已经知道了其中两条电路的作用是电源和接地，那么剩余的一条电路一定是信号电路。

7. 先易后难

在一张电路图中，一定存在着某些局部电路复杂一时难以看懂的电路，这时可以放弃该部分电路，先从简单易懂的电路看起。等别的地方的电路都看懂后,再结合已看懂的电路来重点分析剩余难懂的电路。这样既缩短了读图时间,又提高了读图准确性。

8. 善于向他人请教和查找资料

由于新的电器设备和新的控制技术不断出现并在汽车上广泛应用,因此同一车型的电路图会发生很大的变化。在看不懂汽车电路图的时候,应善于向能读懂汽车电路图的人员请教,同时,还要查阅相关资料,直到把电路图读懂弄明白为止。

9. 熟记汽车各系统电路之间的相互关系

从整车电路来看,汽车各系统电路之间除了电源电路是共用的外,其他各系统电路都是相互独立的,但他们之间也存在着某种内在联系。因此在阅读汽车电路图时,不但要熟悉汽车各系统电路的组成、特点、工作过程和电流,还要了解汽车各系统电路之间的联系和相互影响。这是迅速找出故障部位,排除故障的必要条件。

10. 认真阅读图注,浏览全图划出相应系统的电路

汽车电路图中所有电气设备的名称及其代号都是以图注的形式标注的。因此在阅读汽车电路图时,通过阅读图注,可以初步了解该车都装配了哪些电器设备,然后通过电器设备的代号在电路图中找到该电器设备,再进一步找出这些电器设备间的连接关系和控制关系。这样就可以大体上了解汽车电路的构成、特点和工作原理,再进一步分析就可以读懂汽车电路图了。

要读懂汽车电路图,首先必须掌握汽车电路中各个电器设备的基本功能和工作原理。在大概掌握全车电路基本的工作原理基础上,再把一个个单独的电器系统划出来,这样就容易抓住每个系统的主要功能、工作原理和特点。

在电路图上划出每个系统的电路图时,应注意既不能漏掉系统中的电器设备,也不能多划其他系统的电器设备。在划电器系统电器设备时,可参考下面的原则:① 汽车上各电器系统只有电源和配电系统是共用的外,其他任何一个系统都应是一个完整的独立的电路回路,即包括电源、控制开关、熔断器、用电设备、导线等;② 电路图中,电器设备能够构成从蓄电池正极经导线、开关、熔断器、用电设备、接地,最后回到蓄电池负极构成完整的电流回路。若所划出的电路不符合上面的原则,则说明所划出的电路存在错误,应进行重新分析和划分。

> **要诀 6**
> 汽车电路咋看好,识读方法要记牢,
> 结构原理很重要,电路识读之基础,
> 牢记电器之符号,读懂电路所必要,
> 电路类型分析好,电控非电控莫混淆,
> 电路闭合工作好,从此入手效率高,
> 共用导线有几点,电源、接地、信号线,
> 检修方法很重要,电路作用常用到,
> 先易后难方法好,读图准确用时少,
> 读图遇到麻烦时,查找资料求人教,
> 系统电路关系密,认真分析要熟记,
> 认真阅读各图注,浏览全图画电路,
> 牢记上述识图要点,识图电路并不难。

二、汽车线束图的识读方法

汽车线束图是根据线束在汽车上的布置、分段各连接器连接的具体情况而绘制的电路图,主要用来反映汽车上线束的外形、组成线束各导线的规格大小、长度、颜色,各连接器所连接电器设备的名称,连接器各端子的编号等,如图2-4所示。

在有些车型上,把汽车线束图绘制成立体图形或直接用实物照片这样更能真实直接有效地反映汽车线束的位置,例如东风神龙富康仪表线束如图2-8所示。有的车型把线束上的连接器外形图单独画出来,放到汽车电路原理图相应的连接器旁或原理图下方,并在连接器外形图上标注连接器的代号和连接器端子的编号,例如一汽马自达汽车电路如图2-9所示。由于该种方法更加简单实用,越来越多的车型采用该种方法。

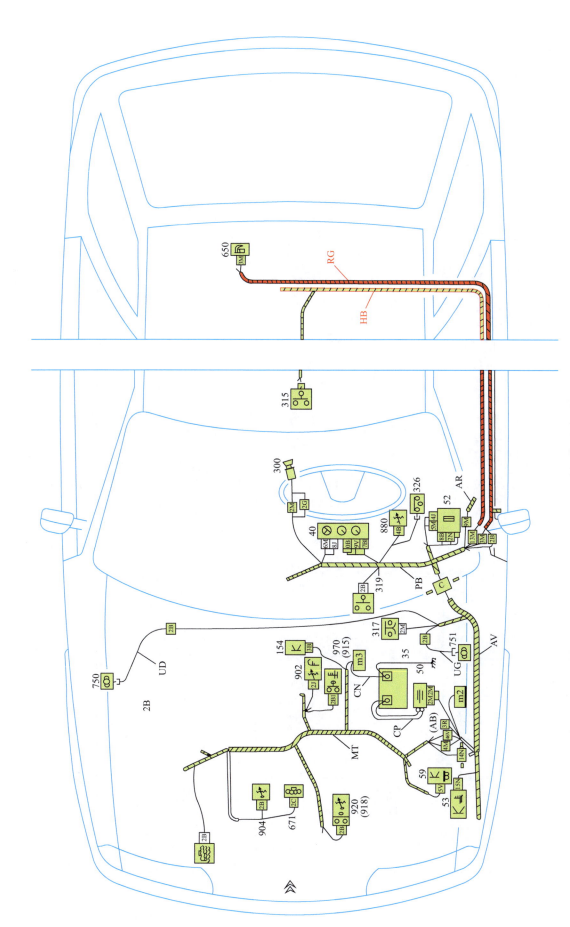

图2-8 东风神龙富康仪表线束

35—蓄电池；40—仪表板；50—电池盒；52—内接熔断器盒；53—水温控制盒；154—车速传感器；300—点火开关；315—手制动灯开关；317—液面开关；319—制动灯开关；326—阻风门开关；650—燃油表传感器；671—机油压力传感器；750—左前制动摩擦片；751—右前制动摩擦片；880—仪表照明变阻器；915—水温传感器；59、902、904、918、920、970—未装备

Chapter 02　第二章　汽车电路图的分类与识读方法

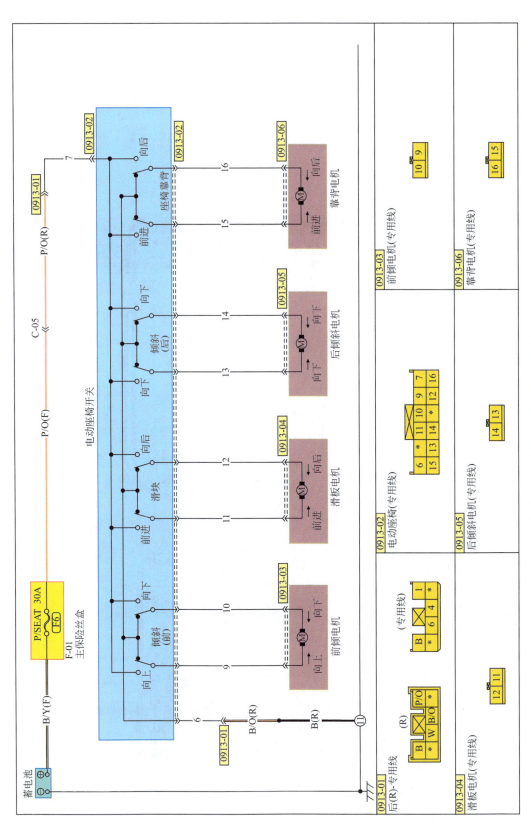

图2-9 一汽马自达汽车电动座椅电路

图2-10 北京现代汽车中央继电器盒

汽车电路图中常采用连接器代码加连接器端子编号的方法来表示连接器上的端子。例如上海通用汽车电路图中"C202 39"表示连接器代码为C202上编号为39的端子。代码相同的连接器为同一连接器。也有采用把相同的连接器用虚线框起来或用虚线连起来的表示方法。对于连接器上端子的编号常采用左边为1号端子，由左至右依次增大的编号方法，若连接器上有两层或两层以上端子，则采用由左至右依次增大的"S"形端子编号方法。在读汽车线束图时，可以根据连接器和连接器端子的编号方法来读图。

世界上各汽车制造厂家在连接器端子的编号上并没有统一的规定，在有的车型上还采用字母的编号方法。在查找连接器在车上的位置时，应先读懂汽车电路图，在掌握汽车电路原理后再根据图上的电器代码，在各汽车线束图上查找即可确定连接器在图上的位置。

三、汽车电气设备定位图的识读方法

汽车定位图常常采用绘制立体图和实物照片的形式来真实直观地反映汽车上各电器设备的具体位置。汽车定位图按照不同的作用可分为汽车电器设备定位图、熔断器定位图、继电器定位图、铰接点定位图等。

汽车电器设备定位图用来显示汽车上用电器、控制器（包括各种传感器、电控单元）等在车上的具体位置。在电器设备定位图上，用箭头或黑实线来指明电器设备的位置，用文字来说明电器设备的名称。汽车电器设备定位图简单、清晰、真实，根据汽车定位图可以迅速准确地找到各电器设备在汽车上的安装位置。

为了便于检修和制造，在现代汽车上往往把熔断器、继电器、线路铰接点等集中安装在一个盒内，组成熔断器盒、继电器盒和接线盒。在电路图中，熔断器往往采用熔断器所在系统或作用的缩略语加熔断器规格来表示。例如"Efl1 10A"表示此熔断器位于燃油喷射系统熔断器盒1号位置上，熔断电流为10A。也有的车型采用熔断器编号加熔断器规格来表示，例如"NO.15 10A"。继电器在电路图中常常采用继电器所控制电器设备的名称来表示继电器，例如燃油泵继电器、近光灯继电器等。若同一个电器设备不止受一个继电器控制，则在电器设备名称后加数字来区分，例如点火继电器1、点火继电器2等。在电路图中，电路的接点往往采用字母加数字的编号方法，例如S203、S202等。熔断器、继电器的插座端子用数字或数字加字母的方法来表示，例如1、2、87、87a、B1、B2等。在现代汽车上，为了便于安装会把熔断器盒、继电器盒、接线盒装在一起组成熔断器/继电器接线盒或叫中央继电器盒，如图2-10所示。

世界上各汽车制造厂家在定位图熔断器、继电器、线路、铰接点的标注上并没有统一的规定。在查找这些电器设备在车上的位置时，可以先阅读汽车电路图，掌握了电路工作原理后，再根据电路图上的电器设备代码综合查找各定位图，就可确定熔断器、继电器等电器设备在车上的具体位置。

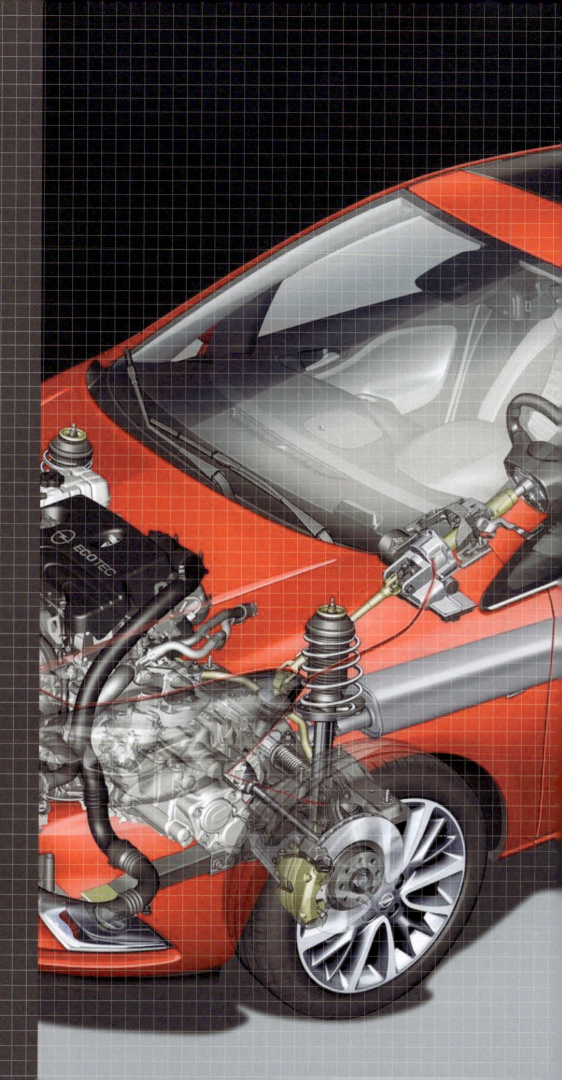

Chapter 03

第三章 汽车电路图识读示例

第一节　概述

由于汽车电路图是对汽车电路设备间连接关系的特殊表达，在阅读电路图时仅靠掌握一般汽车电路的读图方法是远远不够的，还要对电路图中的电器符号、标注、代码及缩略语的含义等进行了解。

虽然世界上各国各汽车制造厂家对电路图中电器符号、导线标注、代码及缩略语的含义没有统一的规定标准，但是有一定的规律可循。只要掌握一般电器符号、导线标注、代码等内容的阅读方法后，就可以触类旁通读懂所有汽车电路图中的电器符号、导线标注、设备端子标注、缩略语等。

一、汽车电路电器符号

汽车上所有的电器设备在电路图中都是用电器符号表示的。电器符号是简单的图形符号，只大概地表示出电器设备的外形，然后在图形符号上或旁边用文字加以说明电器设备的名称。有的还附有电器设备的代码、安装位置等内容，如图3-1所示。有的电器符号也简单地表达出电器设备内部的工作原理和电路，例如一汽大众启动机电器符号如图3-2所示。从图3-2中可以清楚地看到启动机电机、电磁开关触点、电磁线圈以及它们之间线路的连接关系。

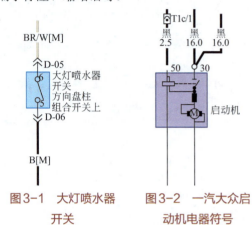

图3-1　大灯喷水器开关　　图3-2　一汽大众启动机电器符号

> 要诀7：学习电路并不难，电路符号要记全，符号反映电器形，配上名称电路中，电器代码和位置，电路有时不常用。

在汽车电器设备中，电控单元的图形符号可以是最简单的，也可以是最复杂的。在对汽车电路进行维修时，不需要知道电控单元内部的电路如何，但需要知道电控单元各端子的作用。在用电器符号表示电控单元时，也常把电控单元端子的作用标注出来，常见的标注方法如图3-3所示。①在电控单元端子处用英语缩写字母或符号等标明该端子的作用。②在电控单元端子处画简单的内部电路，并用英语缩写进行标注（本田雅阁）。③在电控单元端子处用详细的文字说明端子的作用。

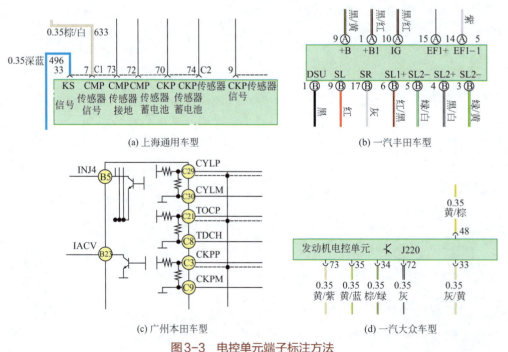

(a) 上海通用车型　　(b) 一汽丰田车型

(c) 广州本田车型　　(d) 一汽大众车型

图3-3　电控单元端子标注方法

二、汽车电路导线标注

在维修汽车电路时，为了快速方便地根据电路图在线束中查找到导线，在汽车电路图中对导线的颜色、规格、所属的电器系统，甚至电路编号（上海通用车系）等内部进行了标注。

导线的规格常用导线的横截面积来表示，单位是平方毫米，单位符号是mm^2，常省略不写。规定每平方毫米的导线通过的最大电流为10A。汽车电路中的导线横截面积不能小于$0.5mm^2$。

导线颜色的标注方法各国各汽车制造厂家之间没有统一的规定，方法不尽相同。我国对汽车电路图中导线颜色的标注方法做了统一规定，在前面已经讲到，在此不再重复。对于其他车系导线颜色的标注方法与我国基本相似。

要诀8：电路导线标注好，维修之时方便找，颜色规格系统标，甚至还有电路编号，导线截面有大小，小于0.5皆可抛。

三、汽车电器设备端子标注

为了在维修汽车电路时方便快捷地找到电器设备的接线端子，使导线与接线端子准确无误地相连，在电路图中用一定的数字、字母对电器设备的接线端子进行标注。世界上各国各汽车制造厂家对端子的标注方法不尽相同，我国和德国对汽车电器设备端子的标注方法做出了统一规定。我国汽车电器设备端子标注方法如表3-1～表3-3所示。德国汽车电器设备端子标注方法如表3-4所示。

表3-1 启动系统电路设备端子标注

端子标注		端子标注的含义
基本标记	下标	
	15a	启动机开关上接点火线圈的接柱
	30a	带有12、24V电压转换开关时，电压转换开关上接蓄电池正极的接柱
31		12、24V电压转换开关上，接蓄电池负极的接线柱
48		启动继电器上或12、24V电压转换开关上，控制启动机电磁开关上输出的接柱；启动机电磁开关上的相应接柱
50		点火开关上用于启动的输出接柱、启动按钮的输出接柱；机械式启动开关上的相应接柱 带有12、24V电压转换开关时，电压转换开关上，控制本身的输入接柱
	61a	复合启动继电器上，接充电指示灯的接柱
86		启动继电器上，绕组始端接柱
A		启动继电器上接交流发电机A的接柱
N		复合启动继电器上，接交流发电机N或类似作用的接柱

表3-2 点火系统电路设备端子标注

端子标注		端子标注的含义
基本标记	下标	
1		点火线圈和分电器上，互相连接的低压接线柱；电子点火装置中，点火线圈上输入信号的低压接线柱
	1a	带两个分立电路的分电器1的低压接线柱（自点火线圈1的低压接线柱1来）
	1b	带两个分立电路的分电器2的低压接线柱（自点火线圈2的低压接线柱1来）
	1e	电子组件上，输入信号的接线柱
7		无触点分电器上，输出信号的接线柱。电子组件上，输入信号的接线柱
15		点火开关和点火线圈上，互相连接的接线柱 电子点火装置中，点火线圈、分电器、电子组件上的电源接线柱

汽车电路识图从入门到精通（修订本）

表3-3 电源系统电路设备端子标注

端子标注		端子标注的含义
基本标记	下标	
61		交流发电机、调节器上接充电指示灯的接柱
A		直流发电机电枢输出接柱；调节器相应接柱
B		交流发电机电枢输出接柱；调节器上的相应接柱 交流发电机调节器接点火开关或电源开关接柱
	D+	交流发电机上磁场二极管的接柱；调节器上相应接柱 当无61接柱时，用于充电指示灯接柱
F		发动机磁场接柱，调节器相应接柱
N		交流发电机中性点接柱；调节器相应接柱
S		交流发电机调节器上接蓄电池电压检测点接柱
W	W1	交流发电机上的第一个相电流接柱
	W2	交流发电机上的第二个相电流接柱

表3-4 德国车型端子标注

端子	含义	端子	含义
1	点火线圈负极端（转速信号）	86	继电器电磁线圈供电端
4	点火线圈中央高压线输出端	87	继电器触点输入端
15	点火开关在"ON""ST"时的有电的接线端	87a	当继电器线圈没有电流时，继电器触点输出端
30	接蓄电池正极的接线端，还用31a、31b、31c……表示	87b	当继电器线圈有电流时，继电器触点输出端
31	接地端，接蓄电池负极	88	继电器触点输入端
49	转向信号输入端	88a	继电器触点输出端
49a	转向信号输出端	B+	交流发电机输出端，接蓄电池正极
50	启动机控制端，当点火开关在"START"时有电	B−	接地，接蓄电池负极
53	刮水器电动机接电源正极端	D+	发电机正极输出端
53a-e	其他刮水器电动机接线端	D	同D+
54	制动灯电源端	D−	接地，接蓄电池负极
56	前照灯变光开关正极端	DF	交流发电机励磁电路的控制端
56a	远光灯接线端	DYN	同D+
56b	近光灯接线端	E	同DF
58	停车灯正极端	EXC	励磁端，同DF
61	发电机接充电指示灯端	F	励磁端，同DF
67	交流发电机励磁端	IND	指示灯，同61
85	继电器电磁线圈接地端	+	辅助的正极输出

汽车电器设备连接器上各端子的标注方法各国各汽车制造厂家并没有统一的规定标准，一般采用连接器代码加端子号的标注方法。例如宝马汽车电路图中的"C202 4"表示代码为C202连接器上的

4号端子。大众汽车电路图中的"T2d11"表示代码为"T2d"的连接器上共有两个端子,"1"表示连接使用的端子为1号端子。其他车系连接器上端子的标注方法会在读图示例中讲到。

四、汽车电路缩略语

由于汽车电路的篇幅有限,要表达的内容又很多,在电路图上往往采用缩略语来对电器设备进行标注。缩略语有的是系统英文名称的缩写,例如有ECU(Electronic Control Unit)来表示发动机电控单元,AT(Automatic Transmiss)来表示自动变速器。有的用端子所连接的电器设备作用的英语缩写来作为端子的缩写,例如用STA(STARTER启动机)来表示该端子连接的是启动机或控制启动机启动。有的是统一规定的,例如美国规定美国各汽车制造厂家的电路图中用字母"C"加数字来表示连接器,用字母"S"表示导线连接点,用字母"G"来表示接地(搭铁)等。

在阅读汽车电路图时,对图中的英语缩写可以通过查阅英汉汽车缩略语词典来了解其含义,也可以通过参考电路图中的说明来了解。

第二节 汽车电路识图示例

世界上各国各汽车制造厂家在电路图的绘制上虽然没有统一的标准,风格各异,但各汽车制造厂家都有自己统一规范的绘图标准,包括电器符号、电路图表达方法等。在阅读某汽车制造厂家电路图之前先了解该汽车制造厂家电路图的绘制标准是十分必要的,这对快速读懂汽车电路图有很大帮助。

本节将着重介绍世界上各大汽车制造厂家在绘制电路图是所采用的电器符号、电器符号的含义及电路图的表达方法等内容。只要了解这些电路图中电路符号的含义及电路图的表达方法,就不难读懂这些汽车电路图。只要能读懂这些汽车电路图,通过类比、对比等方法就能读懂所有的汽车电路图。

要诀 9

各国电路不统一,没有标准风格异,一国厂家有规律,了解标准是第一,世界各国都相异,知道大厂是必需,类推对比方法提,读懂电路不惊奇。

一、上海通用汽车电路识图示例

1. 电路导线颜色代码

原理图中的导线同时标示了其颜色和所在线束,导线中代码标注在该电路的右边,导线的颜色则放在线路的左边,对于双色线,左侧表示导线底色,右侧表示条纹颜色。

电路导线颜色代码如表3-5、表3-6所示。

表3-5 电路导线颜色代码表

英文简写	颜色	色标	英文简写	颜色	色标	英文简写	颜色	色标
D-GN	深绿色		L-GN	浅绿色		D-BU	深蓝色	
BN	棕色		OG	橙色		YE	黄色	
GY	灰色		L-BU	浅蓝色		RD	红色	
BK	黑色		PK	粉红色		白色	白色	
PU	紫色							

表3-6 带色标的导线颜色代码表

导线颜色	示意图中的缩写	导线示例	导线颜色	示意图中的缩写	导线示例
带白色色标的红色导线	RD/WH		带黑色色标的红色导线	RD/BK	
带白色色标的棕色导线	BN/WH		带白色色标的黑色导线	BK/WH	
带黄色色标的黑色导线	BK/YE		带黑色色标的绿色导线	D-GN/BK	
带白色色标的绿色导线	D-GN/WH		带黑色色标的浅绿色导线	L-GN/BK	
带黄色色标的红色导线	RD/YE		带蓝色色标的红色导线	RD/D-BU	
带棕色色标的黑色导线	BK/BN				

2. 电路图符号及含义

电路图符号及含义如表3-7所示。

表3-7 电路图符号及含义

符号	含义	符号	含义	符号	含义
	局部部件。部件或导线均未完全表示		完整部件。所示部件或导线表示完整		保险丝
	断路器		可熔断连接	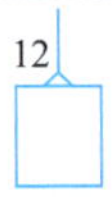	部件上连接的连接器
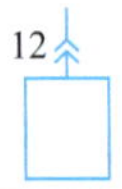	带引出线的连接器	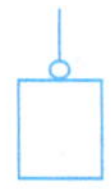	带螺栓或螺钉连接孔的端子	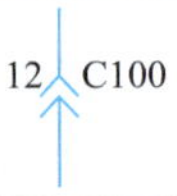	直列线束连接器
	接头	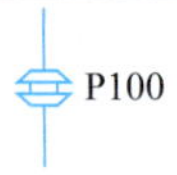	贯穿式密封圈		底盘接地
	壳体接地	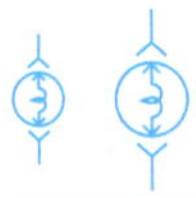	单丝灯泡	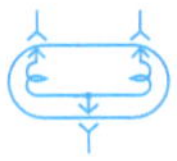	双丝灯泡
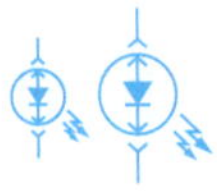	发光二极管		电容器		蓄电池
	可变蓄电池		电阻器		可变电阻器
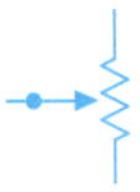	位置传感器	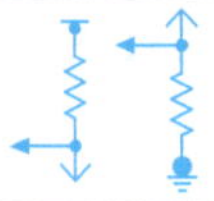	输入/输出电阻器	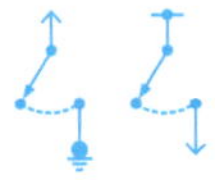	输入/输出开关
	二极管		晶体		加热芯
	电动机		电磁阀		线圈
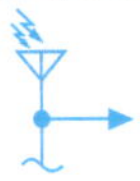	天线		屏蔽	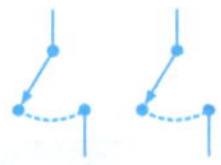	开关
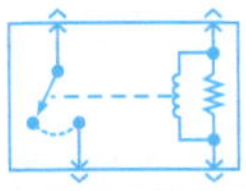	单极单掷继电器	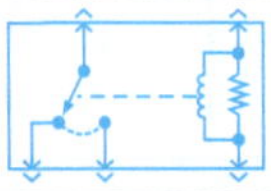	单极双掷继电器		

034

3.电路图特殊提示符号及含义

通常通用汽车电路中需要注意的地方用一个醒目的黑三角加图案来表示。

电路图特殊提示符号及含义如表3-8所示。

表3-8 电路图特殊提示符号及含义

名 称	符 号	含 义
对静电放电敏感（ESD）		本图标用于提醒技术人员，该系统含有对静电放电敏感的部件，在维修前需要特别注意
附加充气式保护装置（SIR）或附加保护系统（SRS）		本图标用于提醒技术人员，该系统含有附加充气式保护装置（SIR）/附加保护装置系统（SRS）部件在维修前需要特别注意
车载诊断（OBD Ⅱ）		本图标用于提醒技术人员，该电路对ODB Ⅱ排放控制电路的操作十分重要。任一电路如果出现故障将导致故障指示灯（MIL）启亮，该电路就属于OBD Ⅱ电路
重要注意事项图标		本图标用于提醒技术人员还有其他附加系统维修的信息

4.电路识图示例

现以通用汽车前照灯电路和熔丝电路为例，说明通用汽车电路图的识读方法。

电路识图示例如图3-4、图3-5所示。

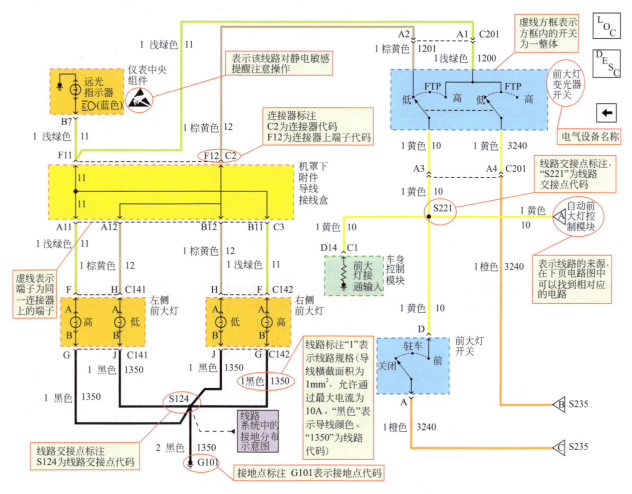

图3-4 电路识图示例（1）

汽车电路识图从入门到精通（修订本）

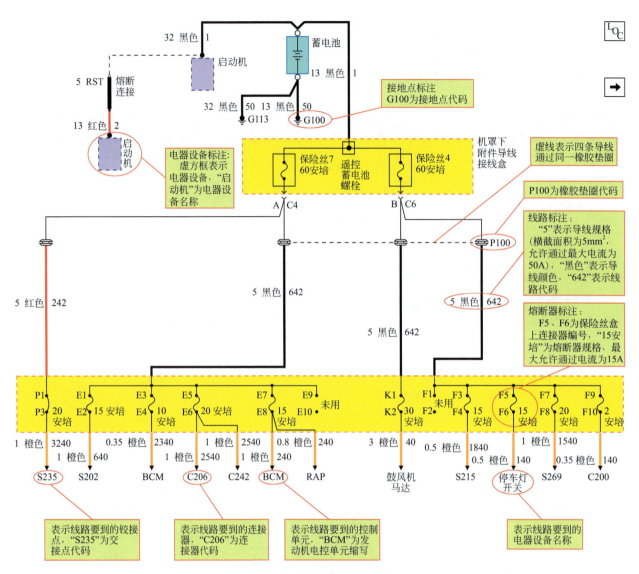

图3-5 电路识图示例（2）

5.缩略语及其含义

通用车系缩略语及含义如表3-9所示。

表3-9 通用车系缩略语及含义

缩略语	含义	缩略语	含义
A		AD	自动断开
A	安培	A/D	模/数（转换）
ABS	防抱死制动系统	ADL	自动门锁
A/C	空调系统	A/F	空/燃（比）
AC	交流电	AH	启动处理
ACC	附件，自动温度控制	AIR	二次空气喷射
ACL	空气滤清器	ALC	自动高度控制，自动灯控制
ACR4	空调制冷剂，回收、再生、重加注	AM/FM	调幅/调频

续表

缩略语	含义	缩略语	含义
Ant	天线	CAFÉ	共均燃油经济性
AP	加速踏板	Cal	校准
APCM	附件动力控制模块	Cam	凸轮轴
API	美国石油研究会	CARB	加利福尼亚空气资源管理局
APP	加速踏板位置	CC	滑行离合器
APT	可调节部分节气门	cm^3	立方厘米
ASM	总成，油门和伺服控制模块	CCM	便捷充电模块，底盘控制模块
ASR	加速打滑调节	CCDIC	气候控制驾驶员信息中心
A/T	自动变速器/变速器驱动机构	CCOT	可循环离合器节流孔管
ATC	自动分动箱，自动温度控制	CCP	温度控制面板
ATDC	上止点后	CD	激光唱盘
ATSLC	自动变速器换挡锁定控制	CE	整流器端
Auto	自动	CEAB	冷发动机排气
Avg	平均	CEMF	反向电动势
A4WD	自动四轮驱动	CEX	驾驶室热交换器
AWG	美国线规	cfm	立方英尺/分钟
B		cg	重心
B+	蓄电池正极电压	CID	立方英寸排量
BARO	气压计（压力）	CKP	曲轴箱位置
BATT	蓄电池	CKT	电路
BBV	制动助力器真空	C/Ltr	点烟器
BCA	偏置控制总成	CL	闭路
BCM	车射控制模块	CLS	冷却液面高度开关
BHP	制动器马力	CMC	压缩机马达控制器
BK	黑色	CMP	凸轮轴位置
BU	蓝色	CNG	压缩天然气
BP	背压	CO	一氧化碳
BPCM	蓄电池组控制模块	CO_2	二氧化碳
BPMV	制动压力调节阀	Coax	同轴的
BPP	制动踏板位置	COMM	通信
BN	棕色	Conn	接头、连接器
BTDC	上止点之前	CPA	插头位置固定装置
BTM	蓄电池加热模块	CPP	离合器踏板位置
BTSI	制动器变速器换挡互锁	CPS	中央供电
Btu	英国热量单位	CPU	中央程序单元
C		CRT	阴极射线管
℃	摄氏度	CRTC	阴极射线管控制器
CAC	进气冷却器	CS	充电系统

续表

缩略语	含义	缩略语	含义
CSFI	中央顺序燃油喷射	ECI	怠速时压缩机功能扩展
CTP	节气门关闭位置	ECL	发动机冷却液面
cu ft	立方英尺	ECM	发动机控制模块，电子控制模块
cu in	立方英寸	ECS	排放控制系统
CV	等速（万向节）	ECT	发动机冷却液温度
CVRSS	连续可变道路传感悬架	EEPROM	电子可擦可编程只读存储器
Cyl	汽缸	EEVIR	接收器中的蒸发器补偿值
D		EFE	燃油提早蒸发
DAB	延迟附件总线	EGR	排气再循环
dB	分贝	EGR TVV	排气再循环加热真空阀
Dba	A级分贝	EHPS	电液动力转向
DC	直流电，载荷周期	EI	电子点火
DCM	车门控制模块	ELAP	已经过
DE	驱动端	ELC	电子水平控制
DEC	数字电子控制器	E/M	英制/公制
DERM	诊断能量储存模块	EMF	电动势
DL	分电器点火	EMI	电磁干扰
Dia	直径	Eng	发动机
DIC	驾驶员信息中心	EOP	发动机机油压力
Diff	差速器	EOT	发动机机油温度
DIM	仪表盘集成模块	EPA	环保局
DK	深色	EPR	排气压力调节器
DLC	数据连接插头	EPROM	可擦可编程只读存储器
DMCM	驱动电机控制模块	ESB	膨胀弹簧制动器
DMM	数字式万用表	ESC	电子悬架控制
DMSDS	驱动电机速度和方向传感器	ESD	静电放电
DMU	驱动电机单元	ETC	电子节气门控制，电子温度控制 电子正时控制
DOHC	双顶置凸轮轴	ETCC	电子触摸式温度控制系统
DR，Drvr	驾驶员	ETR	电子可调谐接收器
DRL	日间行车灯	ETS	增强型牵引力控制系统
DTC	诊断故障代码	EVAP	蒸发排放
E		EVO	电子可调节节流孔
EBCM	电子制动控制模块	Exh	排气
EBTCM	电子制动和牵引力控制模块	F	
EC	电气中心，发动机控制	°F	华氏度
ECC	电子温度控制	FC	风扇控制
ECCC	电子控制离合器	FDC	燃油数据中心

续表

缩略语	含义	缩略语	含义
FED	联邦（除加利福尼亚州外的所有州）	HD	高效能
FEDS	燃油启用数据流	HDC	高效能冷却
FEX	前交换器	Hex	六边形、六角形
FF	挠性燃油管	Hg	水银
FFH	燃油加热器	Hi Alt	海拔高度
FI	燃油喷射	HO2S	加热氧传感器
FMVSS	联邦机动车安全标准	Hp	马力
FP	燃油泵	HPL	高压液
ft	英尺	HPS	高性能系统
FT	燃油调节	HPV	高压蒸汽
F4WD	全天候四轮驱动	HPVS	加热泵通风系统
4WAL	四轮防抱死	Htd	加热
4WD	四轮驱动	HTR	加热器
FW	扁平导线	HUD	挡风玻璃映像显示
FWD	前轮驱动，向前	HVAC	暖风，通风与空调系统
G		HVACM	暖风，通风与空调系统模块
g	克，重力加速度	HVIL	高压互锁回路
GA	计量仪表	HVM	加热器通风模块
Gal	加仑	Hz	赫兹
Gas	汽油	I	
GCW	总重（牵引车与挂车）	IAC	怠速空气控制
Gen	发电机	IAT	进气温度
GL	齿轮润滑油	IC	集成电路，点火控制
GM	通用汽车	ICCS	整体底盘控制系统
GM SPO	通用汽车售后零件供应中心	ICM	点火控制模块
Gnd	接地	ID	识别代码，内径
Gpm	加仑/分钟	IDI	集成式直接点火
GRN	绿色	IGBT	绝缘门二极晶体管
GRY	灰色	Ign, IGN	点火
GVWR	车辆额定总重	ILC	怠速负载补偿器
H		IMS	内部模式开关
H	氢	In	英寸
H₂O	水	INJ	喷射
Ham	线束	Inst	瞬时，立即
HC	碳化氢	I/P	仪表板
H/CMPR	高压	IPC	仪表组件

续表

缩略语	含义	缩略语	含义
IPM	仪表板模块	M	
I/PEC	仪表板电气中心	MAF	质量空气流量
ISC	怠速速度控制	Man	手动
ISO	国际标准化组织	MAP	进气歧管绝对压力
ISS	输入（主动）轴，输入轴速度传感器	MAT	歧管绝对温度
K		max	最大
KAM	保持活性内存	M/C	混合气控制
KDD	键盘显示驱动器	MDP	歧管压差
Kg	公斤	MFI	多点燃油喷射
kHz	千赫兹	mi	英里
Km	公里	MIL	故障指示灯
Km/h	公里/小时	min	最小
Km/l	公里/升	mL	毫升
kPa	千帕	mm	毫米
KS	爆震传感器	mpg	英里/加仑
kV	千伏	mph	英里/小时
L		ms	毫秒
L	升	MST	歧管表面温度
L4	四缸直列发动机	MSVA	磁力转向机械可变辅助（磁力转向®）
L6	六缸直列发动机	M/T	手动变速器/变速器驱动机构
ib	磅	MV	兆伏
ib ft	磅英尺（扭矩）	mV	毫伏
ib in	磅英寸（扭矩）	N	
LCD	液晶显示	NAES	北美出口销售部
LDCL	左车门关闭锁定	NC	常闭
LDCM	左车门控制模块	NEG	负极
LDM	灯驱动器模块	Neu	空挡
LED	发光二极管	NiMH	镍金属氢化物
LEV	低排放车辆	NLGI	国家润滑油标准研究会
LF	左前	N-m	牛·米（扭矩）
LH	左侧	NO	常通
Lm	流明	NOx	氧化氢
LR	左后	NPTC	国家标准粗螺纹管
LT	灯	NPTF	国家标准细螺纹管
LTPI	低轮胎气压指示器	NOVRAM	非易失性随机存取存储器
LTPWS	低轮胎气压报警系统		

续表

缩略语	含义	缩略语	含义
O		PNK	粉红色
O_2	氧气	PNP	驻车/空挡位置
O2S	氧气传感器	PRNDL	驻车、倒车、空挡、驱动、低挡
OBD	车载诊断	POA	引燃绝对压力（阀）
OBD Ⅱ	第二代车载诊断	POS	正极，位置
OC	氧化转换器（催化剂）	POT	电位计（变阻器）
OCS	随机充电站	PPL	紫红色
OD	外径	ppm	每百万零件
ODM	输出驱动模块	PROM	可编程只读存储器
ODO	里程表	P/S，PS	动力转向系统
OE	原装设备	PSCM	动力转向系统控制模块，乘客座椅控制模块
OEM	原装设备制造商	PSD	电动滑动车门
OHC	顶置凸轮轴	PSP	动力转向系统压力
Ω	欧姆	psi	磅/平方英寸
OL	开路，超限	psia	磅/平方英寸
ORC	氧化还原转换器（催化剂）	psig	磅/平方英寸压力表
ORN	橙黄色	pt	品脱
ORVR	车载加油蒸汽回收	PTC	正温度系数
OSS	输出轴速度，输出轴速度传感器	PWM	脉冲宽度调制
oz	盎司	Q	
P		QDM	四方驱动器模块
PAG	聚亚烷基二醇	qt	夸脱
PAIR	脉冲二次空气喷射	R	
PASS，PSGR	乘客	R-12	制冷剂-12
PASS-Key®	个人化汽车安全系统	R-134 a	制冷剂-134 a
P/B	电动制动器	RAM	随机存取存储器（非永久性存储装置，关闭电源后记忆的内容丢失）
PC	压力控制	RAP	固定式附件电源
PCB	印刷电路板	R-12	制冷剂-12
ECM	发动机控制模块	R-134 a	制冷剂-134 a
PCS	压力控制电磁阀	RAM	随机存取存储器（非永久性存储装置，关闭电源后记忆的内容丢失）
PCV	曲轴箱强制（正压）通风	RAP	固定式附件电源
PEB	动力电子器件机架	RAV	遥控启动检验
PID	参数识别	RCDLR	遥控门锁接收器
PIM	动力变换器模块	RDCM	右车门控制模块
PM	永磁（发电机）	Ref	参见
P/N	零件号	Rev	倒车

续表

缩略语	含义	缩略语	含义
REX	后交换器	sq in, in^2	平方英寸
RIM	后集成模块	SRC	维修行驶平顺性控制器
RF	右前，收音机频率	SRI	维修提示指示器
RFA	遥控功能启动	SRS	附加保护装置系统
RFI	收音机频率干扰	SS	换挡电磁阀
RH	右侧	ST	扫描工具
RKE	遥控门锁	S4WD	可选四轮驱动
RIy	继电器	Sw	开关
ROM	只读存储器（永久性存储装置，关闭电源后能够保持记忆的内容）	SWPS	方向盘位置传感器
RPM	转/分（发动机转速）	syn	同步器
RPO	常规选装件	T	
RR	右后	TAC	节气门执行器控制
RSS	道路传感悬架	Tach	转速表
RTD	实时阻尼	TAP	变速器适配压力，节气门适配压力
RTV	室温硬化（密封件）	TBI	节气门体燃油喷射
RWAL	后轮防抱死	TC	涡轮增压器，变速器控制
RWD	后轮驱动	TCC	变矩器离合器
S		TCM	变速箱控制模块
s	秒	TCS	牵引力控制系统
SAE	美国汽车工程师协会	TDC	上止点
SC	增压器	TEMP	温度
SCB	增压器旁路	Tem	端子
SCM	座椅控制模块	TFP	变速器机液压力
SDM	传感和诊断模块	TFT	变速器机液温度
SEO	专用设备选装件	THM	涡轮增压器液压传动
SFI	序列多点燃油喷射	TIM	轮胎气压监控，轮胎充气模块
SI	国际系统（公制系统现代版本）	TOC	变速器油冷却器
SIAB	侧碰撞气囊	TP	节气门位置
SIR	辅助充气保护装置	TPA	端子正极固定装置
SLA	短/长臂（悬架）	TPM	轮胎气压监视，轮胎气压监视器
sol	电磁阀	TR	变速器范围
SO_2	二氧化硫	TRANS	变速器/变速器驱动机构
SP	接头组	TT	信号装置（警告灯）
SPO	售后零件供应中心	TV	节气阀
SPS	维修编程系统，速度信号	TVRS	电视和收音机抑制
sq ft, ft^2	平方英尺	TVV	热真空阀

续表

缩略语	含义	缩略语	含义
TWC	三元催化转换器	VIN	车辆识别号
TWC+DC	三元催化转换器+氧化转换器（催化剂）	VLR	电压回路储备
TXV	热膨胀阀	VMV	真空调节阀
U		VR	调压器
UART	通用异步收发器	V ref	参考电压
U/H	机罩下	VSES	车辆稳定性增强系统
U/HEC	机罩下电气中心	VSS	车速传感器
U-joint	万向节	W	
UTD	通用防盗装置	w/	带（含）
UV	紫外线	W/B	轴距
V		WHL	车轮
V	伏特，电压	WHT	白色
V6	六缸V型发动机	w/o	不带（不含）
V8	八缸V型发动机	WOT	节气门全开
Vac	真空	W/P	水泵
VAC	车辆信息存取代码	W/S	挡风玻璃
VATS	车辆防盗系统	WSS	车轮转速传感器
VCM	车辆控制模块	WU-OC	升温预热氧化转换器（催化剂）
V dif	电压差	WU-TWC	升温预热三元转换器（催化剂）
VDOT	可变排量量孔管	X	
VDV	真空延迟阀	X-valve	膨胀阀
vel	速度	Y	
VES	可变作用转向系统	yd	码
VF	真空荧光	YE	黄色
VIO	蓝紫色		

二、一汽丰田汽车电路识图示例

1. 电路导线颜色代码

丰田汽车电路图的特点：① 电路图中的电气元件通常用文字直接标注；② 把整个电路图作为一个总图，各系统电路按横轴方向逐个布置，并在电路图上方标出各系统电路的区域和代表该电路系统的符号及文字说明；③ 电路图中绘出了搭铁点，并标注代号与文字说明，可以从电路图了解电路搭铁点，直观明了；④ 电路图中，有的还直接标出电路插接器的端子排列和各端子的使用情况，给识图和电路故障查寻提供了方便。

一汽丰田汽车电路导线颜色代码如表3-10所示。

> **要诀 10**
> 通用电路很规范，下边条件记心间，
> 电路导线需要检，颜色代码要记全，
> 电路符号记得全，含义随时都能言。
> 特殊提示和含义，黑三角符号提醒你，
> 缩略语及其含义，认真对比很好记。

表3-10 一汽丰田汽车电路导线颜色代码表

英文简写	颜色	色标	英文简写	颜色	色标
B	黑色		G	绿色	
L	蓝色		Y	黄色	
R	红色		BE	米黄色	
P	粉色		BR	棕色	
O	橙色		SB	天蓝色	
W	白色		LG	浅绿色	
V	紫色		GR	灰色	

2. 电路图符号及含义

一汽丰田汽车电路图符号及含义如表3-11所示。

表3-11 一汽丰田汽车电路图中的符号及含义

符号	含义	符号	含义
	蓄电池：存储化学能量并将其转换成电能。为车辆的各种电路提供直流电		LED（发光二极管）：电流流过发光二极管时会发光，但发光时不会像同等规格的灯一样产生热量
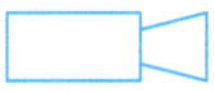	点烟器：电阻加热元件	FUEL	数字仪表：电流会激活一个或多个LED、LCD或荧光显示屏，这些显示屏可提供相关显示或数字显示
	二极管：只允许电流单向流通的半导体	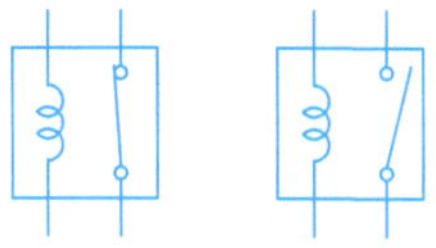 ①正常闭合 ②正常断开	继电器：一般指可正常闭合①或断开的②的电子控制开关。流经小型线圈的电流生成一个磁场，可断开或闭合所附接的开关
	光电二极管：光电二极管是一种根据光线强度控制电流的半导体	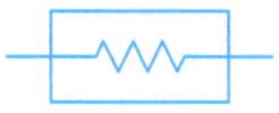	电阻器：有固定电阻的电气零部件，置于电路中，可将电压降至某一个特定值
  （中等电流保险丝）（大电流保险丝或熔断丝） 	保险丝：一条细金属丝，当通过过量电流时会熔断，可以阻断电流，防止电路受损 熔断丝：置于高电流电路中的大号线束，在负载过大时会熔断，因此可保护电路。数字表示线束横截面面积		可变电阻器或变阻器：一种带有可变电阻额定值的可控电阻器。也被称为电位计或变阻器
①单灯丝  ②双灯丝 	大灯：电流使大灯灯丝发热并发光。大灯可能具有①单灯丝或②双灯丝	 （舌簧开关型）	速度传感器：使用电磁脉冲断开和闭合开关，以生成一个信号，用来激活其他零部件
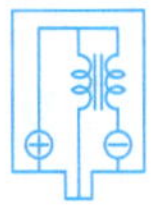	点火线圈：将低压直流电转换为高压点火电流，使火花塞产生火花	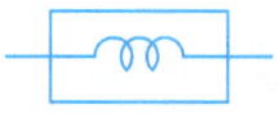	电磁线圈：一种电磁线圈，可在电流流过时产生磁场以便移动铁芯等

续表

符号	含义	符号	含义
	电容器：临时存储电压的小型存储单元		抽头式电阻器：一种电阻器，可以提供两种或两种以上不同的不可调节的电阻值
	断路器：通常指可重复使用的保险丝。如果有过量的电流经过，断路器会变热并断开。有些断路器在冷却后自动复位，有些则必须手动复位		传感器（热敏电阻）：电阻值随温度而变化的电阻器
	稳压二极管：允许电流单向流动，但只在不超过某一个特定电压时才阻挡反向流动的二极管。超过该特定电压时，稳压二极管可允许超过部分的电压通过。可作为简易稳压器使用		短接销：用来在接线盒内部建立不可断开的连接
	分电器，ⅡA：将来自点火线圈的高压电流导致单独的火花塞		扬声器：一种可利用电流产生声波的机电装置
	搭铁：配线与车身相接触的点，因此为电路提供一条回路，没有搭铁，电流就无法流动	①正常断开　②正常闭合	手动开关：断开和闭合电路，从而可阻断①或允许②电流通过
	喇叭：可以发出响亮音频信号的电子装置		点火开关：使用名师操作且有多个位置的开关，可用来操作各种电路，特别是初级点火电路
	灯：电流流过灯丝，使灯丝发热并发光		晶体管：主要用作电子继电器的一种固态装置；根据在"基极"上施加的电压来阻止或允许电流通过
	模拟仪表：电流会使电磁线圈接通，并使指针移动，从而比照背景的校准刻度提供一种相对显示		双掷开关：使电流持续流过两组触点中任意一组的一种开关
	电动机：将电能转化为机械能（特别是旋转运动）的动力装置		刮水器停止开关：刮水器开关关闭时可自动将刮水器返回到停止位置的开关
	双掷继电器：使电流流过这两组触点中任意一组的一种继电器	①未连接　②接合	线束：在线路图上以直线表示。连接处没有黑点的交叉线束①为未接合连接；连接处标有黑点或八角形（〇）标记的交叉线束②为接合连接

汽车电路识图从入门到精通（修订本）

3. 电路识图示例

现以丰田汽车电源电路、启动机电路及发电机电路为例，说明丰田汽车电路图的识读方法。电路识图示例如图3-6所示。

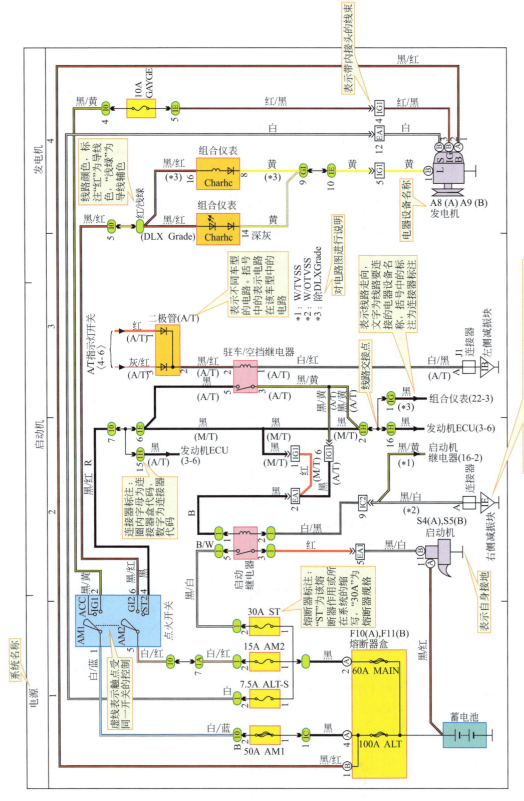

图3-6　电路识图示例

4. 缩略语及其含义

丰田车系缩略语及含义如表3-12所示。

表3-12　丰田车系缩略语及含义

缩略语	含义	缩略语	含义
A		C	
ABS	防抱死制动系统	CAN	控制器区域网络
A/C	空调	CB	断路器
AC	交流	CCo	氧化催化转化器
ACC	附件	CCV	炭罐关闭阀
ACIS	声控进气系统	CD	光盘
ACM	主动控制发动机支座	CF	侧向反力
ACSD	自动冷启动装置	CG	重心
A.D.D	自动分离差速器	CH	槽、声道、频道
A/F	空燃比	CKD	全散装件
AHC	主动高度控制悬架	COMB.	组合
ALR	自动锁紧式卷收器	CPE	跑车（双门轿车）
ALT	交流发电机	CPS	燃烧压力传感器
AMP	放大器	CPU	中央处理器
ANT	天线	CRS	儿童约束系统
APPROX.	约，大约	CTR	中央
ASSY	总成	C/V	单向阀
A/T，ATM	自动变速器（传动桥）	CV	控制阀
ATF	自动变速器油	CW	整备质量
AUTO	自动	D	
AUX	辅助	DC	直流
AVG	平均	DEF	除雾器
AVS	自适应可调悬架	DFL	导流板
AWD	全轮驱动车辆	DIFF.	差速器
B		DIFF.LOCK	差速器锁
B+	蓄电池电压	D/INJ	直接喷射
BA	制动辅助	DLC	数据链路连接器
BACS	增压海拔补偿系统	DLI	无分电器点火
BAT	蓄电池	DOHC	双顶置凸轮轴
BDC	下止点	DP	减速缓冲器
B/L	双向	DS	均热
B/S	缸径行程比	DSP	数字信号处理器
BTDC	上止点前	DTC	诊断故障码
BVSV	双金属式真空开关阀	DVD	数字多用途光盘

续表

缩略语	含义	缩略语	含义
E		FWD	前轮驱动
EBD	电子制动力分配	G	
EC	电镀铬	GAS	汽油
ECAM	发动机控制和测量系统	GND	搭铁
ECD	电子控制柴油机	GPS	全球定位系统
ECDY	电涡流测功器	GSA	换挡执行器
ECT	电子控制自动变速器	H	
ECU	电子控制单元	HAC	高海拔补偿器
ED	电镀层	H/B	两厢车
EDU	电子驱动单元	H-FUSE	大电流保险丝
EDIC	柴油机电喷控制	HI	高
EFI	电子燃油喷射	HID	高强度放电（大灯）
E/G	发动机	HPU	液压动力装置
EGR	废气再循环	HSG	外壳
EGR-VM	EGR真空调节器	HT	硬顶
ELR	紧急锁紧式卷收器	HV	混合动力车辆
EPS	电动转向	HWS	电热挡风玻璃系统
ENG	发动机	I	
ES	舒适和平稳	IC	集成电路
ESA	电子点火提前	IDI	间接柴油喷射
ETCA-i	智能电子节气门控制系统	IFS	独立前悬架
EVAP	燃油蒸汽排放控制	IG	点火
EVP	蒸发器	IIA	集成式点火系统
E-VRV	电子真空调节阀	IN	进气（歧管、气门）
EX	排气	INT	间歇
F		I/P	仪表板
FE	燃油经济性	IRS	独立后悬架
FF	前置发动机前轮驱动	ISC	怠速控制
F/G	燃油表	J	
FIPG	就地成型密封垫	J/B	接线盒
FL	熔断丝	J/C	接线连接器
F/P	燃油泵	K	
FPU	燃油增压	KD	强制降挡
FR	前	L	
F/W	飞轮	LAN	局域网
FW/D	飞轮阻尼器	LB	翘尾式

续表

缩略语	含义	缩略语	含义
LCD	液晶显示屏	O/D	超速挡
LED	发光二极管	OEM	原装设备制造
LH	左侧	OHC	顶置凸轮轴
LHD	左侧驾驶	OHV	顶置气门
LIN	局域互联网	OPT	选装件
L/H/W	长度、高度、宽度	ORVR	车载燃油蒸汽回收
LLC	长效冷却液	O/S	加大尺寸
LNG	液化天然气	P	
LO	低	P&BV	比例和旁通阀
LPG	液化石油气	PBD	电动背门
LSD	防滑差速器	PCS	动力控制系统
LSP&BV	感载比例和旁通阀	PCV	曲轴箱强制通风系统
LSPV	感载比例阀	PKB	驻车制动器
M		PPS	渐进式动力转向
MAP	进气歧管绝对压力	PROM	可编程只读存储器
MAX.	最大	PS	动力转向
MIC	扩音器	PSD	电动滑动门
MIL	故障指示灯	PTC	正温度系数
MIN.	最小	PTO	功率输出
MG1	1号发电机	PZEV	部分零排放车辆
MG2	2号发电机	P/W	电动车窗
MMT	多模式手动变速器	R	
MP	通用型	R&P	齿条、齿轮
MPI	多点电子喷射	RAM	随机存取存储器
MPX	多路通信系统	R/B	继电器盒
M/T,MTM	手动变速器(传动桥)	RBS	循环球式转向
MT	支座,安装	REAS	相关减振器系统
MTG	支座,安装	R/F	加强件
N		RFS	刚性前悬架
N	空挡	RH	右侧
NA	自然吸气	RHD	右侧驾驶
NO.	编号	RLY	继电器
O		ROM	只读存储器
O2S	氧传感器	RR	后
OC	氧化催化剂	RRS	刚性后悬架
OCV	机油控制阀	RSE	后排座椅娱乐系统

汽车电路识图从入门到精通（修订本）

续表

缩略语	含义	缩略语	含义
RWD	后轮驱动	TMT	丰田泰国汽车有限公司
S		TRAC/TRC	牵引力控制系统
SC	增压器	TURBO	涡轮增压
SDN	轿车	TVIP	丰田车辆侵入保护
SCV	涡流控制阀（汽油发动机） 吸气控制阀（柴油发动机）	TWC	三元催化剂
SEN	传感器	U	
SICS	启动喷射控制系统	U/D	低速挡
SOC	充电状态	U/S	小尺寸
SOHC	单顶置凸轮轴	V	
SPEC	规格	VCV	真空控制阀
SPI	单点喷射	VDIM	车辆动态综合管理
SPV	溢流控制阀	VENT	通风装置
SRS	辅助约束系统	VIM	车辆接口模块
SSM	维修专用工具	VGRS	可变传动比转向
SST	维修专用工具	VIN	车辆识别号
STD	标准	VPS	可变动力转向
STJ	冷启动燃油喷射	VSC	车辆稳定性控制
SW	开关	VSV	真空开关阀
SYS	系统	VTV	真空传输阀
T		VVT-i	智能可变气门正时
T/A	传动桥	W	
TACH	转速表	W/	带
TBI	节气门体电子燃油喷射	WGN	旅行车
TC	涡轮增压器	W/H	线束
TCCS	丰田计算机控制系统	W/O	不带
TCM	变速器控制模块	数字	
TCV	正时控制阀（柴油发动机） 翻转控制阀（汽油发动机）	1ST	一挡
TDC	上止点	2ND	二挡
TEMP.	温度	2WD	二轮驱动车辆（4×2）
TFT	丰田汽车Free-Tronic系统	3RD	三挡
TIS	车辆开发综合信息系统	4TH	四挡
T/M	变速器	4WD	四轮驱动车辆（4×4）
TMC	丰田汽车公司	4WS	四轮转向系统
TMMIN	丰田印度尼西亚汽车制造公司	5TH	五挡
TMMK	丰田肯塔基汽车制造公司		

三、上海大众汽车电路识图示例

1. 电路导线颜色代码

上海大众汽车导线颜色用英文单词中的两个字母来表示，一般写在导线的左边和上边。其中双颜色导线，前边表示主色，后边表示辅色，用斜杠隔开。

上海大众汽车电路导线颜色代码如表3-13所示。

表3-13　上海大众汽车电路导线颜色代码表

英文简写	颜色	色标	英文简写	颜色	色标
SW	黑色		LI	浅紫色	
BL	蓝色		GN	绿色	
RO	红色		BR	棕色	
GE	黄色		GR	灰色	
WS	白色		OR	橘黄色	

2. 电路图符号及含义

上海大众汽车电路图中的符号及含义如表3-14所示。

表3-14　上海大众汽车电路图中的符号及含义

符号	含义	符号	含义	符号	含义
	线束的插头连接		元件上的插头连接		元件上可拆式异线连接
	不可拆式导线连接		元件内部导线连接		保险丝
	手动开关		按键开关		机械开关
	压力开关		温控开关	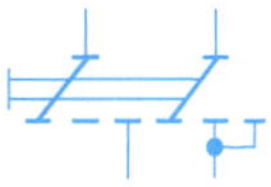	多挡手动开关
	电阻		可变电阻	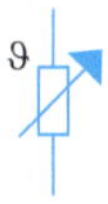	温控电阻
	灯泡		双丝灯泡		电机

续表

符 号	含 义	符 号	含 义	符 号	含 义
	二极管		发光二极管		电子控制器
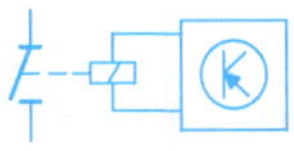	继电器（电子控制）		显示仪表		电容器
	点烟器		火花塞和火花塞插头	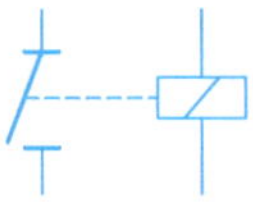	继电器
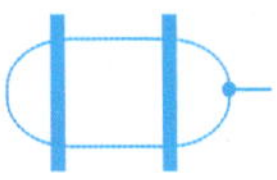	导线屏蔽		线圈	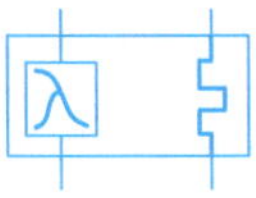	氧传感器
	过热保险丝		螺旋弹簧		多功能显示
	霍尔传感器	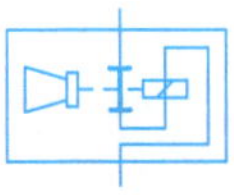	喇叭		爆震传感器
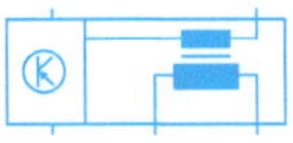	点火线圈		数字钟		收音机
	蓄电池	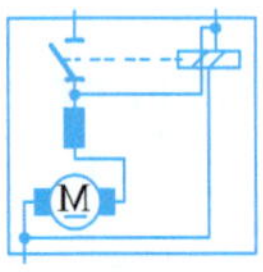	启动机	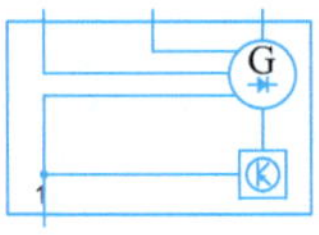	交流发电机
	可加热后窗玻璃		天线	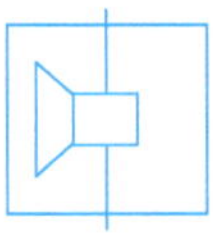	收音机喇叭
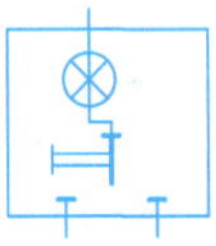	内部灯	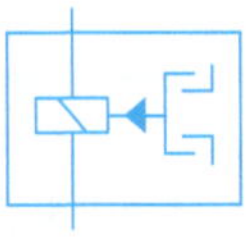	换挡杆锁电磁阀	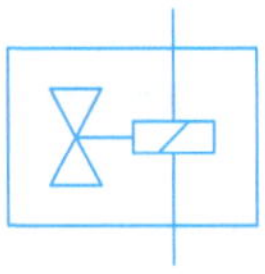	电磁阀

3. 电路识图示例

大众汽车电路图分为三部分，最上面部分为中央配线盒，其中标明了熔丝的位置及容量，继电器位置编号及接线端子号等。中间部分是车上的电气元件及连线，最下面的部分为搭铁部分。

电路识图示例如图3-7所示。

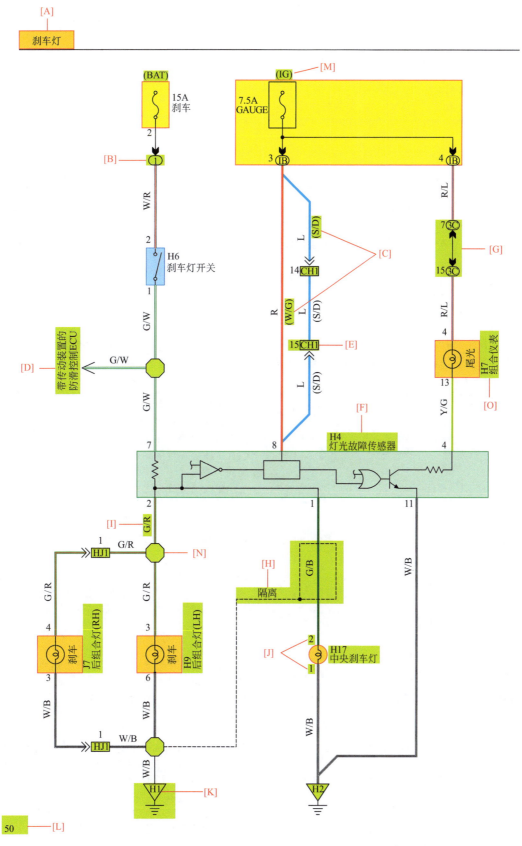

图3-7 电路识图示例

[A]：系统标题。
[B]：表示继电器盒。未用阴影表示，仅表示继电器盒编号以与接线盒加以区分。
示例：① 表示1号继电器盒。
[C]：车型、发动机类型或规格不同时，用（）来表示不同的配线和连接器等。
[D]：表示相关联的系统。
[E]：表示用来连接线束的插头式连接器和插座式连接器的代码。连接器代码由两个字母和一个数字组成。

连接器代码的第一个字符表示插座式连接器线束上的字母代码，第二个字符表示插头式连接器线束上的字母代码。

第三个字符是在存在多个相同线束组合时用来区别线束组合的系列号（如CH1和CH2）。

符号（✓）表示插头式端子连接器。连接器代码外侧的数字表示插头式连接器和插座式连接器的针脚编号。

[F]：代表零件（所有零件均以天蓝色表示）。该代码和零件位置中使用的代码相同。

[G]：接线盒（圆圈中的数字为接线盒编号，连接器代码显示在旁边）。接线盒以阴影表示，用于明确区分于其他零件。
示例：

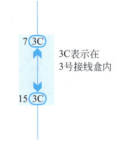

3C表示在3号接线盒内

[H]：表示屏蔽电缆。

[I]：表示配线颜色。
配线颜色以字母代码表示。

B=黑色	W=白色	BR=棕色
L=蓝色	V=紫色	SB=天蓝色
R=红色	G=绿色	LG=浅绿色
P=粉色	Y=黄色	GR=灰色
O=橙色	BE=米黄色	

第一个字母表示基本配线颜色，第二个字母表示条纹颜色。
示例：L Y

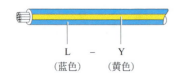

L — Y
（蓝色）（黄色）

[J]：表示连接器的针脚编号。
插座式连接器和插头式连接器的编号系统各不相同。
示例：

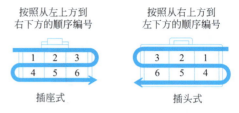

按照从左上方到右下方的顺序编号　　按照从右上方到左下方的顺序编号

插座式　　插头式

[K]：表示搭铁点。该代码由两个字符组成：一个字母和一个数字。第一个字符表示线束的字母代码。第二个字符是当同一线束存在多个搭铁点时用来区别各搭铁点的系列号。

[L]：页码

[M]：向保险丝供电时，用来表示点火钥匙的位置。

[N]：表示配线接合点。
示例：

[O]：线束代码
各线束以代码表示。线束代码用于表示零件代码、线束间连接器代码和搭铁点代码。例如：H7（组合仪表）、CH1（插头式线束间连接器）和H2（搭铁点）表示它们是同一线束"H"的零件。

[P]：表示车辆系统电路中零件位置的参考页。
示例：代码"H4"（灯故障传感器）在本手册的第6页。*代码的第一个字符表示线束的字母代码，第二个字符表示与线束连接的零件的系列号。
示例：

H 4
　├─连接零件的系列号
　└─线束代码

[Q]：表示系统电路中车辆继电器盒连接器位置的参考页。
示例：连接器"1"在本手册第18页加以说明，其安装在仪表板左侧。

[R]：表示系统电路中车辆接线盒和线束位置的参考页。
示例：连接器"3C"连接仪表板线束和3号接线盒。在本手册第22页加以说明，其安装在仪表板左侧。

[S]：表示线束间连接器的参考页（首先显示插座式线束，然后显示插头式线束）。
示例：连接器"CH1"连接发动机室主线束（插座式）和仪表板线束（插头式）。在本手册第42页加以说明，其安装在左侧踏脚板上。

[T]：表示车辆上搭铁点位置的参考页。
示例：搭铁点"H2"在本手册第50页加以说明，其安装在中央背板上。

四、一汽大众汽车电路识图示例

1. 电路导线颜色代码

一汽大众汽车导线颜色表示方法与上海大众基本相同。

一汽大众汽车电路导线颜色代码如表3-15所示。

表3-15 一汽大众汽车电路导线颜色代码表

英文简写	颜色	色标	英文简写	颜色	色标
SW	黑色		GN	绿色	
BL	蓝色		RS	粉红色	
RO	红色		BR	褐色	
GE	黄色		GR	灰色	
WS	白色		OR	橙黄色	
LI	浅紫色				

2. 电路图符号及含义

一汽大众汽车电路图中的符号及含义如表3-16所示。

表3-16 一汽大众汽车电路图中的符号及含义

符号	含义	符号	含义
蓄电池 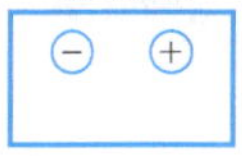	● 通过化学反应产生电 ● 向电路提供直流电	照明灯（3.4W） 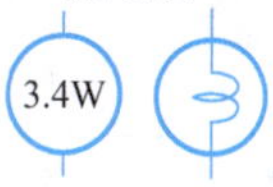	当电流流经电阻丝时发光、发热
 接地①（G01） 接地② 接地③	● 若有电流从蓄电池的正极向负极流动，则将点连接到车体或其他接地线 ● 接地①表明一个接地点通过线束与车身搭铁之间的连接 ● 接地②、接地③表明部件直接与车身搭铁接地的点 备注： 若接地有故障，则电流不会流过电路	电阻器 	● 电阻值恒定的电阻器 ● 主要通过保持额定电压，来保护电路中的电气部件
		电动机（M） 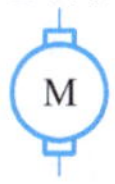	把电能转变成机械能
保险丝 保险丝（适用于强电流的保险丝）/熔丝 	● 当电流超过电路的规定电流值时，发生熔断并中断电流 警示： 不要使用超过规定容量的保险丝进行更换。 〈刃型熔断器〉〈筒型保险丝〉 〈滤芯式〉〈熔性连接〉	泵（P） 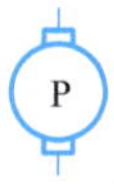	吸入、排放气体与液体
	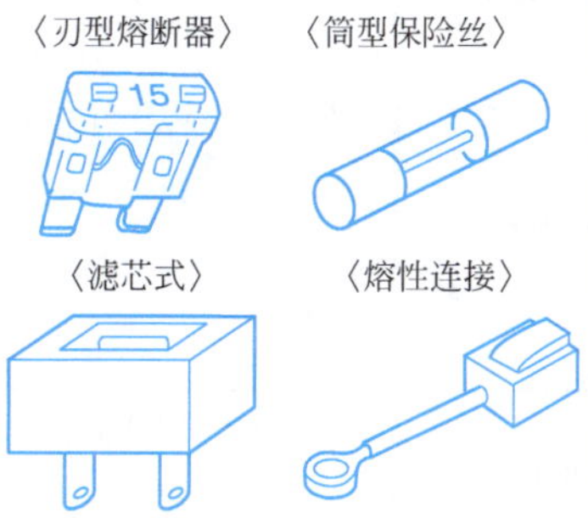	点烟器 	产生热的电线圈
		附件插座 	内部电源

续表

符号	含义	符号	含义
晶体管① 集电极(C) 基极(B) NPN 发射极(E)	● 电气开关的部件 ● 当有电压加在基极（B）上时，开关打开 集电极指示标记 B E C ECB E C B ● 查阅代码 2 S C 828 A 修订版标记 A：高频PNP 半导体 B：低频PNP 端子数量 C：高频PNP D：低频PNP	加热器	当有电流通过时产生热量
晶体管② 集电极(C) 基极(B) PNP 发射极(E)		点火开关 ST B2 B1 关闭 关闭 IG2 IG1 ACC	● 转动点火钥匙，使电路驱动各部件 注意： 在柴油车辆上，点火开关称为发动机开关
喇叭 扬声器	当有电源通过时发出声音	开关① 开关② 常开（NO）常闭（NC）	当通过断开或闭合电路允许或中断电流通过
自动停止开关	● 当满足某些条件时，自动切断电路	线束连接 若电路C-D与电路A-B相连，则用一个黑色小圆点表示连接点D选择 根据汽车的规格，用一个白色小圆点表示不同电路的改向点D	● 对于装备ABS（TCS）系统的汽车来说，使用A-B电路 带ABS(TCS) 带DSC系统 ● 对于装备DSC系统的汽车来说，使用C-B电路
继电器① 常开（NO） 没有电流流过线圈 有电流流过线圈 无电流流动 有电流流动	● 流过线圈的电流产生电磁力，导致触点断开或闭合		
继电器② 常闭（OFF） 没有电流流过线圈 有电流流过线圈 有电流流动 无电流流动	● 流过线圈的电流产生电磁力，导致触点闭合		
传感器①	● 根据阻抗的变化检测某些特性，例如进气歧管真空度及空气流量	电磁阀	流过线圈的电流产生的电磁力，由此操作柱塞
传感器②	● 根据其他部件的操作检测阻抗的变化	二极管	也被称为半导体整流器，二极管只允许电流朝一个方向流动 阴极(K) 阳极(A) ← 电流的流动 K A K A K A
传感器③	● 阻抗会随温度的变化而变化的电阻器，当温度升高时，阻抗减小		
传感器④	● 检测旋转物体发出的脉冲信号	发光二极管（LED）	● 当有电流流过时能够发光的二极管 ● 二极管与普通的灯泡不同，发光时不产生热量 阴极(K) 阳极(A) 阴极(K) 阳极(A) 电流的流动
传感器⑤	● 当施加张力或压力的时候会产生电势差		
电容器	能够暂时存储电荷的部件	参考二极管（齐纳二极管）	流过线圈的电流产生的电磁力，由此操作柱塞

续表

符号	含义
接线位置的变化范围① 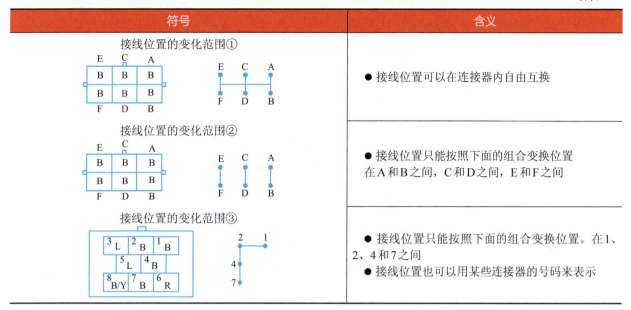	● 接线位置可以在连接器内自由互换
接线位置的变化范围②	● 接线位置只能按照下面的组合变换位置在A和B之间，C和D之间，E和F之间
接线位置的变化范围③	● 接线位置只能按照下面的组合变换位置。在1、2、4和7之间 ● 接线位置也可以用某些连接器的号码来表示

3.电路识图示例

对于一汽大众而言，其工作电路配线与上海大众基本相同，就某一条线路而言，从头至尾不超过所在篇幅纵向的3/4，相同系统的电路归纳在一起，其中大众汽车电路最突出的一点为所有线路的搭铁集在电路图最下面的一条表示搭铁的横线上。

> **要诀 11** 对大众汽车而言，电路配线啥特点，就说电路一条线，从头到尾都超半，电路搭铁在哪边，电路图下一线连。

一汽大众汽车电路识图示例如图3-8、图3-9所示。

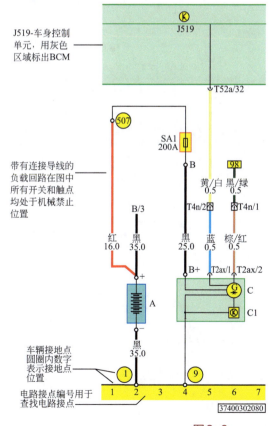

图3-8

汽车电路识图从入门到精通（修订本）

元件代号	名称
A	蓄电池
B	启动电机，在发动机舱左侧变速箱上
C	交流发电机，在发动机舱右侧前方
C1	电压调节器
J519	BCM车身控制单元，在仪表板左侧下方
SA1	保险丝1，200安培，交流发电机保险丝在发动机舱内左侧电控箱前面B号位
T2ax	2针插头，黑色，交流发电机插头
T4n	4针插头，黑色，在发动机舱前部，左前纵梁右侧
T52a	52针插头，棕色，在BCM车身控制单元上C号位
①	接地点，蓄电池-车身，在左前悬挂处车身上
⑨	接地点，自身接地
㊀	正极螺栓连接点（30），在发动机舱内左侧电控箱前面的主保险丝支架上

图3-8　一汽大众汽车电路识图示例（1）

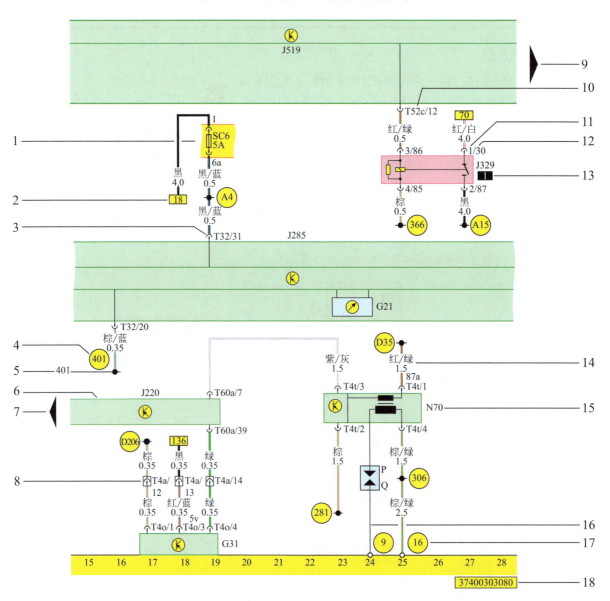

序号	含义	序号	含义
1	保险丝代号，图中"SC6"表示保险丝盒中6号位保险丝（5A）	10	BCM车身控制单元上多针插头代号及插头的触点多，例如：T52c/12-52针脚，T52c，触点12
2	指示导线的延续，框内的数字指示导线在相同编号的部分有延续	11	接线端子号，元件上的接线端子号或多针插头触点号
3	元件上插头的代号，表示插头代号触点数和连接的触点号，例如：T32/31-多针脚插头T32，32针，触点31	12	触点代号-在继电器上表示继电器上单个触点，例如30=继电器上的触点30
4	线束内部连接的代号，可以在电路图下方查到该不可拆式连接位于哪个线束内	13	继电器位置编号-在继电器板上
5	指示内部接线的去向，数字表示电路图中下一个部分有相同数字的内部接线相连	14	导线截面积（单位：平方毫米）和颜色
6	元件的符号	15	元件代号，可以在电路图下方查到元件名称
7	三角箭头指示该元件在电路图上一页有延续	16	内部连接（细实线）这个连接并不是作为导线存在，而是表示元件或导线束内部的电路
8	线束的插头连接代号，指示多针脚插头代号，触点数和连接的触点多，例如：T14a/12-多针脚插头T14a，14针，触点12	17	接地点的代号，可以在电路图下方查到接地点在车上的位置
9	三角箭头，表示接下一页电路图	18	电路图图号，例如：374-003030809，374表示车型，003表示组号，03表示页码，08表示月份，09表示年份

图3-9　一汽大众汽车电路识图示例（2）

4.缩略语及其含义

一汽大众车系缩略语及含义如表3-17所示。

表3-17　一汽大众车系缩略语及含义

缩略语	含义	缩略语	含义
3GR	三挡	AMP	放大器
4GR	四挡	ANT	天线
A	安培	ASV	供气阀
A/C	空调	AT	自动变速器
A/F	空气燃料	ATX	自动变速驱动桥
AAS	汽车调整悬架	B+	电池正极电压
ABS	防抱死制动系统	BAC	旁路空气控制
ACC	附件	CAN	控制器区域网络
ACV	空气调节阀	CIGAR	香烟
ADD	附加	CIS	连续燃油喷射系统
AIS	空气喷射系统	CKP	曲轴位置传感器
ALL	自动负载均衡	CM	控制模块
AM	调幅	CMP	凸轮轴位置传感器

续表

缩略语	含义	缩略语	含义
FM	调频	EPS	电动转向装置
FP	燃油泵	EVAP	燃油蒸发排放物
FPR	燃油泵继电器	F	前
GEN	发电机	F/I	燃油喷射器
GND	接地	FICB	快怠速阻风门强制开启系统
H/D	发热器/除霜装置	PNP	驻车/空挡位置
HEAT	发热器	PRC	压力调节控制
HI	高	PRG	清洗电磁阀
HO2S	加热氧传感器	PSP	动力转向压力
HS	高速	PTC	正温度系数发热器
HU	液压装置	PWM	脉宽调剂
IAC	怠速空气控制	QSS	快速启动系统
IAT	进气温度	R	后
IG	点火	REC	二次循环
ILLUMI	照明	RF	右前方
INT	间歇	RH	右手
COMBI	结合	RPM	每分钟转数
CON	调节器	RR	右后方
CONT	控制	SAS	精密安全气囊传感器
CPU	中央处理器	SECTION	部分
DEF	除霜装置	SFI	连续多点燃油喷射
DI	分电器点火	SOL	电磁线圈
DLC	数据链路连接器	JB	接线盒
DLI	无分电器点火	KS	爆震传感器
DOHC	双顶置凸轮轴	LCD	液晶显示器
DRL	日间行车灯	LF	左前方
DTC	诊断故障码（S）	SPV	溢出阀
DTM	诊断测试模式	ST	启动
ECPS	电动液压助力转向装置	SW	开关
ECT	发动机控制温度	TC	涡轮增压器
EGR	废气再循环	LH	左手
EHPAS	电动液压助力转向装置	LO	低
EI	电子点火	LR	右后方
ELEC	电	M	电动机
ELR	紧急锁紧式安全带卷收器	MAF	质量空气流量
ET	电子节气门	MAP	进气歧管绝对压力

续表

缩略语	含义	缩略语	含义
MFI	多点燃油喷射	TCC	液力变矩器离合器
MID	中间	TCM	变速器（变速驱动桥）控制模块
MIL	故障指示灯	TCS	牵引力控制系统
MIN	分钟	TEMP	温度
MIX	混合气	TFT	变速驱动桥油的温度
MPX	多路传输	TICS	三通管进气控制系统
MS	中速	TNS	车尾号码侧灯
MT	手动变速器	TP	节气门位置传感器
MTX	手动变速驱动桥	TR	变速器（变速驱动桥）的范围
N	空挡	TWS	总接线系统
NC	常闭	V	伏特
NO	常开	VAF	容积式空气流量传感器
O2S	氧传感器	VENT	通风
OBD	车载故障诊断系统	VICS	可变惯性进气系统
O/D	超速装置	VOL	容积
OFF	关闭	VR	调压器
ON	打开	VRIS	可变谐振进气系统
OSC	振荡器	VSS	车速传感器
P	动力	VTCS	可变进气涡流控制系统
P/S	动力转向装置	W	瓦特
PCM	动力传动控制模块	WOT	节气门全开
PJB	乘客分线盒		

五、双龙汽车电路识图示例

1. 电路图符号及含义

双龙汽车电路图符号及含义如表3-18所示。

表3-18 双龙汽车电路图符号及含义

符号	含义	符号	含义
 电阻器符号	电阻器	 搭铁符号	搭铁
 可变电阻器符号	可变电阻器	 二极管符号	二极管
 线圈符号	线圈	 稳压二极管符号	稳压二极管
 电容器符号	电容器	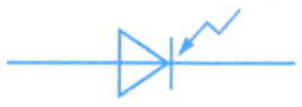 光敏二极管符号	光敏二极管

汽车电路识图从入门到精通（修订本）

续表

符号	含义	符号	含义
	发光二极管		三极管：PNP型
	蓄电池		仪表、计量仪
	交叉线	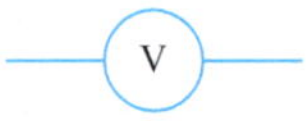 V	电压表
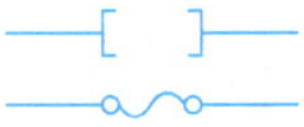	保险丝	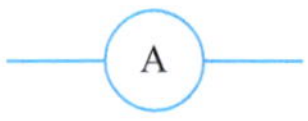 A	电流表
	电机		开关
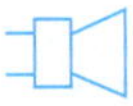	扬声器		热敏电阻
	灯		短接点
	单丝灯泡		易熔丝
	双丝灯泡	 No.	导线连接器
	三极管：NPN型		喇叭

> **要诀 12**
> 双龙电路啥特点，电源三根平行线，30、15、15A什么线，不用质疑是电源，代号30是什么线，线路中经常通电，代号15是什么线，小容量电器常接线，代号15A是什么线，大容量电器接上边，还有一个大特点，电路搭铁一线连。

2. 电路识图示例

双龙汽车电路图中上部的水平线为接电源正极的导线，有30、15、15A。电路中经常通电的线路使用代号30，受控制的小容量用电设备的电源线代号为15，受控制的大容量用电设备的电源线代号是15A，接地线在电路图最下边代号31。

电路识图示例如图3-10所示。

代号	含义
A	上水平线，电源线
B	Ef20或F2：保险丝编号。图中表示： Ef20：发动机室保险丝盒20号保险丝 F2：室内保险丝盒2号保险丝
C	导线连接器（C101～C903）。图中表示： C107号导线连接器3号端子
D	S201：短接连接器（S201～S207）
E	导线颜色
F	部件的内部电路（继电器）名称和端子编号
G	部件的内部电路（开关）名称和端子编号
H	下水平线搭铁线，搭铁位置（G101～G402），其中B表示车身搭铁

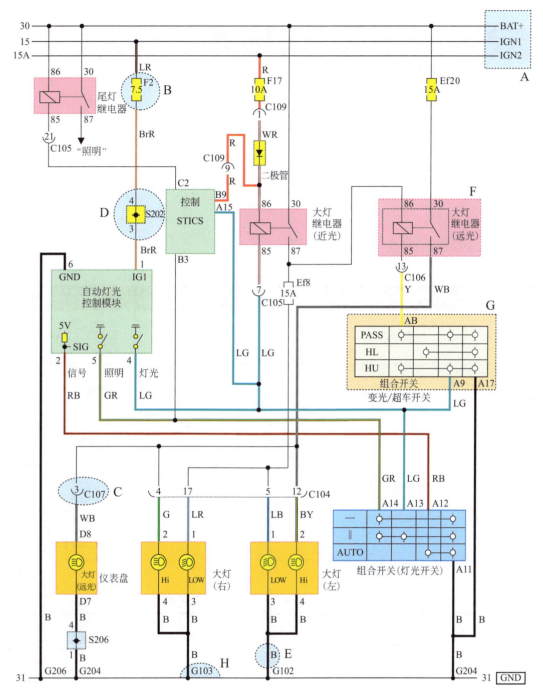

图3-10 电路识图示例

六、长安福特汽车电路识图示例

1. 电路导线颜色代码

长安福特汽车导线颜色一般用其英文中的两个字母来表示,在电路图中导线颜色标在导线的右边或下边。

长安福特汽车电路导线颜色代码如表3-19所示。

表3-19 长安福特汽车电路导线颜色代码表

英文简写	颜色	色标	英文简写	颜色	色标	英文简写	颜色	色标
BK	黑色		BN	棕色		BU	蓝色	
GN	绿色		GY	灰色		LG	浅绿色	
NA	自然色		OG	橙色		PK	粉红色	
RD	红色		SR	银色		VT	紫罗兰色	
WH	白色		YE	黄色				

2.电路图符号及含义

长安福特汽车电路图符号及含义如表3-20所示。

表3-20 长安福特汽车电路图符号及含义

符号	含义	符号	含义
	配置接点		保险
	不相连的跨越电路		易熔线
	接点		组件整体
	可移动连接		组件的部分
	接地（搭铁）		组件外壳直接与车身金属部位连接（搭铁）
	连接器		组件上配置螺丝锁接式端子
	母连接器（母子）	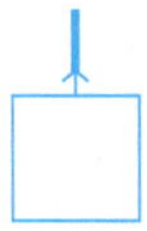	直接接到组件的连接器
	公连接器（公子）	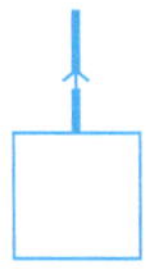	连接组件导线的连接器
	蓄电池		电路阻抗
	断电器		电阻或加热组件

续表

符号	含义	符号	含义
	电位计（压力或温度）		永磁双速电动机
	电位计（受外来因素影响）		钟式弹簧
	二极管，电流依箭头方向流通		蜂鸣器
	发光二极管（LED）		转向柱滑环
	电容器		汇流排
	可变电容器		霍尔传感器
	压电传感器		ABS轮速传感器
	热继电器		短路条连接器
	线圈		远光灯符号
	电磁控制阀或离合器电磁阀		后雾灯符号
	晶体管		前雾灯符号
	灯		加热组件导体环
	双芯灯		燃油发送器
	量表		温控计时继电器
	永磁单速电动机		天线

续表

符号	含义	符号	含义
 (AC符号)	AC交流电	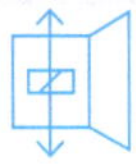 (喇叭符号)	讯号喇叭或扬声器
 (滤波器符号)	滤波器	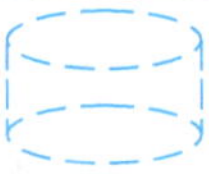 (屏蔽符号)	屏蔽
 (转向灯符号)	转向灯符号	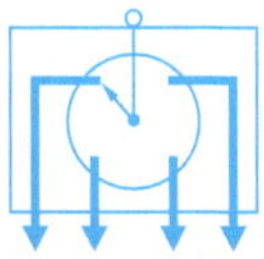 (分电器符号)	分电器
 (点火线圈符号)	点火线圈总成		

符号及含义	符号及含义
代表两条或两条以上线路 ／ 代表一条连接线路	单极、两投开关 ／ 30 F9 15A 代表该保险一直供电
选择用支路，代表在不同机型、国别、选装设备时，线路有不同	电路号 31-DA15 .75BN G18 导线截面积mm² 线路连接与车身金属表（搭铁）可利用位置表中的搭铁编号
继电器 ／ 常开接点 线圈通电时，开关被拉回闭合	汇流排 F3 10A F14 10A
联动开关 ／ 虚线代表在开关之间以机械方式相连接	.5BN/RD 9-MD11 .5GN 3 4 C103 同一组连接器中端子（芯脚） .5BN/RD 9-MD11 .5GN 代表各芯脚位于同一连接器
线路绝缘为一种主色配备其他颜色条纹组成（绿色搭配白色） 74-MD8 1.5GN/WH 29-01 线路参照编号，可找出连接于其他回路中的线束	M111 风窗雨刮电机 1 C24 G1001 仍有其他回路通过G1001搭铁，但未显示在同一线路图中。有关搭铁的内容，可参阅"接地位置图"
15 P91 F18 3A 53 C224 A11 收音机 中央接线盒(CJB) 其他回路也共同利用18号保险，但未显示在同一线路图中	A7 ABS控制模块 该符号用以显示系统中的硬件装置（仅由电子元件所组成）
端子号 部件编号 30 30 N278 部件名称 3 2 1 0 点火开关 15 1)关闭 3 C37 2)附件 3)启动 4)点火 '15'表示在位置2或3供应蓄电池电压 部件连接器编号 相关部件或工作的具体内容	线路绝缘为单一颜色 31-HC7 5BN (4) C100 31-HC7 5BN 引脚号 可利用位置表的连接器编号

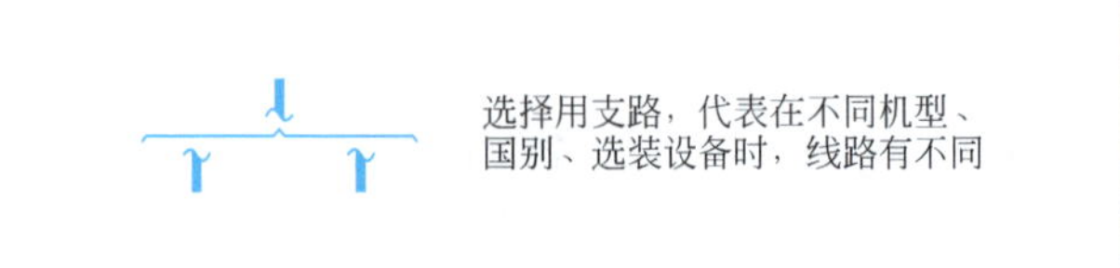

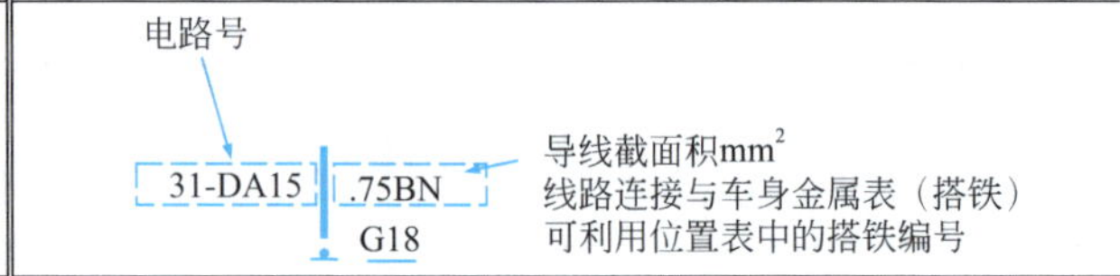

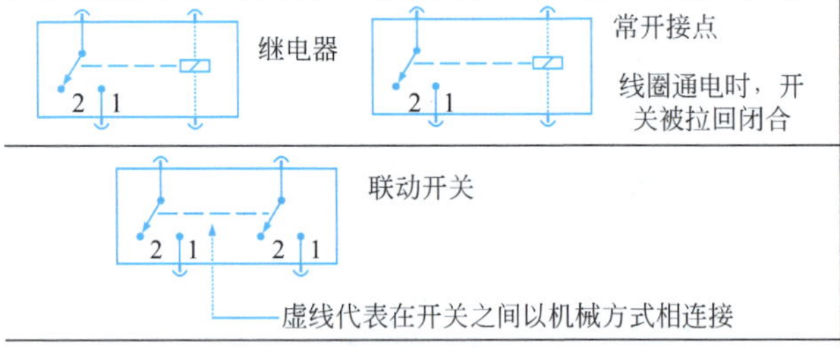

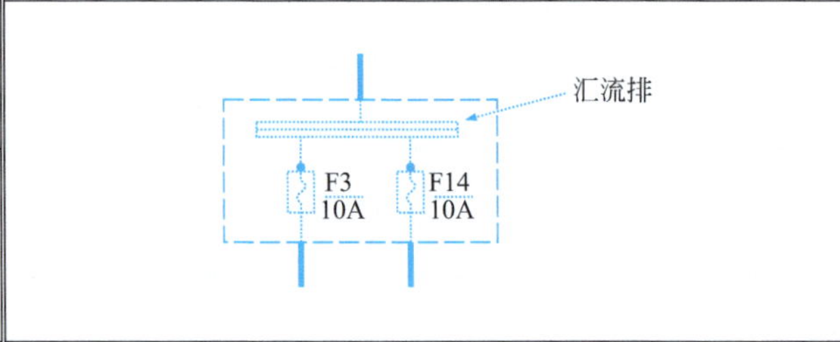

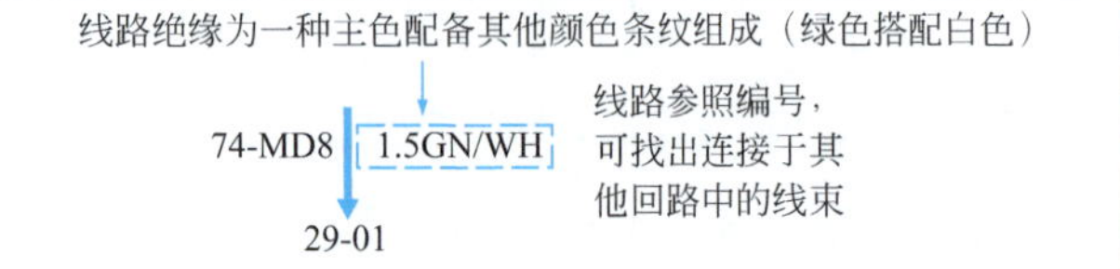

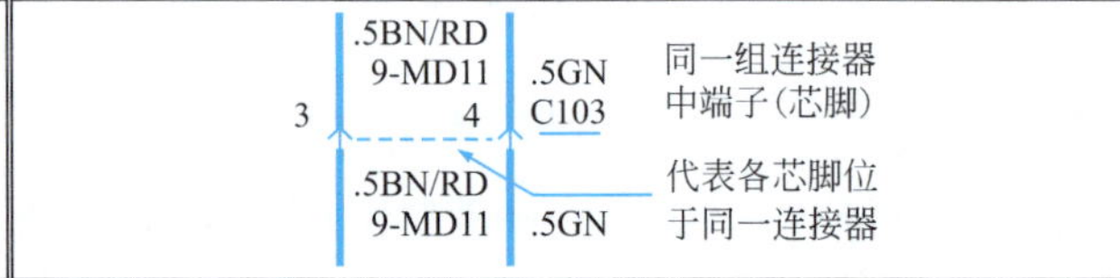

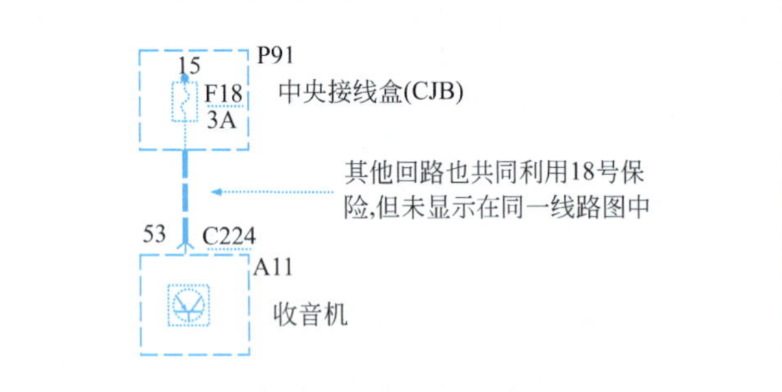

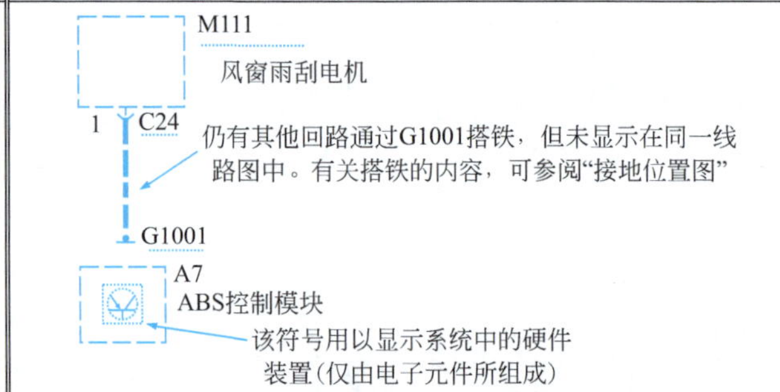

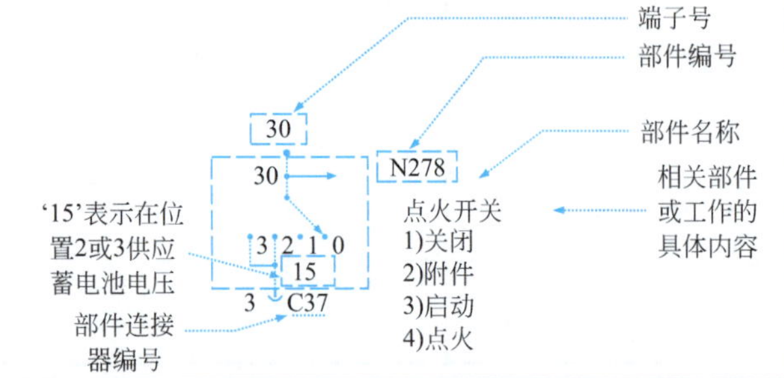

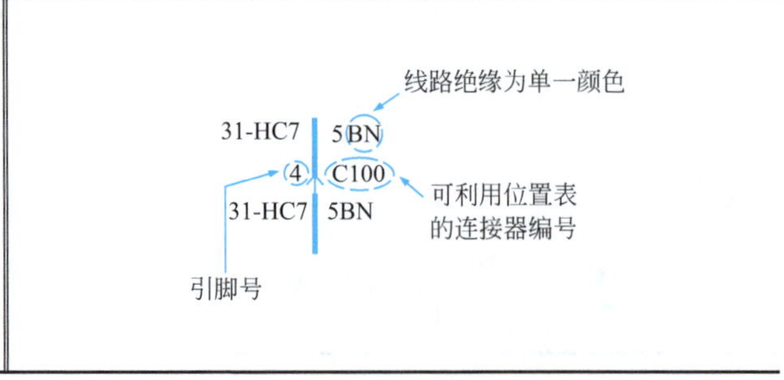

3. 电路识图示例

福特汽车电路每一电路都独立而完整地在一个单元中绘出,保险片及继电器信息包含的保险及继电器盒示意图说明了全部保险及继电器的信息,动力分配系统单元图示例如图3-11电流显示了电流回路,接地点部分说明了每一接地点或搭铁全部细节。

电路识图示例如图3-11～图3-13所示。

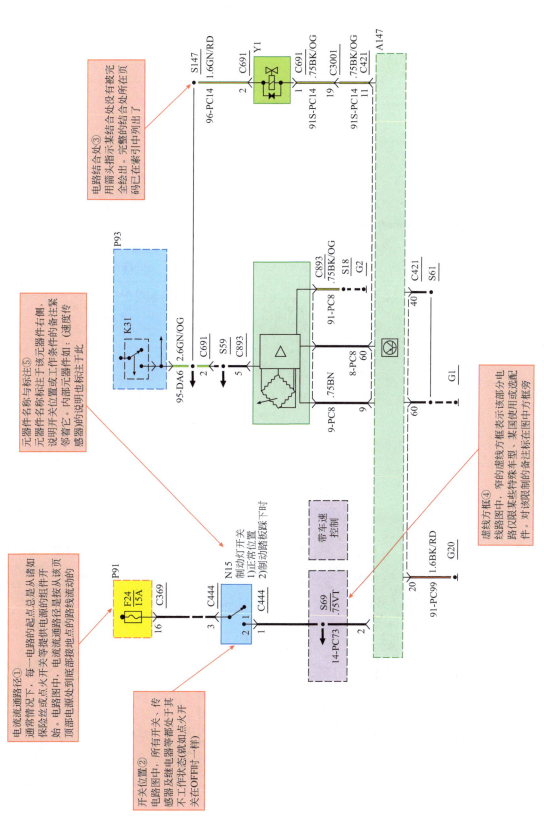

图3-11 电路识图示例(1)

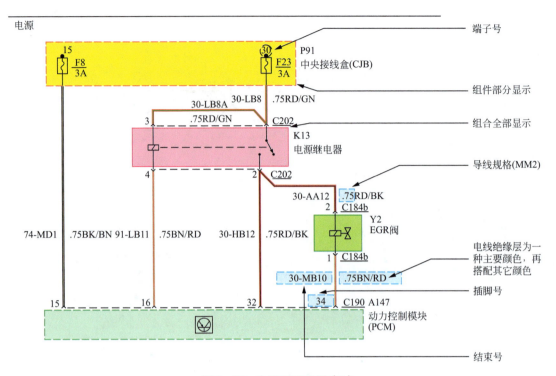

图3-12　电路识图示例（2）

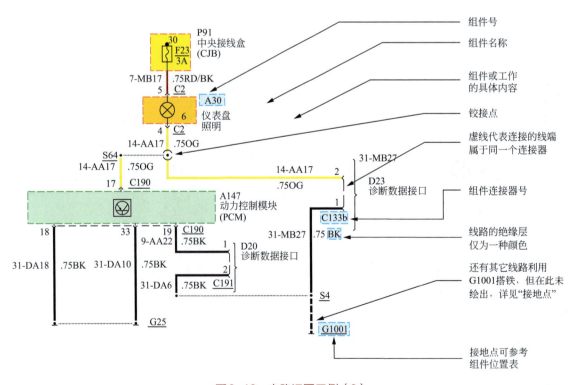

图3-13　电路识图示例（3）

4.缩略语及含义

福特车系缩略语及含义如表3-21所示。

表3-21 福特车系缩略语及含义

缩略语	含义	缩略语	含义	缩略语	含义
DA	触点分配	AM	动力门	GP	车辆紧急监控
DB	总线	BA	充电（包括电流表/电压表）	HA	辅助
DC	电路保护—蓄电池接线盒	BB	启动	HB	除冰
DD	电路保护—中央连接盒	CC	乘驾悬架	HC	加热式座椅
DE	搭铁	CD	悬架	JA	气囊
DF	接线块	CE	动力转向	KA	刮水器/清洗器
DG	电路保护—辅助保险盒	CF	防抱死制动/牵引控制	LB	礼貌
DH	分配—辅助保险盒	CG	制动（发动机/废气/JAKE）	LC	进入
DJ	辅助分配	FA	气候1	LD	雾/水灾/驾驶
DK	组合组件	FB	气候2	LE	头
EA	ACP总线	FC	气候，辅助加热器	LF	驻车/示廓/牌照/间隙
EB	ALT总线	GA	量表—水平/压力/温度	LG	转向信号/转弯/危险/制动/倒车
EC	CAN总线	GB	量表 miscellaneous	LH	开关照明
ED	DCL总线	GC	指示器—水平/压力/温度	LK	仪表照明
EE	ISO总线	GE	辅助警告/灯泡中断	MC	通信
EG	SCP总线	GG	组合仪表	MD	娱乐
AA	门锁及后备厢盖	GH	旅程计算器	NA	救护车
AD	动力镜	GJ	喇叭	NB	警车
AG	动力顶盖	GK	导航	NC	出租车
AH	动力座椅	GL	防盗	ND	拖车
AJ	动力窗	GM	声音警报（包括蜂鸣器/钟）	PA	发动机控制
AL	动力转向管柱	GN	驻车辅助	PG	车辆速度及发动机RPM

七、北京现代汽车电路识图示例

1.电路导线颜色代码

现代汽车电路中更多地吸收了日产车系的优点。电源部分画在电路图的顶部，搭铁部分画在电路图的底部。

现代汽车电路导线颜色代码如表3-22所示。

表3-22 现代汽车电路导线颜色代码表

英文简写	颜色	色标	英文简写	颜色	色标	英文简写	颜色	色标
B	黑色		Br	棕色		G	绿色	
Gr	灰色		L	蓝色		R	红色	
W	白色		Y	黄色				

2. 电路图符号及含义

现代汽车电路图符号及含义如表3-23所示。

表3-23 现代汽车电路图符号及含义

符号	含义	符号	含义
	表示部件全部	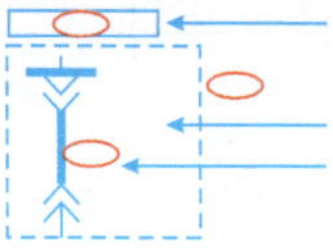	电源 名称 容量
	表示部件一部分	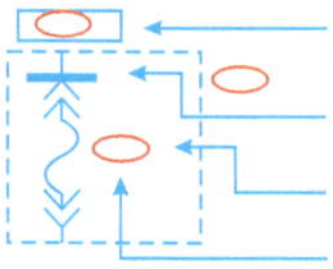	表示点火开关ON时的电源 表示短路片连接到每个保险丝 编号 容量
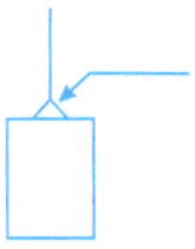	表示导线连接器在部件上		蓄电池电源
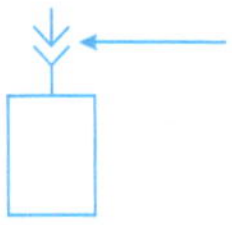	表示导线连接器通过导线与部件连接	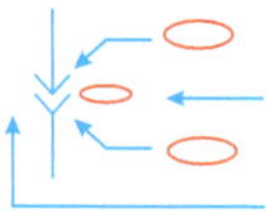	表示在部件位置索引上的连接器编号 表示对应端子编号（仅置于相关端子）
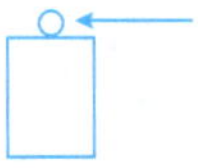	表示导线连接器用螺丝固定在部件上	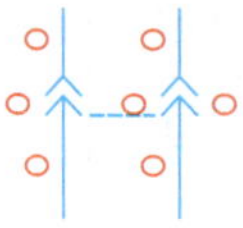	虚线表示2个导线同一在E35导线连接器上
	表示部件外壳搭铁		表示下页继续连接
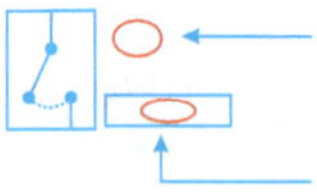	部件名称上面显示部件名称 表示部件位置图编号		表示黄色底/红色导线（2个以上颜色的导线）
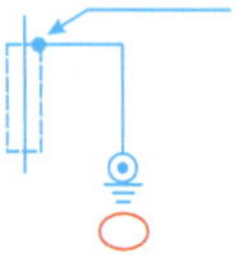	表示为防波板，防波板要永久搭铁，（主要用在发动机和变速器的传感器信号线上）	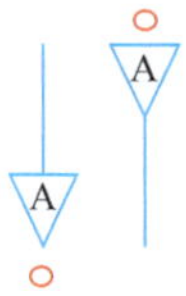	表示这根导线连接在所显示页。箭头表示电流方向
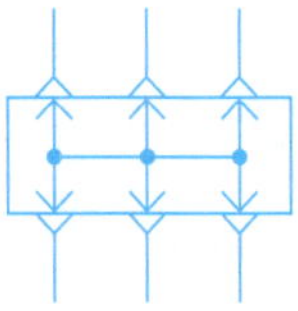	表示多线路短接的导线连接器		箭头表示导线连接到其他线路

续表

符号	含义	符号	含义
	表示根据不同配置选择线路（指示判别有关选择配置为基准的电路）		喇叭、蜂鸣器、警报器
	表示参照显示完整线路的电路图		蓄电池
	表示导线末端在车辆金属部分搭铁		常开式
	双丝灯泡		常闭式
	单丝灯泡		开关（单触点）
	稳压二极管		加热器
	发光二极管		传感器
	二极管		喷油嘴
NPN	NPN		电磁线
PNP	PNP		电机
	传感器		表示开关依虚线摆动，而依虚线表示开关之间的联动关系
	传感器		内装二极管的继电器
	扬声器		内装电阻的继电器

3. 电路识图示例

现以北京现代汽车信号电路和点火电路为例,说明现代汽车电路图的识读方法。

电路识图示例如图 3-14、图 3-15 所示。

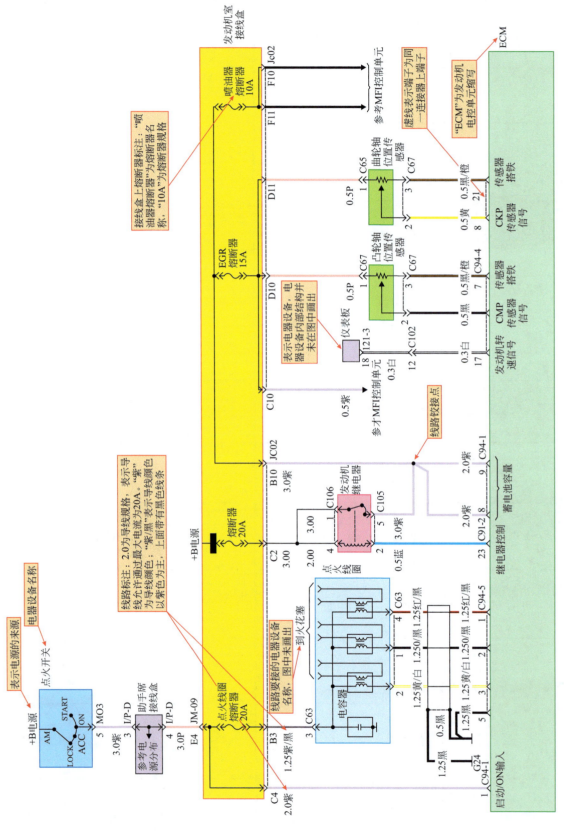

图 3-14 电路识图示例（1）

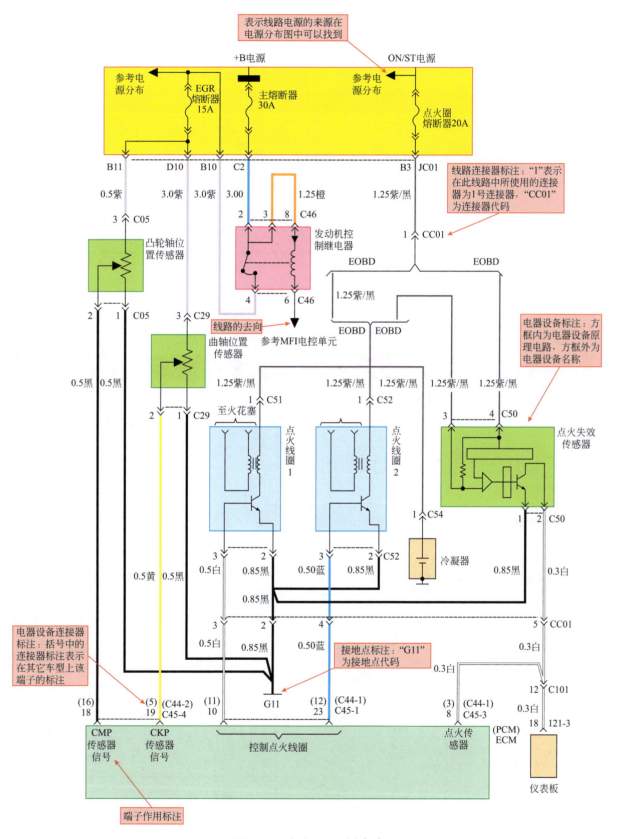

图3-15 电路识图示例(2)

八、海南马自达汽车电路识图示例

1. 电路导线颜色代码

海南马自达汽车电路导线颜色代码如表3-24所示。

表3-24　海南马自达汽车电路导线颜色代码表

英文简写	颜色	色标	英文简写	颜色	色标	英文简写	颜色	色标
B	黑色		L	蓝色		BR	棕色	
DL	深蓝色		DG	深绿色		GY	灰色	
G	绿色		LB	浅蓝色		LG	浅绿色	
O	橙色		P	粉红色		R	红色	
SB	天蓝色		T	黄褐色		V	紫色	
W	白色		Y	黄色				

2. 电路图符号及含义

海南马自达汽车电路图符号及含义如表3-25所示。

表3-25　海南马自达汽车电路图符号及含义

符号	含义	符号	含义
蓄电池 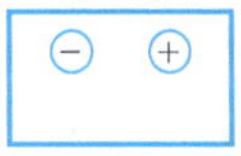	● 通过化学反应产生电 ● 向电路提供直流电	照明灯 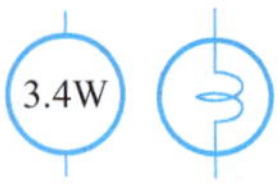 3.4W	当电流流经电阻丝时发光、发热
接地①  G01 接地②  接地③ 	● 若有电流从蓄电池的正极向负极流动，则将点连接到车体或其他接地线 ● 接地①表明一个接地点通过线束与车身搭铁之间的连接 ● 接地②、接地③表明部件直接与车身搭铁接地的点 备注： 若接地有故障，则电流不会流过电路	电阻器 	● 电阻值恒定的电阻器 ● 主要通过保持额定电压，来保护电路中的电气部件
		电动机  M	把电能转变成机械能
保险丝 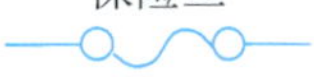 保险丝（适用于强电流的保险丝）/熔丝  〈刃型熔断器〉〈筒型保险丝〉 〈滤芯式〉〈熔性连接〉	● 当电流超过电路的规定电流值时，发生熔断并中断电流 警示： 不要使用超过规定容量的保险丝。 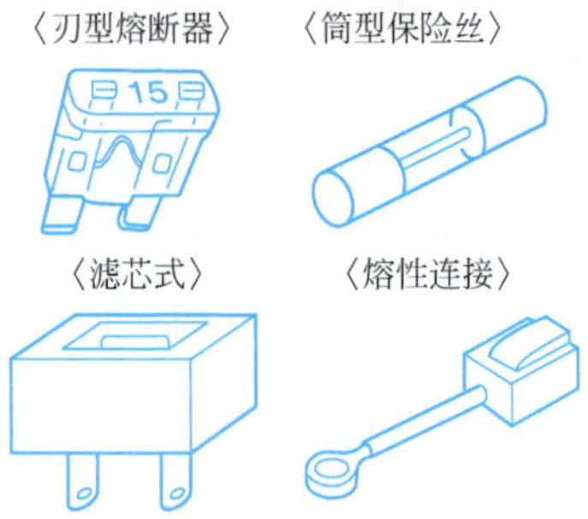	泵 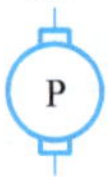 P	吸入、排放气体与液体
		点烟器 	产生热的电线圈
		附件插座 	内部电源

续表

符号	含义	符号	含义
晶体管① 集电极(C) 基极(B) NPN 发射极(E) 晶体管② 集电极(C) 基极(B) PNP 发射极(E)	● 电气开关的部件 ● 当有电压加在基极（B）上时，开关打开 集电极指示标记 B E C ECB E C B ● 查阅代码 2 S C 828 A 修订版标记 半导体 端子数量 A：高频PNP B：低频PNP C：高频PNP D：低频PNP	加热器	当有电流通过时产生热量
		点火开关	● 转动点火钥匙，使电路驱动各部件 注意： 在柴油车辆上，点火开关称为发动机开关
喇叭 扬声器	当有电流通过时发出声音	开关① 开关② 常开（NO）常开（NC）	当通过断开或闭合电路允许或中断电流通过
自动停止开关	当满足某些条件时，自动切断电路	线束连接 若电路C-D与电路A-B相连，则用一个黑色小圆点表示连接点D选择 根据汽车的规格，用一个白色小圆点表示不同电路的改向点D	● 对于配备了防抱死制动系统的汽车，使用A-B电路 带防抱死制动系统 无防抱死制动系统 ● 对于未配备防抱死制动系统的汽车，使用C-B电路
继电器① 常开（NO）	● 流过线圈的电流产生电磁力，导致触点断开或闭合 没有电流流过线圈 有电流流过线圈 无电流流动 有电流流动		
继电器② 常闭（OFF）	● 流过线圈的电流产生电磁力，导致触点闭合 没有电流流过线圈 有电流流过线圈 有电流流动 无电流流动		
传感器①	● 根据阻抗的变化检测某些特性，例如进气歧管真空度及空气流量	电磁阀	流过线圈的电流产生的电磁力，由此操作柱塞
传感器②	● 根据其他部件的操作检测阻抗的变化	二极管	也被称为半导体整流器，二极管只允许电流朝一个方向流动 阴极(K) 阳极(A) ← 电流的流动 K A K A K A
传感器③	● 阻抗随温度的变化而变化的电阻器，当温度升高时，阻抗减小		
传感器④	● 检测旋转物体发出的脉冲信号	发光二极管（LED）	● 当有电流流过时能够发光的二极管 ● 二极管与普通的灯泡不同，发光时不产生热量 阴极(K) 阳极(A) 阴极(K) 阳极(A) 电流的流动
传感器⑤	● 当施加张力或压力的时候会产生电势差		
电容器	能够暂时存储电荷的部件	参考二极管（齐纳二极管）	流过线圈的电流产生的电磁力，由此操作柱塞

续表

符号	含义
接线位置的变化范围① 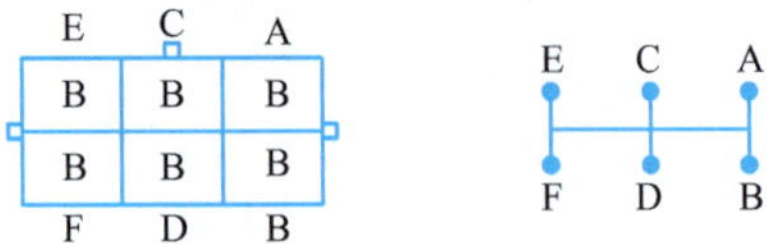	● 接线位置可以在连接器内自由互换
接线位置的变化范围② 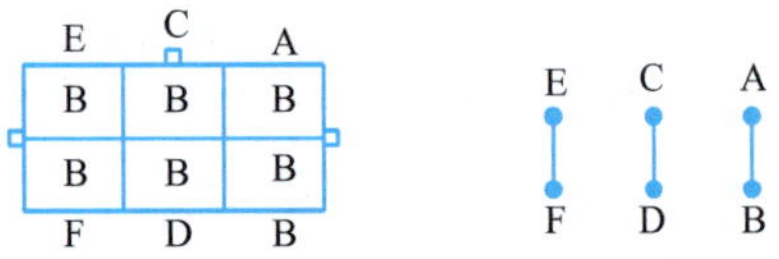	● 接线位置只能按照下面的组合变换位置。在A和B之间，C和D之间，E和F之间
接线位置的变化范围③ 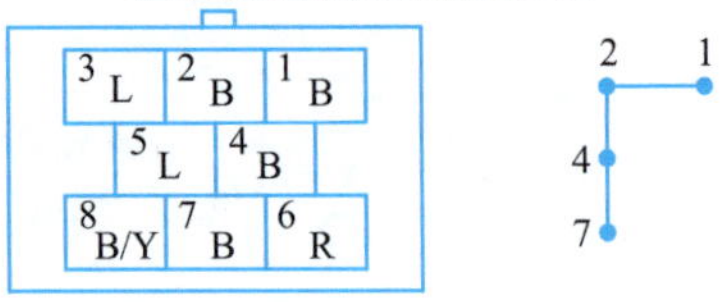	● 接线位置只能按照下面的组合变换位置。在1、2、4和7之间 ● 接线位置也可以用某些连接器的号码来表示

3. 电路识图示例

现以海南马自达汽车动力控制模块系统为例，说明海马汽车电路图的识读方法。

电路识图示例如图3-16～图3-18所示。

4. 缩略语及其含义

马自达车系缩略语及含义如表3-26所示。

表3-26 马自达车系缩略语及含义

缩略语	含义	缩略语	含义
A		ATX	自动变速器
A	安培	B	
A/C	空调	B+	蓄电池正极电压
A/F	空气燃料	BAC	旁路空气控制
AAS	自动调节悬架	C	
ABS	防抱死制动系统	CAN	控制器局域网
ACC	附件	CIGAR	点烟器
ACV	空气控制阀	CIS	连续喷油系统
ADD	附加	CKP	曲轴位置传感器
AIS	空气喷射系统	CM	控制模块
ALL	自动负载均衡	CMP	凸轮轴位置传感器
AM	调幅	COMBI	结合
AMP	放大器	CON	调节器
ANT	天线	CONT	控制
ASV	供气阀	CPU	中央处理器
AT	自动变速器	CV	贯通气孔

续表

缩略语	含义	缩略语	含义
D		I	
DEF	除霜器	IAC	怠速空气控制
DI	分电器点火	IAT	进气温度
DLC	数据线连接器	IG	点火
DLI	无分电器点火	ILLUMI	照明
DOHC	双顶置凸轮轴	INT	间歇
DRL	日间行车灯	J	
DSC	动态稳定控制	JB	接线盒
DTC	诊断故障码（S）	K	
DTM	诊断测试模式	KS	爆震传感器
E		L	
ECPS	电控动力转向装置	LCD	液晶显示屏
ECT	发动机冷却液温度	LF	左前方
EGR	废气再循环	LH	左侧
EHPAS	电动液压助力转向装置	LO	低
EI	电子点火	LR	左后方
ELEC	电	M	
ELR	紧急锁紧式安全带卷缩装置	M	电动机
ET	电子节气门	MAF	空气质量流量
EPS	电动转向装置	MAX	最大
EVAP	燃油蒸发排放物	MAP	进气歧管绝对压力
F		MFI	多点喷油
F	前	MID	中间
F/I	燃油喷油器	MIL	故障指示灯
FICB	快怠速阻风门强制开启系统	MIN	最小
FM	调频	MIX	混合气
FP	燃油泵	MPX	多路传输
FPR	燃油泵继电器	MS	中速
G		MT	手动变速器
GEN	发电机	MTX	手动变速器
GND	接地	N	
H		N	空挡
H/D	加热器/除霜器	NC	常闭
HEAT	加热器	NO	常开
HI	高	O	
HO2S	加热式氧传感器	OBD	车载故障诊断系统
HS	高速	O/D	超速传动
HU	液压装置	OFF	关闭

续表

缩略语	含义	缩略语	含义
ON	打开	SW	开关
P		T	
P	动力	TC	涡轮增压器
P/S	动力转向装置	TCC	液力变矩器离合器
PCM	动力传动控制模块	TCM	变速器（变速器）控制模块
PJB	乘客分线盒	TCS	牵引力控制系统
PNP	驻车挡/空挡位置	TEMP	温度
PRC	压力调节器控制	TFT	变速器液温度
PRG	清污电磁阀	TICS	三通管进气控制系统
PSP	动力转向装置压力	TNS	牌照灯
PTC	正温度系数发热器	TP	节气门位置传感器
PWM	脉宽调制	TPMS	轮胎压力监控系统
Q		TR	变速器（变速器）的挡位范围
QSS	快速启动系统	TWS	总接线系统
R		V	
R	后	V	伏特
REC	再循环	VAF	容积空气流量传感器
RF	右前方	VENT	通风
RH	右侧	VICS	可变惯性进气系统
RPM	每分钟转数	VOL	容积
RR	右后方	VR	电压调节器
S		VRIS	可变谐振进气系统
SAS	高级安全气囊传感器	VSS	车速传感器
SFI	顺序多点喷油	VTCS	可变涡流控制系统
SOL	电磁阀	W	
SPV	溢出阀	W	瓦特
ST	启动		

九、神龙富康汽车电路识图示例

1. 电路导线颜色代码

神龙富康汽车导线颜色有黑色、玫瑰红、翠绿、紫罗兰、栗色、橙色等，分别用此英文的缩写来表示，在电路中一般上边画一横线标在导线的左侧。

神龙富康汽车电路导线颜色代码如表3-27所示。

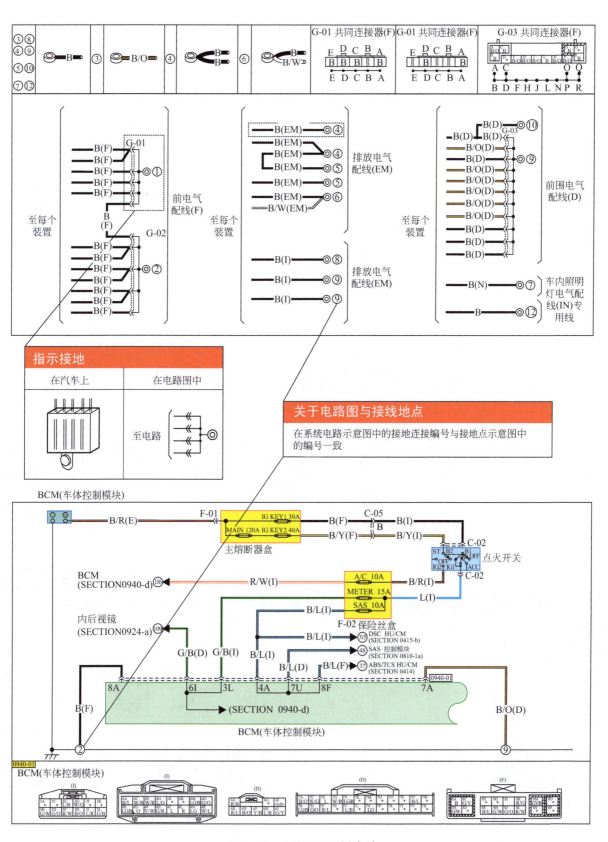

图3-16 电路识图示例(1)

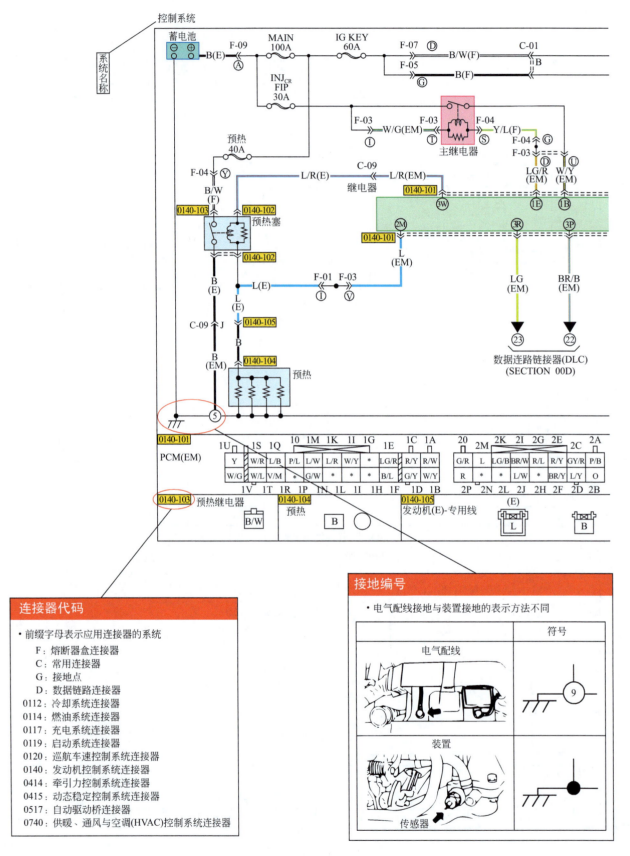

图3-17 电路识图示例（2）

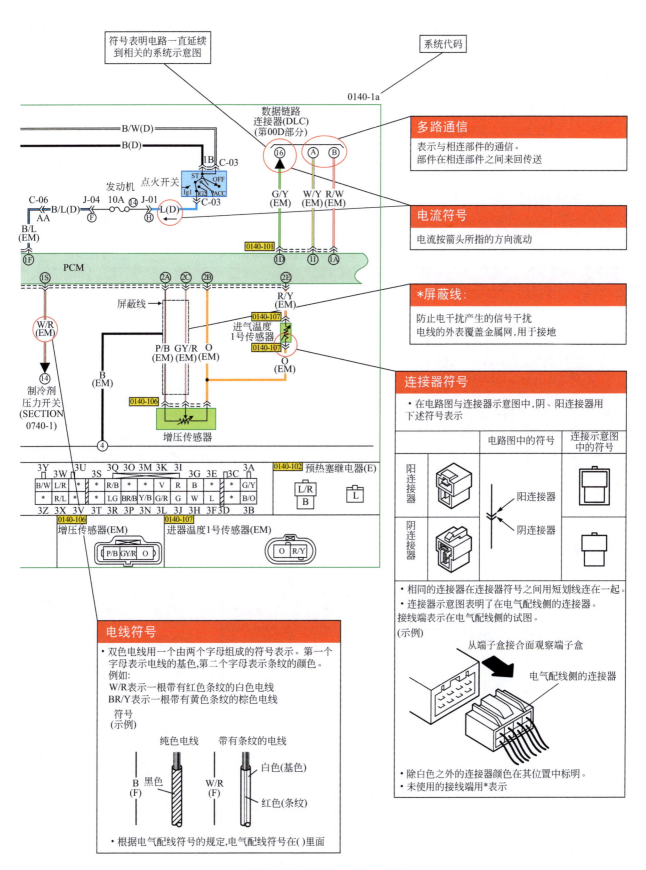

图3-18 电路识图示例（3）

表3-27 神龙富康汽车电路导线颜色代码表

英文简写	颜色	色标	英文简写	颜色	色标	英文简写	颜色	色标
N	黑色		M	栗色		R	大红	
Ro	玫瑰红		Or	橙色		J	柠檬黄	
V	翠绿		Bl	湖蓝		Mv	深紫	
Vi	紫罗兰		Mv	灰色		B	白色	
Lc	透明							

2. 电路图符号及含义

神龙富康汽车电路图符号及含义如表3-28所示。

表3-28 神龙富康汽车电路图符号及含义

符号	含义	符号	含义	符号	含义
	线头焊片接点		双灯丝照明灯		机械可变电阻
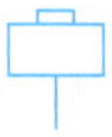	带有分辩记号的插接器接点		二极管		可变电阻
	经线头焊片搭铁		屏蔽装置		指示灯
	开关（无自动回应）		手插头接点	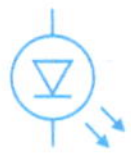	发光二极管
	常开触点		不可拆接点		熔断器
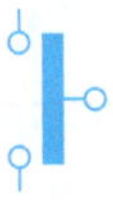	机械开关		经插接器搭铁		蓄电池单格
	延时开关		手动开关	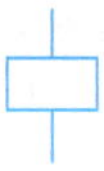	插接器接点
	带电阻手动开关（点烟器）		常闭触点		不可拆接点
	手动可变电阻		压力开关		经零件外壳搭铁
	压力可变电阻		延时闭合触点		转换开关
	线圈		电阻		手动开关

续表

符号	含义	符号	含义	符号	含义
	温度开关		电喇叭或扬声器		PNP三极管
	摩擦式触点		零件框图（带原理图）		交流发电机
	可变电阻		零件部分框图		继电器组件
	热敏电阻		电极		零件部分框图
	分流器		NPN三极管		热电偶
	照明灯	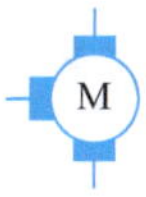	双速电动机		接线柱
	光电二极管		电子控制组件		联动线（轴）
	热断路器		零件框图（无原理图）		备用头
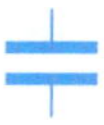	电容器		指示器		氧传感器
	电动机				

3. 电路识图示例

现以神龙富康汽车防抱死制动系统（ABS）为例，说明富康汽车电路图的识读方法。

电路识图示例如图3-19所示。

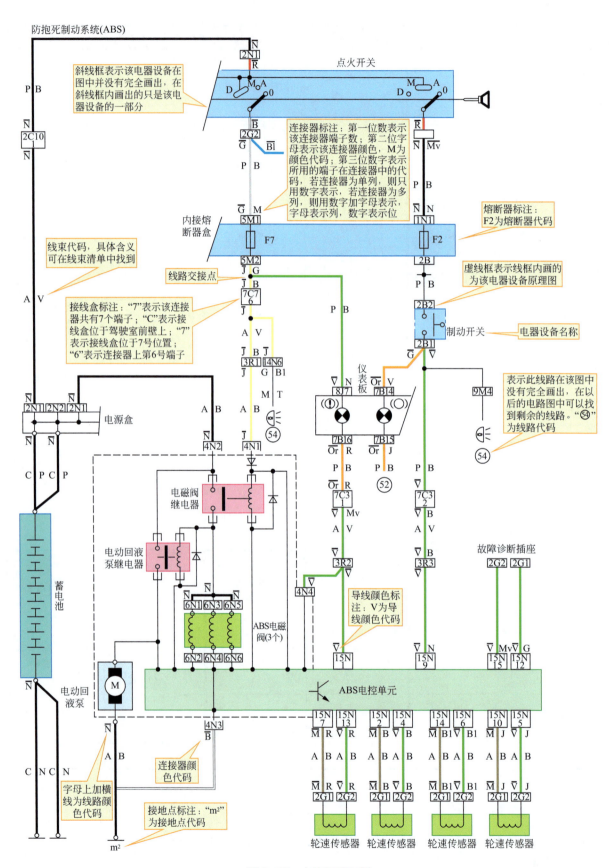

图3-19 电路识图示例

十、东风悦达起亚汽车电路识图示例

1. 电路导线颜色代码

东风悦达起亚汽车电路导线颜色代码如表3-29所示。

表3-29 东风悦达起亚汽车电路导线颜色代码表

英文简写	颜色	色标	英文简写	颜色	色标	英文简写	颜色	色标
B	黑色		Br	棕色		G	绿色	
Gr	灰色		L	蓝色		R	红色	
W	白色		Y	黄色				

2. 电路图符号及含义

东风悦达起亚汽车电路图符号及含义如表3-30所示。

表3-30 东风悦达起亚汽车电路图符号及含义

符号	含义	符号	含义
蓄电池 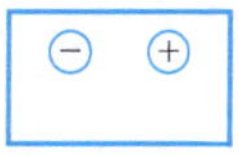	● 通过化学反应产生电 ● 向电路提供直流电	电阻	● 定值电阻器 ● 主要用来由维持额定电压来保护回路中的电子零件 ● 读电阻值 <染色> 第一 颜色带 第二 颜色带 第三 颜色带 第四 颜色带 窄频 — 宽频 | 颜色	第一	第二	第三	第四
---	---	---	---	---
	电阻值		乘	误差
黑	0	0	×10⁰	
褐	1	1	×10¹	
红	2	2	×10²	
橙	3	3	×10³	
黄	4	4	×10⁴	
绿	5	5	×10⁵	
蓝	6	6	×10⁶	
紫	7	7	×10⁷	
灰	8	8	×10⁸	
白	9	9	×10⁹	
金			×10⁻¹	±5%
银			×10⁻²	±10%
				±20%	 <数值> 第三：×10ˣ 第二 第三 电阻值
搭铁① 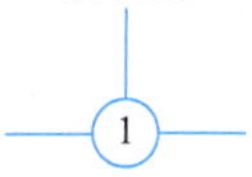 搭铁② 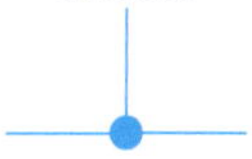	● 从连接点流向车身或其他接地线后通过电瓶的负极到正极形成回路 ● 搭铁① 表示车身线束上的接地点 搭铁② 表示直接接地到车体零件的点 ● 搭铁错误时，电流不会通过回路流动		
保险丝①  保险丝②  主保险丝熔断丝 	● 当电流超过电路的规定电流值时，保险丝会熔化，断开大电流流动 ● 不要替换超过规定容量的保险丝 <刃型熔断器> 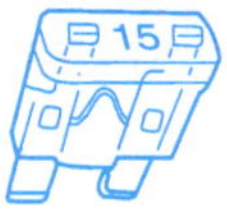 <筒型保险丝> 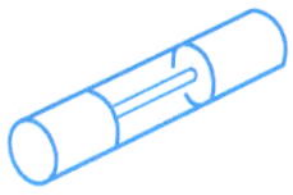 <滤芯式> 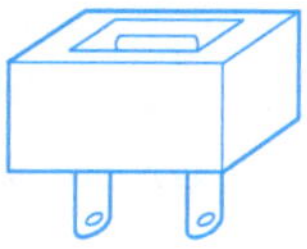 <熔性连接> 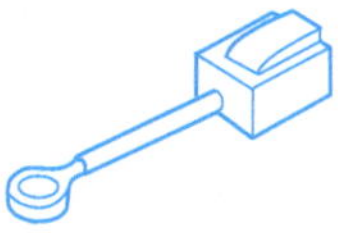		

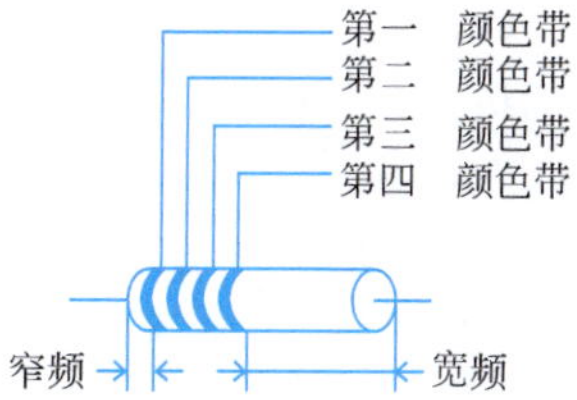

以上表格中电阻含义部分的颜色数值对照表：

颜色	第一 电阻值	第二 电阻值	第三 乘	第四 误差
黑	0	0	×10⁰	
褐	1	1	×10¹	
红	2	2	×10²	
橙	3	3	×10³	
黄	4	4	×10⁴	
绿	5	5	×10⁵	
蓝	6	6	×10⁶	
紫	7	7	×10⁷	
灰	8	8	×10⁸	
白	9	9	×10⁹	
金			×10⁻¹	±5%
银			×10⁻²	±10%
				±20%

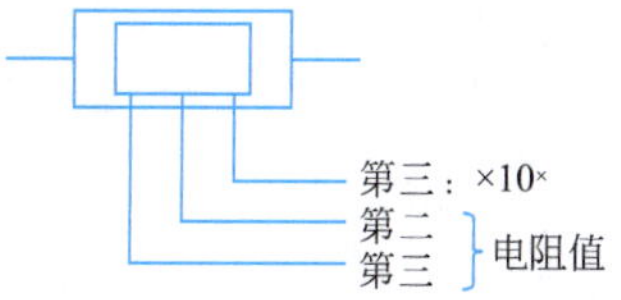

续表

符号	含义	符号	含义
三极管① 集电极(C) 基极(B) NPN 发射极(E) 三极管② 集电极(C) 基极(B) PNP 发射极(E)	● 电气开关的部件 ● 当电压传到基极（B）时接通 三极管指示标 B E E C B E C B ● 读数代码 2 S C 828 A 修订版标记 半导体 端子数量 A：高频PNP B：低频PNP C：高频PNP D：低频PNP	电动机	电能转变成机械能
		泵	吸入和排出气体和液体
灯 3.4W	当电流通过灯丝时会发射光并产生热	点烟器	电线圈产生热
电容器	临时储存电荷	常开式（NO） 常闭式（NC）	打开或关闭回路时电流流出或停止
喇叭 扬声器	电流通过时产生声响	线束 交叉没连接 交叉连接	● 没有连接的交叉线束 ● 互相连接的交叉线束
加热器	当有电流通过时产生热量		
车速传感器	速度表中的电磁移动打开传感器开和关的联结		
点火开关 ST B2 B1 IG2 关闭 关闭 IG1 ACC	转动点火钥匙打开回路使各种零件运转	常闭式（NC）	通过线圈通电产生的磁力来控制开关的导通和断开 线圈无电流 线圈有电流 导通 不导通
常开式（NC）	通过线圈通电产生的磁力来控制开关的导通和断开 线圈无电流 线圈有电流 不导通 导通	二极管	又称半导体整流器，二极管只允许电流流向一个方向 负极(K) 正极(A) 电流的流动 K A K A K A
传感器（可变电阻）	其他零件工作时电阻有变化	发光二极管	● 电流导通时发光的二极管 ● 不像一般灯泡，当发亮时此二极管不发出热 负极(K) 正极(A) 负极(K) 正极(A)
传感器（热敏电阻）	根据其他部件的操作检测阻抗的变化		
电磁阀	电流通过线圈产生电磁力使柱塞移动	稳压二极管	在一定电流下允许电流流向一个方向；当电压超出时允许电流反向流动

3. 电路识图示例

现以东风悦达起亚汽车电路为例，此电路电源在最上边，电路最下边一水平线为搭铁线，各执行器连接器在电路中间。电路识图示例如图3-20所示。

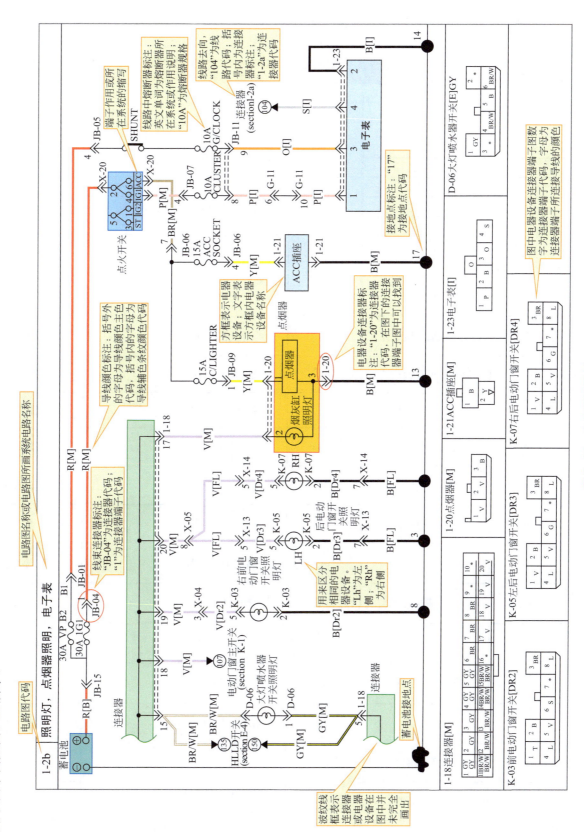

图3-20 电路识图示例

十一、中国汽车电路图符号及含义

中国汽车电路图符号及含义如表3-31所示。

表3-31 中国汽车电路图中常用符号

符号	名称	符号	名称	符号	名称
-	直流	●	接点		
~	交流	○	端子		双丝灯
≂	交直流	⌀	可拆卸的端子		
+	正极				
-	负极		导线的连接		荧光灯
N	中性点				组合灯
F	磁场	⊤	导线的分支连接		动合（常开）触点
E⊥	搭铁	+	导线的交叉连接		动断（常闭）触点
B	发电机输出接线柱		导线的跨越		先断后合的触点
D+	磁场二极管输出端		插座的一个极		中间断开的双向触点
	数字式电钟		插头的一个极		联动开关
t°	温度表传感器		插头和插座	n	转速表
t°	空气温度传感器	AP	空气压力传感器	t°	温度表
t°w	水温传感器	BP	制动压力传感器	Q	燃油表
Q	燃油表传感器	B	蓄电池传感器	υ	速度表
OP	油压表传感器	BR	制动灯传感器		电钟
m	空气质量传感器	T	灯传感器		预热指示器
AP	空气流量传感器	F	制动器摩擦片传感器		电喇叭
λ	氧传感器	W	燃油滤清器积水传感器		扬声器
K	爆燃传感器				蜂鸣器
n	转速传感器	⊗	照明灯、信号灯、仪表灯、指示灯		报警器、电警笛
υ	速度传感器				电磁离合器

续表

符号	名称	符号	名称	符号	名称
(M)	用电动机操纵的怠速调整装置	↓	火花塞	⊙≡	磁感应信号传感器
	加热器（除霜器）	▷U	电压调节器		电磁阀一般符号
	空气调节器	G	闪光器	(M)	刮水电动机
U Const	稳压器		霍尔信号传感器	(M)	天线电动机
	点烟器	∽	串励绕组	(M)	门窗电动机
	间歇刮水继电器	∽∽	并励或他励磁组		座椅安全带装置
	防盗报警系统	⊣	集电环或换向器上的电刷	G 3~	定子绕组为星形连接的交流发电机
Y	天线一般符号	(M)	直流电动机	G 3~	定子绕组为三角形连接的交流发电机
	发射机	(M)	启动机（带电磁开关）	G 3~ U	外接电压调节器与交流发电机
	收音机	(M)	燃油泵电动机、洗涤电动机	G 3~ U	整体式交流发电机
	收放机		晶体管电动燃油泵	⊣⊢	蓄电池
○	传声器一般符号	H T	加热定时器	⊣⊢⊣⊢	蓄电池组
	点火线圈	I C	电子点火		电磁阀（动合）
	分电器	(M)	风扇电动机		电磁阀（动断）

十二、中国汽车常见报警灯和指示灯标志

中国汽车常见报警灯和指示灯标志如表3-32所示。

表3-32 中国汽车常见报警灯和指示灯标志

图形或文字符号	说明	图形或文字符号	说明
(旋钮 0-1-2-3)	点火开关（4挡）： 0—OFF 或（S） 锁止方向盘 1—ACC 或（A） 附件（收音机） 2—IGN 或（M） 点火、仪表 3—START 或（D） 启动	(旋钮 0-1-2)	点火开关（3挡）： 0—OFF 或 STOP 锁止 1—ON 或 MAR 工作 2—IGN 或（M） 点火、仪表 2—ST 或 AVV 启动
(旋钮 4-3-0-1-2)	柴油车电源开关： 0—OFF 断开 1—ON 接通 2—START 启动 3—ACC 附件 4—PREHEAT 预热	(旋钮 0-1-2-3-4)	点火开关（5挡）： 0—LOCK1 锁定方向盘 1—OFF 断开 2—ACC 附件 3—ON 通 4—START 启动
OIL-P	机油压力报警灯、机油压力表：当机油压力过低时灯亮	FUEL	燃油表：燃油不足报警灯亮
CHECK	发动机故障代码显示灯（自诊断）：电控发动机喷油与点火的传感器与电脑出故障时灯亮，通过人工或仪器可将故障代码调出，迅速查明故障	(柴油机图标)	柴油机停止供油（熄灭）拉杆（钮）标志
		(P) PKB	停车制动指示灯在手制动起作用时灯亮
(阻风门图标)	化油器阻风门关闭指示：冷车启动时阻风门关闭，指示灯亮，启动后应及时打开阻风门，否则发动机冒黑烟	(I) BRAKE AIR	制动气压低报警：制动液面低、制动系故障报警灯亮
(节气门图标)	节气门关闭时灯亮	r/min RPM	发动机转速表（TACHOMETER）发动机转速表能指示快怠速、经济转速与换挡时机、额定转速、用途很多
VOLT AMP CHARGE 电压(伏特)表 电流(安培)表	蓄电池充电指示灯；发电机不充电时灯亮，正常充电时灯灭	km/h	车速表（SPEED）
		TRAC	牵引力控制指示灯
WATER OVER HEAT	水温度：冷却液温度过高时报警灯亮	AIR SUSP	电子调整空气悬挂指示灯：根据驾驶条件自动控制悬架中起弹簧作用的空气，改变弹簧刚度与减振力以抑制车辆侧倾，制动时前部栽头，高速时后身下坐，保持乘坐舒适性和操纵性，指示灯显示车身高度变化。HIGH—高度调整；NORM—正常
20:08	数字显示时钟		
COOLANT LEVEL WATER LEVEL	冷却水位指示灯：当冷却系统水位低于规定值时，灯亮报警	O/D OFF	OVER—DRIVE，超速开关装在换挡手柄上，按下此开关，高速器换入超速挡；再按一下此开关变速器退出超速挡，同时O/D OFF灯亮
(机油油面图标)	机油油面指示灯：当发动机机油量少于规定值时，灯亮报警	VOLT	电压表（伏特计）： 12V电系量程为10～16V 24V电系量程为20～32V
(机油温度图标)	机油温度过高报警灯：机油温度超过规定值时，报警灯亮	EXP TEMP	排气温度过高报警（大于750℃）

续表

图形或文字符号	说明	图形或文字符号	说明
SRS	安全气囊指示灯：安全气囊装在方向盘毂内和仪表盘内，当汽车受到碰撞时气囊引爆、膨胀，将乘员挤靠到座椅靠背上，减轻伤害	BEAM	前照灯远光高光束（HIGHBEAM）
CRUISE	巡航（恒速行驶）指示灯：设定某一车速以后，电脑根据车速变化自动控制节气门开度使车速在设定范围内，装置起作用时灯亮，有故障时显示故障码	PASS L HI LO R	转向灯开关与超车灯开关：L—左转向；R—右转向；PASS—瞬间远光（超车信号）；HI—常用远光；LO—定位于中间挡
kPa	真空度指示灯		旋转灯标志，警车、急救护车、消防车的车顶旋转警灯开关标志
	前照灯：夜间会车时使用，防止眩目	BELT	安全带指示灯：当点火开关接通，安全带未系时灯亮或伴有蜂鸣器
	灯光开关指示：可接通示宽灯、尾灯、仪表灯（亮度旋钮）、牌照灯等，前照灯接通常在此开关的第Ⅱ挡		驻车制动灯开关指示：手制动起作用时，该指示灯亮
	汽车示宽灯开关指示	HEAT GLOW	电热预温塞指示灯：常温下启动亮3s，可直接启动；低温启动前亮3.5s，表示"等待预热"灯灭可启动
	后雾灯开关指示灯：必须在前雾灯已亮的前提下使用，正常行驶时应关闭此雾灯	GLOW	预热塞（电热或火焰预热塞）指示灯：常温下启动亮3.5s可直接启动；低温启动前亮3.5s，表示"等待预热"灯灭可启动
	前雾灯开关指示	DIFF LOCK	差速锁联锁指示灯：车辆转弯时必须脱开
TEST	指示灯、报警灯灯泡好坏的检查开关		
R	倒车灯（后灯）开关	EXHB·RAKE	排气制动指示：排气管堵住起制动作用时灯亮
	室内灯（顶灯）开关指示		
	排气制动指示灯，下长坡时，堵住排气管，利用发动机阻力使汽车减速，踩离合器、加油时自动解除		发动机罩开启拉手指示
		TRUNK	行李舱盖开启拉手或电动按钮指示
	蓄电池液面指示灯：当液面低于规定值时灯亮	DOOR	门未关报警灯，在仪表盘上设此灯
	拖车制动指示灯	ABS	防抱死制动指示灯：钥匙启动挡或车速在5～10km/h以下应亮。ABS系统能在紧急制动和滑溜路面制动时控制4个车轮油缸的油压，防止车轮抱死。ABS出现故障时报警灯亮，并可显示故障代码（用工具）
	制动蹄片磨损超限报警灯		
	转向信号灯：LR—左转向；R—右转向		
	危险警告指示灯：当汽车遇到交通事故要呼救或需要别车回避时，左、右转向灯齐闪，正常行驶时不用		分动器前桥接人指示灯：用于越野车全驱动时，灯亮

续表

图形或文字符号	说明	图形或文字符号	说明
kPa	空气滤清器堵塞指示灯	ECTPWR	电控自动变速器有两种已编好程的换挡方式：即正常模式（Normal）和动力模式（Power），用开关选择动力模式时，指示灯亮
	液力变扭器开关指示		增热器开关指示除霜线指示灯和开关指示：常为后窗炭粉加热
	柴油粗滤器中积水超限报警灯		风挡玻璃刮水开关指示
HORN	喇叭按钮标志	WASHER	风挡玻璃洗涤开关指示
	点烟器标志：按下点烟器手柄即接通电路，发热体烧红后（约几秒钟）自动弹出，可供点烟用	DEF	风挡玻璃除霜除雾指示
	风挡玻璃刮水洗涤开关指示：OFF—断开；INT—间歇；LO—低速；HI—高速	Outside	车外新鲜空气循环风道开启指示（FRESH）
	后窗玻璃刮水指示灯和开关标志	Inside	车内空气循环风道开启指示（REC）
	后窗玻璃洗涤开关指示		驾驶室锁止：可倾翻的驾驶室回位时没有到达规定锁止状态，报警灯亮
	前照灯刮水洗涤开关指示	EXH TEMP	排气温度超过一定限度时此灯亮
	车门玻璃升降开关指示：UP—升起；DOWN—降下		空气滤清器堵塞信号报警灯
A/C	空调系统制冷压缩机开启指示		后视镜镜面上下调节与左右调节开关标志
FAN	空调系统鼓风机指示	VENT	空调系统通风吹脸（FACE）挡
	坐垫加热指示灯	HEAT	空调系统加热（吹脚）挡
	室内灯门控挡，当门关严后室内灯灭，此外还有手控长明挡（ON）及断开挡（OFF）	BI-LEVEL	空调系统双层（上冷下热）挡
PRND2L	自动变速器挡位指示灯：P—停车制动；R—倒挡；N—空挡；D—前进挡，自动在1→2→3→4挡间变速；2—锁定挡，自动在1→2挡间变速，上下陡坡用；L—低挡，只允许1挡行驶，上、下陡坡用		后视镜加热指示
		AIR MPa	空气压力表：常用于气压制动系统中双管路气压指示
		DEF-HEAT	空调系统除霜与吹脚（加热）挡

Chapter 04

第四章 汽车各系统电路分析及识图

为了满足人们对汽车动力性、经济性、舒适性、安全性的需要和对降低汽车污染物排放的要求，汽车上越来越多的系统采用电控技术。随着电控技术在汽车上越来越被广泛地应用，汽车上的电器设备越来越多。传统的整车电路图已经不能满足汽车电路的表达需要。现代汽车电路图都是根据汽车各系统的工作原理绘制而成的电路原理图。

汽车上的电器设备根据功能和相互之间的连接关系，可以分为：充电系统、启动系统、发动机电控系统、制动防抱死系统、配电系统、自动变速器控制系统、空调系统、防盗系统、巡航控制系统、仪表系统、安全气囊系统、中央门锁控制系统、辅助电器系统、照明信号系统、故障自诊断系统、车载网络系统等。阅读电路图之前，应先了解系统都有哪些电器设备以及这些电器设备的工作原理和整个系统的工作原理。阅读电路图时，应先浏览全图，把全图分为几个单元系统，然后按照先易后难的顺序先读懂容易的单元系统再去读懂较难的单元系统。若有电控单元的系统，例如发动机电控系统，应以电控单元为中心，把电控系统电路分为信号输入电路、执行器电路、电控单元电路和其他电路。

阅读电路图时还应牢记以下原则：① 认真地多读几遍图注；② 熟记电路中的符号标记；③ 牢记汽车电路特点；④ 弄明白各开关、继电器、电控单元在电路中的作用；⑤ 牢记汽车电路设备图形符号；⑥ 全面分析开关、继电器的初始状态和工作状态；⑦ 注意参考相关资料；⑧ 灵活运用已有的经验。

由于各汽车制造厂家在电路图的绘制上没有统一的规定，风格各异，阅读电路图时，应先对该车型各系统各元器件的工作原理进行了解，再在这样的基础上去阅读电路图，会起到事半功倍的效果。

第一节 充电系统

一、充电系统概述

现代汽车为了满足发动机启动和车上用电器的用电需要在车上设置了蓄电池和发电机两个电源。发电机是汽车充电系统的电源。在发动机正常运转时，发动机通过皮带驱动发电机产生电能，在满足车上用电器的用电需要外还向蓄电池充电，以恢复蓄电池因启动发动机而损失的电能，为下次启动发动机做好准备。

现代汽车上的充电系统主要由三相交流发电机、整流器、电压调节器和充电指示器等部分组成。三相交流发电机在发动机驱动下产生电能，整流器把三相交流发电机产生的交流电转变成直流电供给蓄电池和车上用电器，电压调节器通过控制三相交流发电机励磁线圈电流的大小来控制发电机的输出电压，消除发动机转速的波动对发电机输出电压产生的影响。

现代汽车上普遍采用三相交流发电机、整流器、电压调节器三者为一整体的发电机。这样既简化了充电系统的电路，又减小了充电系统的体积，方便维修。因此，充电系统由两部分电路构成：① 发电机内部电路即发电机整流和电压调节电路；② 发电机外部电路即充电电路和充电指示器电路。

二、发电机的组成及工作原理

汽车发电机由三相交流发电机、整流器、电压调节器三部分组成。

1.汽车三相交流发电机的组成

（1）转子　转子主要由转子铁芯、磁场绕组、爪极和集电环组成，如图4-1所示，其功用是产生磁场。

爪极有两块，每块上都有6个鸟嘴形磁极，两块爪极压装在转子轴上，爪极间的空腔内装有转子铁芯和磁场绕组。磁场绕组绕在铁芯上，铁芯压装在两块爪极之间的转子轴上。

集电环由彼此绝缘的两个铜环组成，压装在转子轴一端并与转子轴绝缘。磁场绕组的两端分别从内侧爪极上的两个小孔中引出，其中一端焊接在集电环的内侧铜环上，另一端则穿过内侧环上的小孔并焊接在外侧铜环上，两个铜环分别与发电机的两个电刷接触。当两个电刷与直流电源接通时，磁场绕组中便有电流流过，并产生轴向磁通，使一块爪极磁化为N极，另一块爪极磁化为S极，从而形成6对相互交错的磁极。

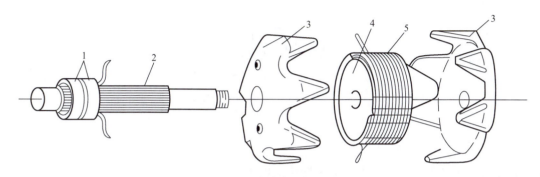

图4-1　交流发电机转子

1—集电环；2—转子轴；3—爪极；4—转子铁芯；5—磁场绕组

（2）定子　三相交流发电机上的定子一般由定子铁芯和定子绕组组成，用来产生感应电压。定子绕组有三角形接法和星形接法两种形式。两种形式的接法如图4-2所示。在星形接法中，三相绕组的公共接点称为中性点，一般用N表示。

(a) △形连接的定子绕组　　(b) Y形连接的定子绕组

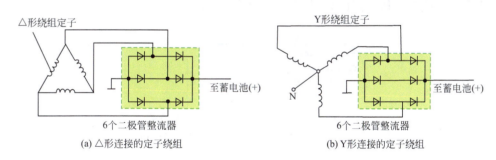

图4-2　定子绕组的接法

2. 整流器

在现代汽车交流发电机上，普遍采用整流器来把定子绕组产生的三相交流电转变成直流电输出，同时阻止蓄电池电流的倒流。

整流器由不同数目的二极管组成，这样整流器的功能也不相同。整流器一般由六个二极管组成三相桥式整流电路，电路连接如图4-3所示，这样的整流器称为6管整流器。

在有些交流发电机上，为了利用发动机定子线圈中性点的电压，提高发电机的输出功率，在原有6管整流器的基础上又增加了两个专门对中性点电压进行整流的二极管，组成8管整流器，连接电路如图4-4所示。两只二极管对中性点电压进行整流后，汇入发电机的输出端，这样就提高了发电机的输出功率。

在有些交流发电机上，为了提高发电机电压调节的精度，在原有6管整流器的基础上又增加了三个专门用来调节励磁线圈电流的二极管，

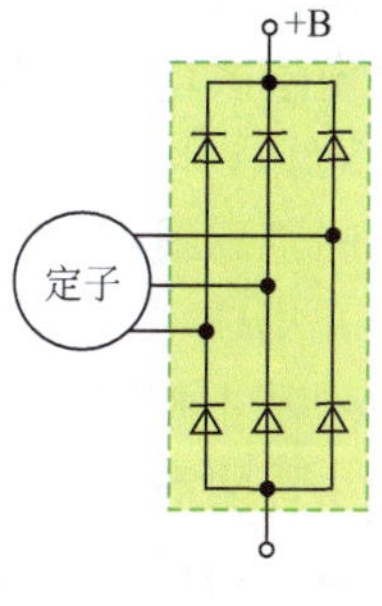

图4-3　6管三相桥式整流电路

组成了9管整流器，此电路连接方法可简单地指示发电机的发电情况，可节省一个充电指示灯继电器，连接电路如图4-5所示。

在有些交流发电机上，为了使发电机同时具有上述两种功能，这样整流器的二极管数目就达到了11个称为11管整流器，连接电路如图4-6所示。

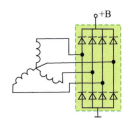 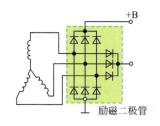 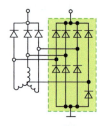

图4-4　8管三相桥式整流电路　　　图4-5　9管三相桥式整流电路　　　图4-6　11管三相桥式整流电路

3. 电压调节器

（1）电磁振动式电压调节器　由于电磁振动式电压调节器的性能较差，可靠性不高，汽车交流发电机已不再使用该种电压调节器。

（2）电子式电压调节器　电子式电压调节器又叫晶体管式电压调节器。在发电机转速发生变化时，稳压管感受发电机输出电压的变化通过控制晶体三极管的通断来调节励磁线圈通断电时间的比值来控制发电机磁场的大小，使发电机输出电压保持稳定。各种电子式电压调节器的工作原理基本相同，如图4-7所示。电阻R_1和R_2串联接在"+"与"-"之间组成分压电路。O点电压正比于发电机输出电压，在O点与放大器之间接有一稳压管DW，用来感受O点的电压。

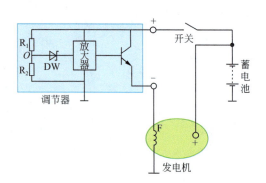

图4-7　电子式电压调节器基本原理

在发电机输出电压低于规定值时，O点电压也较低，DW处于截止状态，放大器放大该信号使三极管导通，发电机向励磁线圈供电使发电机电压上升；当发电机电压上升到超过规定值时，O点电压升高使DW击穿，放大器放大该信号使三极管截止，切断励磁线圈电路使发电机输出电压下降；当电压下降到规定值时，又使三极管导通，如此反复，使发电机的输出电压稳定在一定的范围内。

由电子式电压调节器的结构和工作原理来看，电子式电压调节器有三个接线端子，即"+"（"B+"、"B"、火线、电枢）用来接点火开关；"-"（或"E"、接地、搭铁）用来接地；"F"（或磁场）用来接发电机的励磁线圈。

（3）集成电路（IC）式电压调节器　集成电路（IC）式电压调节器工作原理与电子式电压调节器工作原理基本相同，只是IC式电压调节器把电子元件都集成到一块硅基片上。由于IC式电压调节器具有体积小、耐高温、调节精度高、寿命长等优点，现已在轿车上大量采用。

随着发动机电控技术的发展，在有些车型上已经取消了发电机电压调节器，利用发动机电控单元来监测发电机的输出电压并进行调节，使发电机控制更加完善。如马自达车型，其工作原理如图4-8所示。

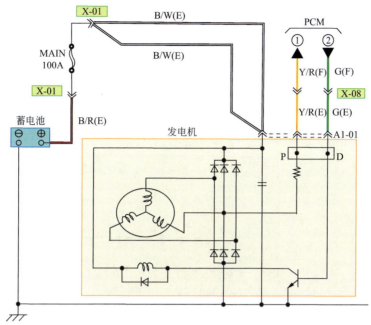

图4-8 马自达车型充电系统电路

三、充电系统工作状态指示电路

为了让驾驶员随时地了解充电系统的工作状态,特别是发电机的工作状态。在充电系统中设置了指示电路。指示器有电压表、电流表和充电指示灯三种形式。现代汽车上普遍采用充电指示灯来指示充电系统的工作状态。

充电指示灯的控制方式主要有开关控制和充电指示灯两端电压差控制。

要诀 13　汽车专用发动机,结构组成要牢记,三相交流发电机,主要作用发电哩,整流器需要提,交流变成直流的,发电电压数不齐,控制波动调节器。

1. 开关控制

充电指示灯由继电器、电控单元等控制元件进行控制,用继电器进行控制的其中一种方式的工作原理如图4-9所示。继电器电磁线圈与发电机中性点相连。在点火开关置于ON位但不启动发动机时,发电机静止,中性点电压为零,继电器触点闭合,蓄电池向充电指示灯供电点亮充电指示灯。充电指示灯的电路:蓄电池→点火开关→充电指示灯→继电器触点→接地。在启动发动机后,当发电机输出电压大于规定电压后,发电机中性点向继电器线圈供电,继电器线圈触点断开,熄灭充电指示灯。

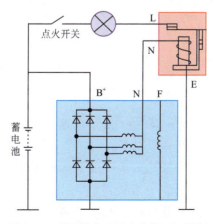

图4-9 利用继电器对充电指示灯控制

对于由电控单元控制发电机输出电压的车型来说，电控单元通过监测发电机的工作状态来控制发电机充电指示灯的点亮与熄灭。

2.充电指示灯两端电压差控制

对于采用充电指示灯两端电压差来控制充电指示灯的发电机来说，充电指示灯串联在发电机和蓄电池之间，其工作原理如图4-10所示。当点火开关置于ON位置但不启动发动机时，蓄电池向充电指示灯供电，点亮充电指示灯。充电指示灯电路：蓄电池→点火开关S→充电指示灯HL→电压调节器"+"→电压调节器"F"→发电机励磁线圈→接地。当发电机运转时，充电指示灯两端的电位相等，电压为0，充电指示灯熄灭。

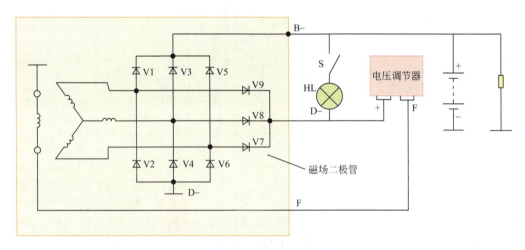

图4-10　充电指示灯两端电压差的电路控制

四、充电系统识图示例

北京现代汽车充电系统电路如图4-11所示。

1.励磁线圈电路

蓄电池B+→点火开关→励磁电阻→发动机室接线盒"JM09"端子→发动机室接线盒连接器JC02的"C12"端子→发电机连接器C91上2号端子→励磁线圈→电压调节器Tr1→发电机接地。

2.蓄电池充电电路

发电机蓄电池B+→熔断器1120A→蓄电池→蓄电池接地→发电机接地。

3.发电机电压调节器电路

（1）电压调节器电源电路　蓄电池正极→ECM熔断器10A→发动机室接线盒连接器JC02的C11端子→发电机连接器C91上1号端子→电压调节器。

（2）充电指示灯电路　蓄电池B+→点火开关→助手席接线盒熔断器18（10A）→连接器122端子10→连接器122端子9→仪表灯充电指示灯→连接器I/P-M的端子6→发动机室接线盒"JM09"端子→发动机室接线盒"C12"号端子→发电机连接器C91上2号端子→电压调节器→发电机接地。

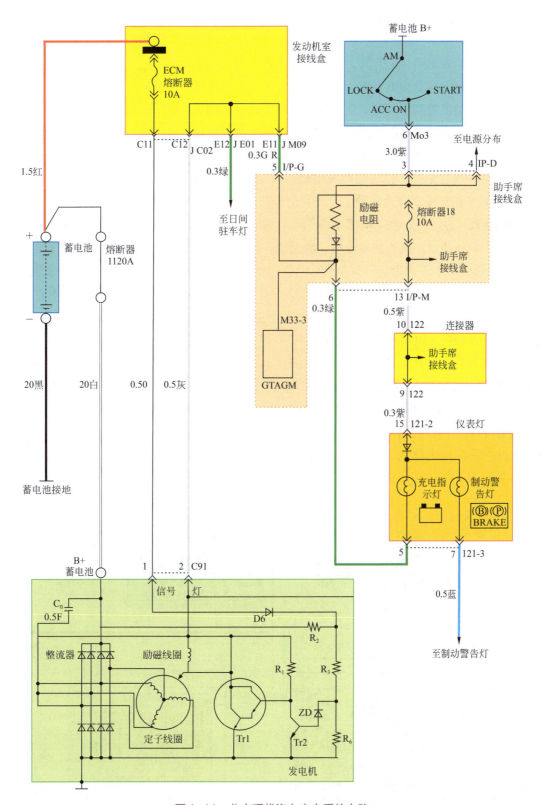

图4-11 北京现代汽车充电系统电路

五、电压调节器识图示例

发电机主要由定子、转子和电压调节器组成,如图4-12所示。

电压调节器为集成电路(IC)式。电压调节器的作用是:在发动机较宽的转速范围内及输出电流变化很大的情况下,也能保证交流发电机的输出电流基本恒定。电压调节器与电刷组件制成一个整体并采用外装式,当电刷磨损或电压调节器损坏需要更换时,拧下总成的两个固定螺钉即可操作。

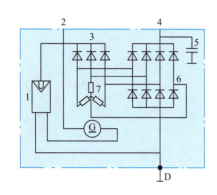

图4-12 发电机内部电路

1—电压调节器;2—D+接线柱;3—励磁二极管;
4—B+接线端子;5—防干扰电容器;
6—功率二极管;7—定子绕组

该发电机是一种自励式、12极同步发电机,如图4-12所示,三相绕组产生的三相交流电分为两种:一路作为励磁电流经过3个励磁二极管3到达D+接线柱2和电压调节器1,然后经过活动触点、集流环到磁场绕组,又通过集流环、滑动触点回到电压调节器1;另一路由三相全波速流桥中的6个正向功率二极管流入车内用电设备,然后经负向功率二极管返回。D+接线柱2接外电路的充电指示灯、点火开关,然后接蓄电池正极。发动机启动时,点火开关触点闭合,在磁场绕组中有了初励磁电流,同时充电指示灯亮(灯光检查)。在发动机进入怠速动转工况时,指示灯熄灭。汽车行驶过程中,若充电指示灯亮,表明发电机系统有了故障。

发电机的接线图,如图4-13所示。当点火开关接通时,电流经黑色导线从点火开关端子"15"进入仪表板14孔黑色T2插座。经过仪表板印刷线路板,来到R_2和充电指示灯串接线与R_1的并联电路,经过一只二极管再接到仪表板14孔位置的黑色插座,由蓝色导线与中央线路板上接点A16连接。中央线路板接点D4,经T1插座(位于蓄电池正极接线柱附近),用蓝色导线接到发电机接线柱D+柱。发电机输出接线柱B+,经由红色导线接到启动电动机接线柱"30",在此再用黑色导线连接到蓄电池的正(+)极。

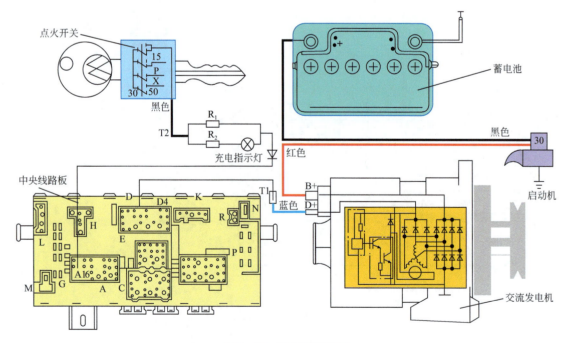

图4-13 发电机接线图

六、故障检修

1.点火开关接通时，交流发电机的充电指示灯不亮

（1）检查条件　①发电机V带的张力正常；②蓄电池电充足；③发电机的搭铁线接触良好。

（2）故障判断与排除　点火开关接通时，交流发电机的充电指示灯不亮故障的判断与排除，如图4-14所示。

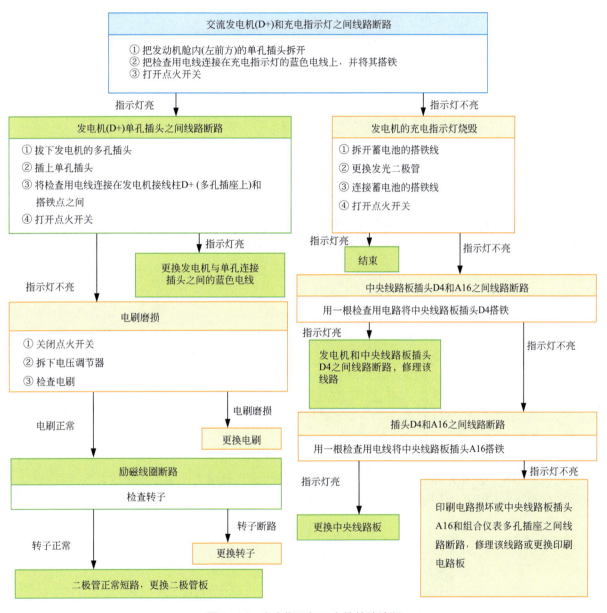

图4-14　充电指示灯不亮的故障诊断

2.转速增高时，交流发电机的充电指示灯不熄灭

转速增高时，交流发电机的充电指示灯不熄灭故障判断与排除，如图4-15所示。

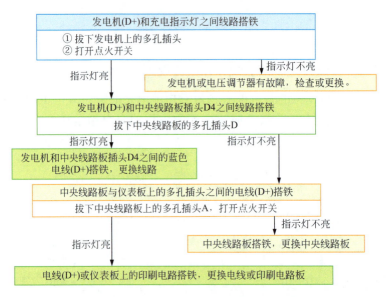

图4-15 充电指示灯不熄灭的故障诊断

第二节 启动系统

一、启动系统概述

现代汽车上的发动机由静止到运转工作需要借助启动系统。电力启动系统具有操作简便、启动迅速的优点，在现代汽车上得到普遍应用。由于电力启动系统在启动时的电流非常大，点火开关又不能做得很大，为了保护点火开关触点，在启动系统中常采用继电器间接控制启动机的工作。因此启动系统的电路由启动机的工作电路和控制电路两部分组成。

二、启动机的组成及工作原理

启动机一般由直流电动机、传动机构和控制装置等组成。启动机在电路图中的符号并没有统一的规定，常见的符号如图4-16所示。

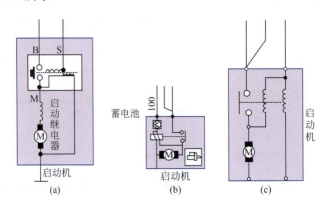

图4-16 启动机常见符号

1. 直流电动机的组成

直流电动机主要由电枢（转子）、磁极（定子）、电流换向器、端盖和电刷等组成，直流电动机的电枢（转子）通电时在磁极产生的磁场里受力的作用产生转动，是启动发动机的动力源；磁极（定子）用来产生磁场，各磁极绕组间常采用串联的连接方式，这样的直流电机称为直流串励磁式电动机。

2. 传动机构的组成及原理

传动机构主要由拨叉单向离合器和驱动齿轮等组成，作用是把直流电动机电枢（转子）产生的转矩通过驱动齿轮传递给发动机飞轮齿圈，带动发动机曲轴旋转启动发动机。在发动机启动后，驱动齿轮自动脱离飞轮齿圈，同时单向离合器打滑，防止发动机反过来带动电枢（转子）旋转。传动机构一般不在电路图中画出；但也有画出的，如上海通用别克车系。

3. 控制装置的组成及原理

控制装置一般采用电磁控制装置，又叫电磁开关，主要由吸引线圈、保持线圈、复位弹簧、接触片、活动铁芯和连接端子等组成。控制装置的作用是控制驱动齿轮与飞轮齿圈的结合与分离，并控制直流电动机电路的通断。在电路图中端子C常用来接点火开关端子30常与蓄电池正极相连。

电磁控制装置利用吸引线圈和保持线圈在通电时产生的磁力吸引活动铁芯做直线运动，拉动拨叉使驱动齿轮与飞轮齿圈相结合，同时，接触片接通直流电动机电路。当发动机启动后，点火开关由启动挡回位到点火挡，此时，吸引线圈与保持线圈里电流相反，产生的电磁力相互抵消，驱动齿轮和接触片在复位弹簧作用下断开。电磁控制装置的工作原理图常与直流电机的原理图画在一起。在电路图中，电磁控制装置的电路图常和直流电动机的画在一起，如图4-17所示。

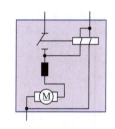

图4-17　电磁控制装置与直流电机在电路图中的符号

由于吸引线圈和保持线圈在工作时电流很大，为了保护点火开关触点，一般采用电磁继电器控制装置的电路，这样的继电器常被称为启动继电器，其在电路中的位置如图4-18所示。也有不使用启动继电器，直接由点火开关控制的，如神龙富康、一汽奥迪等轿车。

现代汽车都普遍采用电控技术。电控系统中的很多用电设备都会受到启动机的影响，特别是安装了自动变速器的汽车。为了保护这些用电设备，在原来的启动电路中又增加了启动锁止继电器。只有在自动变速器换挡杆置于P或N位时，锁止继电器触点才能闭合接通启动机电路。锁止继电器和启动继电器的工作原理基本相同，在电路中的符号也基本相同。在有的车型上，例如上海通用别克车型，为了提高车辆的安全性和防盗能力，启动机受发动机控制单元的控制，只有在防盗电控单元确认点火钥匙后才允许发动机电控单元接通启动机电路，启动发动机。在某些高级轿车上，为了防止驾驶员酒后驾驶，在车内安装了酒精传感器。当车内酒精含量超过规定值时，传感器向发动机电控单元输送酒精含量超标信号，发动机电控单元将切断启动机启动电路，使发动机不能启动。

随着发动机电控技术的发展，汽车启动系统将不再是只受点火开关的控制。发动机电控单元将监测整个发动机和车辆所处的状态，只有在发动机和车辆状态符合启动条件后才允许启动机启动发动机，汽车启动系统的电路将变得更加复杂。

三、启动系统识图示例1

上海通用别克汽车启动系统电路如图4-18所示。

要诀14：启动机来很有用，结构原理记心中，直流电机啥作用，通电受力可转动，启动电机动力源，缺少电流不能转，控制装置电磁控，电路通断显神通，三个部分有大用，缺少部分故障来。

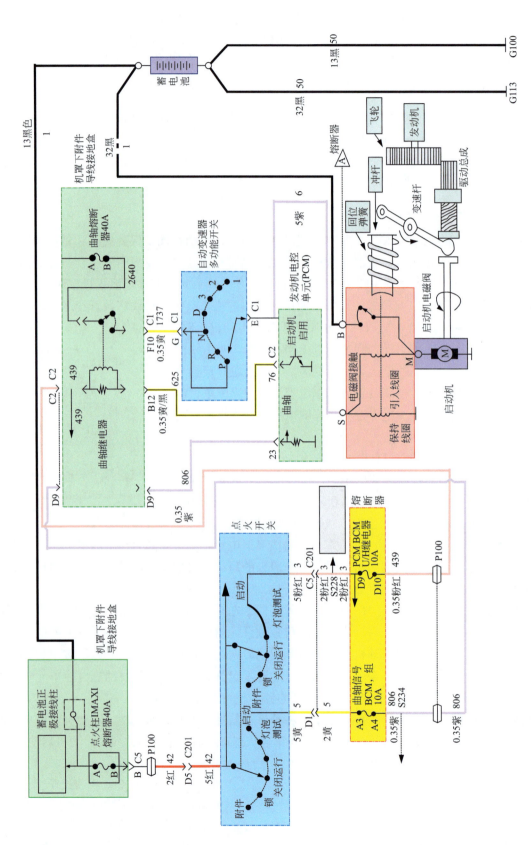

图4-18 上海通用别克汽车启动系统电路

1.发动机电控单元控制电路

蓄电池正极→点火柱IMAXI熔断器40A→P100→点火开关启动触点→PCM、BCM U/H继电器熔断器10A→P100→曲轴继电器线圈→发动机电控单元（PCM）→接地。

2.自动变速器多功能开关控制电路

曲轴熔断器40A→曲轴继电器触点→自动变速器多功能开关"P"或"N"触点→启动机电磁开关端子S→保持线圈→接地。
　　　　　　　　　　　　　　　　　　　　　　　　　　　　　　　　　→引入线圈→电枢绕组→接地。

3.启动机启动电路

蓄电池正极→启动机电磁开关端子B→启动机电磁开关触点→启动机→接地。

四、启动系统识图示例2

如图4-19所示，当吸拉线圈和保持线圈通电产生的磁通方向相同时，其电磁吸力便吸引活动铁芯向前移动，直到将电动机电路接通为止。

当点火开关接通启动挡时，吸拉线圈和保持线圈电流接通，吸拉线圈电流路径为蓄电池正极→启动机接线柱"30"→点火开关→启动机接线柱"50"→吸拉线圈→启动机接线柱"C"→磁场绕组→电枢绕组→搭铁回到蓄电池负极。

保持线圈电流路径为蓄电池正极→启动机接线柱"30"→点火开关→启动机接线柱"50"→保持线圈→搭铁回到蓄电池负极。由右手螺旋定则可知，此时两线圈电流产生的磁力线方向相同，电磁力叠加，吸引活动铁芯向左

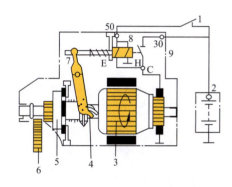

图4-19 启动机内部电路

1—点火开关；2—蓄电池；3—电枢；4—螺旋花键；
5—带单离合器的小齿轮；6—飞轮齿圈；
7—啮合拨叉；8—活动铁芯；9—电磁开关；
E—电磁开关保持线圈；H—电磁开关吸拉线圈

移动，将启动机开关的触点"30"与"C"接通，从而将电动机电路接通，其电流路径为蓄电池正极→启动机接线柱"30"及其触点→启动机接线柱"C"及其触点→磁场绕组→电枢绕组→搭铁回到蓄电池负极。

当吸拉线圈和保持线圈通电产生的磁通方向相反时，其电磁吸力相互抵消，在回位弹簧的张力作用下，活动铁芯等可移动部件自动回位，电动机电路即被切断。

当驾驶员松开点火钥匙，点火开关从启动挡自动回到点火挡瞬间，启动挡断开，触盘仍将触点接通，吸拉线圈和保持线圈通过电流的路径为蓄电池正极→启动机接线柱"30"及其触点→启动机接线柱"C"及其触点→吸拉线圈→启动机接线柱"50"→保持线圈→搭铁回到蓄电池负极。由右手螺旋定则可知，此时两线圈电流产生的磁力线方向相反，电磁力相互削弱，在回位弹簧的张力作用下，活动铁芯等可移动部件自动回位，电动机电路即被切断，启动机停止工作。

启动机的接线图如图4-20所示。点火开关1转到启动位置时，电流由红色导线4送至中央线路板单孔插头P，再经过中央线路板内部电路、红色导线2引至点火开关端子"30"，然后传至点火开关端子"50"、红/黑色导线3、中央线路板接点B8、中央线路板内部电路、中央线路板接点C18、红/黑色导线6，最后到达启动机接线柱"50"。蓄电池正极还通过黑色导线7与启动机接线柱"30"连接。

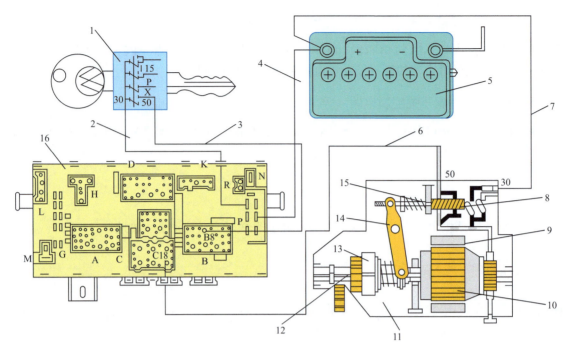

图4-20 启动机接线图

1—点火开关；2，4—红色导线；3，6—红/黑色导线；5—蓄电池；7—黑色线；8—电磁开关；9—定子；10—转子；
11—启动机总成；12—驱动小齿轮；13—滚柱式单向离合器；14—啮合拨叉；15—回位弹簧；16—中央线路板

五、故障检修

1. 启动机不转

（1）检查条件　① 电磁开关接线柱与搭铁线良好；② 发动机与车身之间必须紧固，而且紧固处应无氧化；③ 蓄电池充足电（用万用表测试蓄电池端电压）。

（2）故障判断与排除　启动机不转故障的判断与排除，如图4-21所示。

> **要诀15**
> 电门开启电机不转，认真分析并不难，
> 检测启动机50线，电压正常往下看，
> 电磁线圈正常电，电磁开关应该换，
> 电磁线圈异常电，启动机应该修检。
> 检测启动机50线，电压弱无往下看，
> 检测电门开关50线，若无电压电门换，
> 若有电压启动机不转，故障就在端子线。

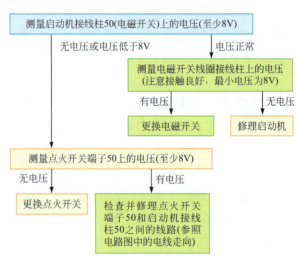

图4-21 启动机不转的故障诊断

2. 启动机转得太慢，不能启动发动机

（1）检查条件　① 冬季所使用的发动机润滑油要与外界温度相适应；② 发动机V带的张力正常。

（2）故障判断与排除　启动机转得太慢，不能启动发动机故障的判断与排除，如图4-22所示。

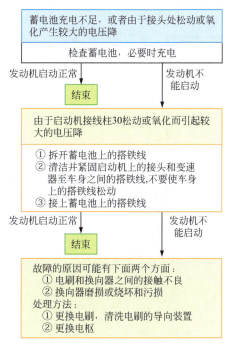

图4-22 启动机无力的故障诊断

第三节 电源分配系统

一、电源分配系统概述

随着电控技术在汽车上越来越被广泛地应用,汽车上的用电设备越来越多,电源的分配关系也日益复杂。为了简化汽车电路,便于制造绘图和维修,在汽车上专门把电源分配系统给单独地分离出来,称这部分为电源分配系统。

二、电源分配系统的组成及工作原理

电源分配系统一般是指从蓄电池正极接线柱,经各熔断器、继电器主要控制开关到进入各用电系统为止的电路。由于汽车上的用电设备(例如启动机)都直接或间接地与蓄电池相连,所以电源分配系统是各用电设备电源的必经之路。电源分配系统中的熔断器对用电设备起着保护作用,在用电设备电路或用电设备发生故障电流过大时,熔断器熔断,切断用电设备电源。电源分配系统中的继电器和主要控制开关(例如点火开关、灯光开关等)用来控制汽车各系统(例如发动机、灯光等)的电源电路。

电源分配系统中的熔断器、继电器往往集中在一起组成继电器熔断器盒安装在发动机舱或仪表台上,电路比较复杂。为了绘图方便,简化电路图,便于识图,在有的电路图上往往只画出与用电设备有关的熔断器、继电器、控制开关等,然后再在电路图上或下部标明它们的名称、规格,在继电器、熔断器盒中的位置等,例如一汽丰田车系,如图4-23所示;也有的车型在电路图上只画出用电设备电路,用文字说明参考电源分配图的位置,再把电源分配图单独画出来,例如上海通用车系;还有的是把电源分配成主要电源线,把与用电设备有关的电源分配图画在电路图中的,例如一汽大众、一汽奥迪等车系,如图4-24所示。

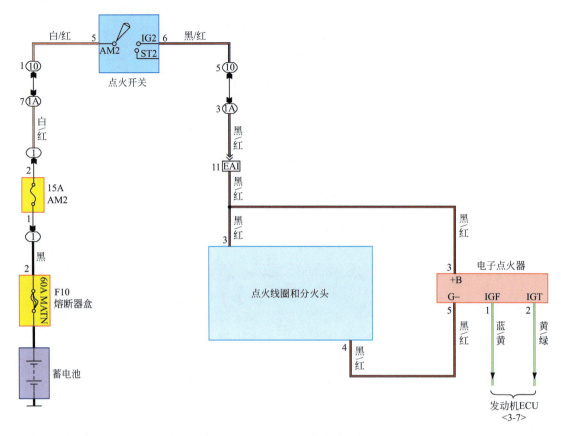

图4-23　一汽丰田汽车点火电路

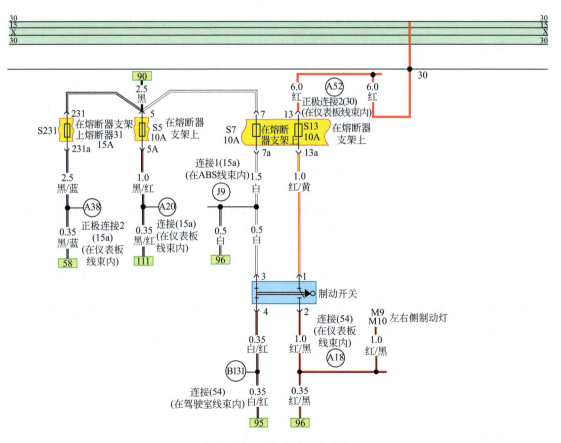

图4-24　一汽奥迪汽车电路

三、电源分配系统电路识图示例

上海通用别克汽车电源分配系统的电路如图4-25～图4-31所示。

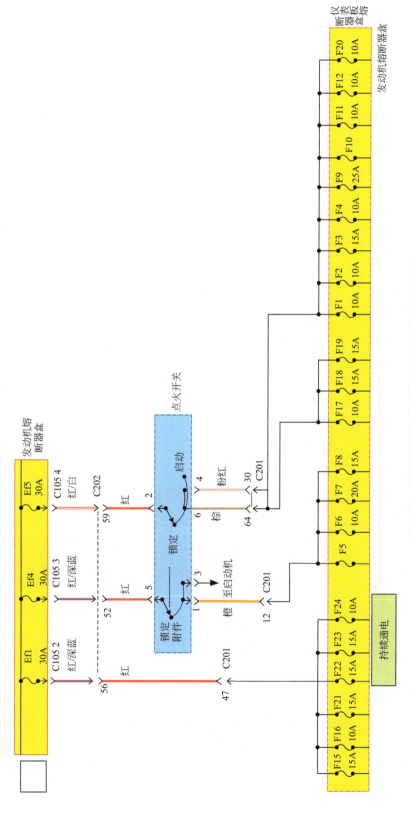

图4-25 上海通用别克汽车电源分配系统电路图（1）

汽车电路识图从入门到精通（修订本）

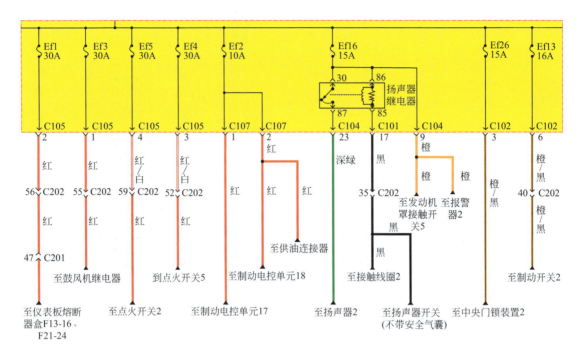

图4-26 上海通用别克汽车电源分配系统电路图（2）

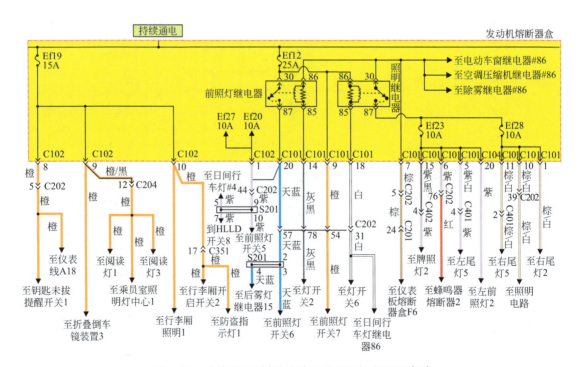

图4-27 上海通用别克汽车电源分配系统电路图（3）

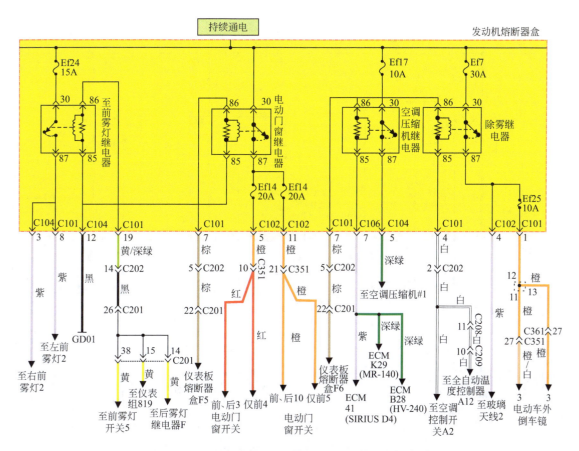

图4-28 上海通用别克汽车电源分配系统电路图（4）

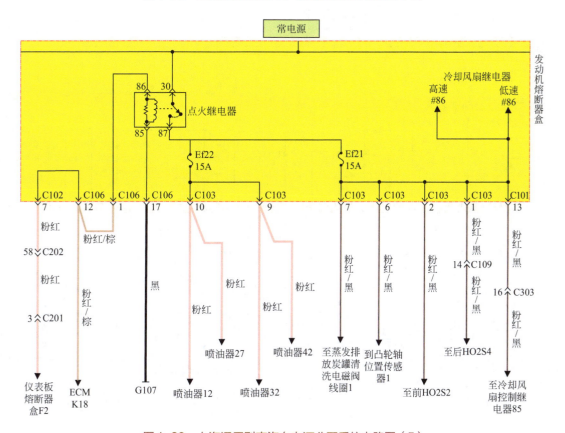

图4-29 上海通用别克汽车电源分配系统电路图（5）

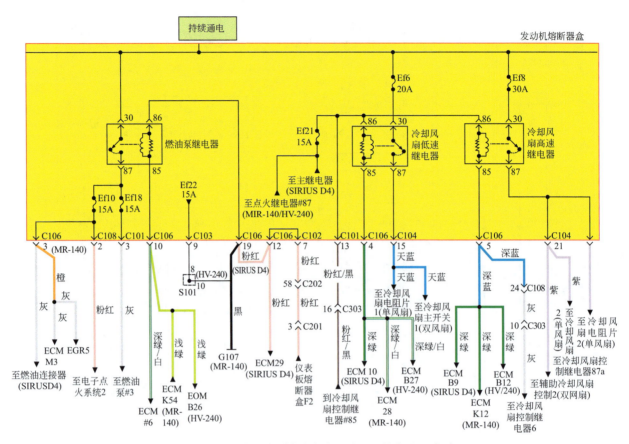

图4-30 上海通用别克汽车电源分配系统电路图（6）

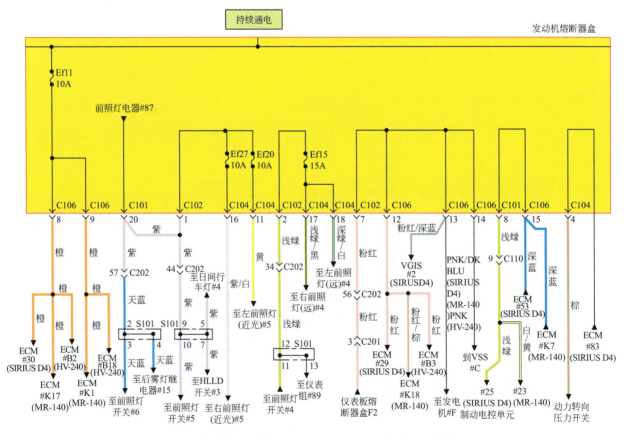

图4-31 上海通用别克汽车电源分配系统电路图（7）

蓄电池电源正极经发动机熔断器盒后分为四部分电路，即持续通电电路、常电源电路、点火开关电路和仪表板熔断器盒电路。

（1）持续通电电路　持续通电电路的电路条数最多，用来向电动车窗、照明信号系统、电动后视镜、制动系统、发动机电控单元等系统供电，是车身用电器重要的供电电路。

（2）常电源电路　常电源电路主要是向点火继电器供电。点火继电器受发动机电控单元ECM的控制，在点火继电器触点闭合后，蓄电池通过点火继电器触点向喷油器、凸轮轴位置传感器、冷却风扇继电器等供电。

（3）点火开关电路　点火开关电路受点火开关的控制，把点火开关电路分为启动机电路和仪表板熔断器盒电路。启动机电路在点火开关置于启动挡时向启动机电磁开关供电，用来控制启动机的工作。仪表板熔断器盒电路通过仪表板熔断器向相应的用电器、控制器供电。

（4）仪表板熔断器盒电路　仪表板熔断器盒电路用来直接向相应的用电器、控制器供电。

启动机的电源电路在电源分配系统的电路图上并没有画出，由蓄电池直接向启动机供电。

电源分配系统的电路条数虽然众多，但是并不复杂，每条电路都非常清晰易懂。只要按照从用电器、控制器向电源处逐步查找的方法就不难读懂。举例如下。

（1）喷油器电路　四根喷油器都由点火继电器供电。喷油器电路为：蓄电池正极→常电源发动机熔断器盒点火继电器触点→熔断器Ef22（15A）。此处分4路，分别为：连接器C103端子10→喷油器27；连接器C103端子10→喷油器12；连接器C103端子9→喷油器42；连接器C103端子9→喷油器32。

（2）燃油泵电路　燃油泵由燃油泵继电器供电。燃油泵电路为：蓄电池正极→持续通电发动机熔断器盒燃油泵继电器触点→燃油泵#3。

（3）电动车外倒车镜电路　电动车外倒车镜由除雾继电器供电。电动车外倒车镜电路为：蓄电池正极→持续通电发动机熔断器盒除雾继电器触点→熔断器Ef25（10A）→连接器C101端子1 ┬→连接器C361端子27→电动车外倒车镜3。
　　　　　　　　　　　　　└→连接器C351端子27→电动车外倒车镜3。

第四节　发动机电控系统

一、发动机电控系统概述

汽车电控技术的发展主要是指发动机电控技术的发展。随着发动机电控技术的发展，发动机上越来越多的系统被发动机电控单元控制，发动机电控系统的电路也变得越来越复杂，有时需要几张图才能把整个控制系统电路表达出来，给读懂电路图增加了困难。

发动机电控系统的电路虽然庞大复杂，但是却有规律可循。发动机电控系统电路依照各控制系统的功能不同可把电路图分为点火系统、启动充电系统、怠速控制系统、进气控制系统和废气排放控制系统等几个子系统电路。各子系统里的电路又可根据元器件的功能不同分为电源电路、信号输入电路和执行器工作电路等三部分。各个子系统又都受发动机电控单元的控制。在绘制电路图的时候又尽可能地把同一系统的电路绘制在一起。按照上面的思路对发动机电控系统先进行分析，然后再一个子系统一个子系统地去分析，读懂发动机电控系统电路并不是太难。发动机电控系统各子系统电路分析如表4-1所示。

表4-1 发动机电控系统电路分析

系统名称	信号电路	执行器电路
点火系统	① 发动机转速信号传感器 ② 冷却液温度传感器 ③ 凸轮轴位置传感器 ④ 曲轴位置传感器 ⑤ 空调开关 ⑥ 爆燃传感器 ⑦ 自动变速器挡位开关等电路	① 点火线圈 ② 火花塞 ③ 点火控制模块等电路
怠速控制系统	① 节气门位置传感器 ② 冷却液温度传感器 ③ 空调开关 ④ 自动变速器挡位开关 ⑤ 动力转向开关等电路	① 怠速控制阀 ② 怠速控制电机 ③ 节气门电控单元等电路
进气控制系统	① 空气流量计 ② 进气歧管压力传感器 ③ 发动机转速传感器 ④ 节气门位置传感器 ⑤ 进气温度传感器 ⑥ 废气涡轮增加传感器等电路	节气门体等电路
废气排放控制系统	① 氧传感器 ② 废气再循环（EGR）阀 ③ 节气门位置传感器 ④ 发动机转速传感器 ⑤ 活性炭罐电磁阀等电路	① 喷油器 ② EGR阀 ③ 二次空气泵 ④ 二次空气阀 ⑤ 炭罐排放电磁阀等电路
启动充电系统	① 发动机转速传感器 ② 电压调节器等电路	① 启动机 ② 发电机 ③ 电压调节器 ④ 充电指示灯等电路
燃油喷射系统	① 发动机转速传感器 ② 曲轴位置传感器 ③ 凸轮轴位置传感器 ④ 进气歧管压力传感器 ⑤ 节气门位置传感器 ⑥ 进气温度传感器 ⑦ 冷却液温度传感器 ⑧ 空调开关 ⑨ 氧传感器等电路	① 燃油泵 ② 喷油器等电路

二、M7-Motronic发动机电控系统识图示例

1. M7发动机管理系统简述

现以M7-Motronic发动机管理系统为例加以说明。

发动机管理系统通常主要由传感器、发动机控制单元（ECU）、执行器三个部分组成，对发动机工作时的吸入空气量、喷油量和点火提前角进行控制，基本结构如图4-32所示。

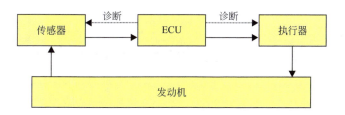

图4-32　发动机电控系统的组成

在发动机电控系统中，传感器作为输入部分，用于测量各种物理信号（温度、压力等），并将其转化为相应的电信号；ECU的作用是接受传感器的输入信号，并按设定的程序进行计算处理，产生相应的控制信号输出到功率驱动电路，功率驱动电路通过驱动各个执行器执行不同的动作，使发动机按照既定的控制策略进行运转；同时ECU的故障诊断系统对系统中各部件或控制功能进行监控，一旦探测到故障并确认后，则存储故障码，调用"跛行回家"功能，当探测到故障被消除，则正常值恢复使用。

M7发动机电子控制管理系统的最大特点是采用基于扭矩的控制策略。扭矩为主控制策略的主要目的是把大量各不相同的控制目标联系在一起，这是根据发动机和车辆型号来灵活选择把各种功能集成在ECU的不同变型中的唯一方法。M7发动机电控系统结构如图4-33所示。

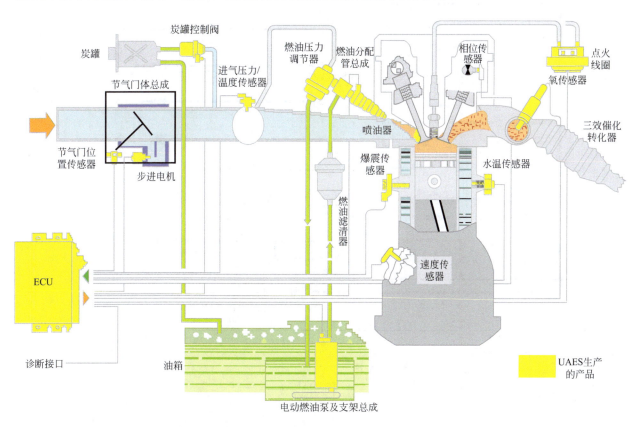

图4-33　M7发动机电控系统结构图

发动机电控系统的基本组件有：电子控制器（ECU）、怠速调节器、进气压力/温度传感器、喷油器、冷却液温度传感器、电子燃油泵、节气门位置传感器、燃油压力调节器、相位传感器、油泵支架、转速传感器、燃油分配管、爆震传感器、炭罐控制阀、氧传感器、点火线圈、可变进气控制阀。

M7发动机电控系统电路如图4-34所示。

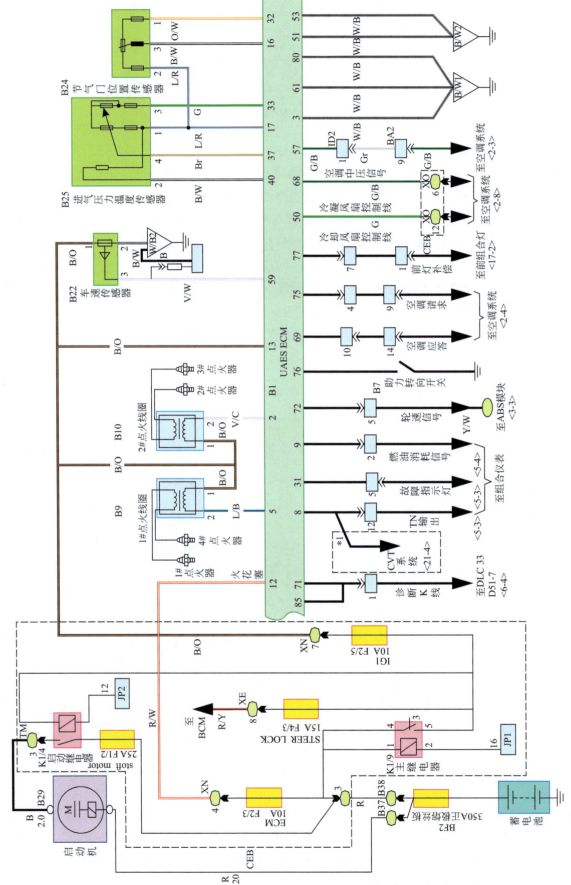

图4-34 M7发动机电控系统电路

2. 传感器部件

（1）进气压力温度传感器　进气压力温度传感器电路如图4-35所示。

① 工作原理　进气歧管绝对压力传感元件由一片硅芯片组成，在硅芯片上蚀刻出一片压力膜片，压力膜片上有4个压电电阻，这4个压电电阻作为应变元件组成一个惠斯顿电桥。硅芯片上除了这个压力膜片以外，还集成了信号处理电路。硅芯片跟一个金属壳体组成一个封闭的参考空间，参考空间内的气体绝对压力接近于零，这样就形成了一个微电子机械系统。硅芯片的活性面上经受着一个接近于

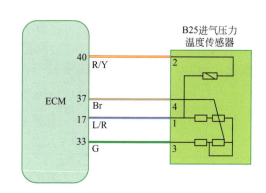

图4-35　进气压力温度传感器电路图

1—接地；2—进气温度信号输出；3—接5V；4—进气压力信号输出

零的压力，它的背面上经受着通过一根接管引入的、待测的进气歧管绝对压力。硅芯片的厚度只有几个微米（μm），所以进气歧管绝对压力的改变会使硅芯片发生机械变形，4个压电电阻跟着变形，其电阻值改变。通过硅芯片的信号处理电路处理后，形成与压力呈线性关系的电压信号。进气温度传感元件是一个负温度系数（NTC）的电阻，电阻随进气温度变化，此传感器输送给控制器一个表示进气温度变化的电压。

② 故障现象和原因　故障现象：熄火、怠速不良等。故障原因：a.使用过程有不正常高压或反向大电流；b.维修过程使真空元件受损。

③ 简易测量方法　温度传感器部分：（卸下接头）把数字万用表打到欧姆挡，两表笔分别接传感器1#、2#引脚，20℃时额定电阻为2.5kΩ（±5%），其他对应的电阻数值可由特征曲线量出，如图4-36所示。测量时也可用模拟的方法，具体为用电吹风向传感器送风（注意不可靠得太近），观察传感器电阻的变化，此时电阻应下降。

压力传感器部分：（接上接头）把数字万用表打到直流电压挡，黑表笔接地，红表笔分别与3#、4#引脚连接。怠速状态下，3#引脚应有5V的参考电压，4#引脚电压为1.3V左右（具体数值与车型有关）；空载状态下，慢慢打开节气门，4#引脚的电压变化不大；快速打开节气门，4#引脚的电压可瞬间达到4V左右，然后下降到1.5V左右。

（2）节气门位置传感器　节气门位置传感器电路如图4-37所示。

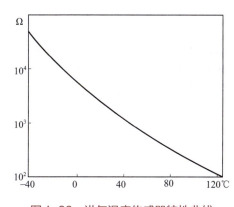

图4-36　进气温度传感器特性曲线

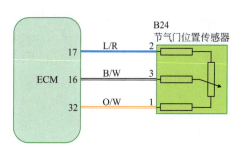

图4-37　节气门位置传感器电路图

1号接5V电源；2号接地；3号输出信号

① 工作原理　本传感器是一个具有线性输出的角度传感器，由两个圆弧形的滑触电阻和两个滑触臂组成。滑触臂的转轴跟节气门轴连接在同一个轴线上。滑触电阻的两端加上5V的电源电压U_S。当节气门转动时，滑触臂跟着转动，同时在滑触电阻上移动，并且将触点的电位U_P作为输出电压引出。所以它实际上是一个转角电位计，电位计输出与节气门位置成比例的电压信号。

② 故障现象和原因　故障现象：加速不良等。故障原因：人为故障。

③ 简易测量方法 （卸下接头）把数字万用表打到欧姆挡，两表笔分别接传感器 1#、2# 引脚，常温下其电阻值为 2kΩ±20%。两表笔分别接 1#、3# 引脚，转动节气门，其电阻值随节气门打开而阻值线性变化，而 2#、3# 引脚则是相反的情况。

注：在观察电阻值变化的时候，注意观察阻值是否有较大的跳跃。

（3）冷却液温度传感器 冷却液温度传感器电路如图 4-38 所示。

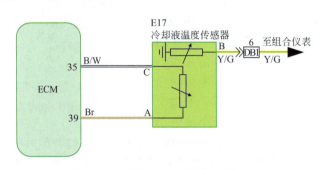

图 4-38 冷却液温度传感器电路图

A—传感器信号；B—仪表用水温信号；C—传感器地

① 工作原理 本传感器是一个负温度系数（NTC）的热敏电阻，其电阻值随着冷却液温度上升而减小，但不是线性关系。负温度系数的热敏电阻装在一个铜质面，如图 4-39、图 4-40 所示。

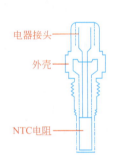

图 4-39 冷却液温度传感器剖面图　　图 4-40 冷却液温度传感器特性曲线

② 故障现象和原因 故障现象：启动困难等。故障原因：人为故障。

③ 简易测量方法 （卸下接头）把数字万用表打到欧姆挡，两表笔分别接传感器 1#、2# 引脚，20℃时额定电阻为 2.5kΩ（±5%），其他可由图 4-40 特征曲线量出。测量时也可用模拟的方法，具体为把传感器工作区域放进开水里（注意浸泡的时间要充分），观察传感器电阻的变化，此时电阻应下降到 300～400Ω（具体数值视开水的温度）。

（4）爆震传感器 爆震传感器外形如图 4-41 所示，其电路如图 4-42 所示。

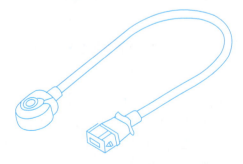
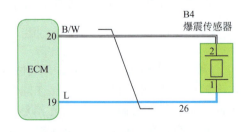

图 4-41 带电缆的爆震传感器　　图 4-42 爆震传感器电路图

① 工作原理　爆震传感器是一种振动加速度传感器，装在发动机汽缸体上。传感器的敏感元件是一个压电元件。发动机汽缸体的振动通过传感器内的质量块传递到压电晶体上。压电晶体由于受质量块振动产生的压力，在两个极面上产生电压，把振动信号转变成交变的电压信号输出。其频率响应特性曲线如图4-43所示。由于发动机爆震引起的振动信号的频率比发动机正常的振动信号频率高得多，所以ECM对爆震传感器的信号进行处理后可以区分出爆震和非爆震信号。

② 故障现象和原因　故障现象：加速不良等。故障原因：各种液体如机油、冷却液、制动液、水等长时间接触到传感器，对传感器造成腐蚀。

③ 简易测量方法　（卸下接头）把数字万用表打到欧姆挡，两表笔分别接传感器1#、2#及1#、3#引脚，常温下其阻值应大于1MΩ。把数字万用表打到毫伏挡，用小锤在爆震传感器附近轻敲，此时应有电压信号输出。

（5）氧传感器　氧传感器外形如图4-44所示，其剖面图如图4-45所示，相关电路如图4-46所示。

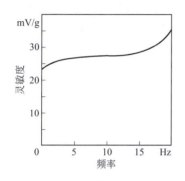

图4-43　爆震传感器频率响应特性曲线

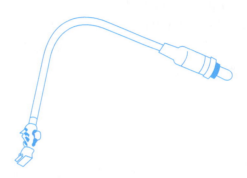

图4-44　氧传感器外形

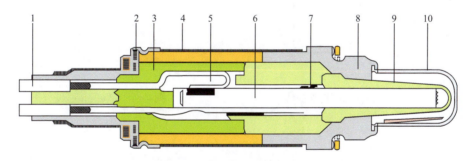

图4-45　氧传感器剖面图

1—电缆线；2—碟形垫圈；3—绝缘衬套；4—保护套；5—加热元件夹紧接头；6—加热棒；

7—接触垫片；8—传感器座；9—陶瓷探针；10—保护管

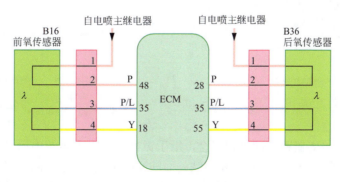

图4-46　氧传感器电路

1—接加热电源正极（白色）；2—接加热电源负极（白色）；3—接信号负极（灰色）；4—接信号正极（黑色）

① 工作原理　氧传感器的传感元件是一种带孔隙的陶瓷管，管壁外侧被发动机排气包围，通大气。传感陶瓷管壁是一种固态电解质，内有电加热管，如图4-45所示。

氧传感器的工作是通过将传感陶瓷管内外的氧离子浓度差转化成电压信号来实现的。当传感陶瓷管的温度达到350℃时，即具有固态电解质的特性。其材质的特殊，使得氧离子可以自由地通过陶瓷管。正是利用这一特性，将浓度差转化成电势差，从而形成电信号输出。若混合气体偏浓，则陶瓷管内外氧离子浓度差较高，电势差偏高，大量的氧离子从内侧移到外侧，输出电压较高（接近800～1000mV）；若混合气偏稀，则陶瓷管内外氧离子浓度差较低，电势差较低，仅有少量的氧离子从内侧移动到外侧，输出电压较低（接近100mV）。信号电压在理论当量空燃比（$\lambda=1$）附近发生突变，如图4-47所示。

② 故障现象和原因　故障现象：怠速不良、加速不良、尾气超标、油耗过大等。故障原因：a.潮湿水汽进入传感器内部，温度骤变，探针断裂；b.氧传感器"中毒"。

③ 简易测量方法　（卸下接头）把数字万用表打到欧姆挡，两表笔分别接传感器1#（白色）、2#（白色）引脚，常温下其阻值为1～6Ω。（接上接头）怠速状态下，待氧传感器达到其工作温度350℃时，把数字万用表打到直流电压挡，两表笔分别接传感器3#（灰色）、4#（黑色）引脚，此时电压应在0.1～0.9V快速的波动。

（6）转速传感器　转速传感器外形如图4-48所示，其电路如图4-49所示，其剖面如图4-50所示。

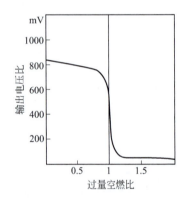

图4-47　600℃氧传感器特性曲线

图4-48　转速传感器外形

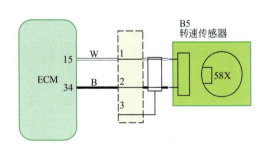

图4-49　转速传感器电路
1，2—接信号线；3—接屏蔽

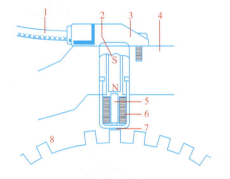

图4-50　转速传感器剖面图
1—屏蔽线；2—永磁铁；3—传感器外壳；4—安装支架；
5—软磁铁芯；6—线圈；7—空气隙；8—60-2齿圈

① 工作原理　转速传感器跟脉冲盘相配合，用于无分电器点火系统中提供发动机转速信息和曲轴上止点信息。转速传感器由一个永久磁铁和磁铁外面的线圈组成。脉冲盘是一个齿盘，原本有60个齿，但是有两个齿空缺。脉冲盘装在曲轴上，随曲轴旋转。当齿尖紧挨着转速传感器的端部经过时，铁磁材料制成的脉冲盘切割着转速传感器中永久磁铁的磁力线，在线圈中产生感应电压，作为转速信号输出。

② 故障现象和原因　故障现象：不能启动等。故障原因：人为故障。

③ 简易测量方法　（卸下接头）把数字万用表打到欧姆挡，两表笔分别接传感器 2#、3# 引脚，20℃时额定电阻为 860Ω（±10%）。（接上接头）把数字万用表打到交流电压挡，两表笔分别接传感器 2#、3# 引脚，启动发动机，此时应有电压输出，其波形如图 4-51 所示（建议用车用示波器检查）。

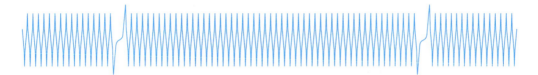

图 4-51　测试波形图

（7）相位传感器　相位传感器电路如图 4-52 所示。

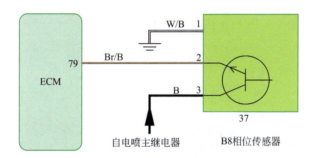

图 4-52　相位传感器电路图

标记"1"—接地；标记"2"—信号输出；标记"3"—接电源正极

① 工作原理　相位传感器用于无分电器的场合跟脉冲盘感应传感器相配合，为 ECM 提供曲轴相位信息，即区分曲轴的压缩上止点和排气上止点。本传感器利用霍尔原理中：霍尔电压受变化的磁场感应强度影响而制造而成。

霍尔效应原理如图 4-53 所示，相位传感器工作示意如图 4-54、图 4-55 所示。

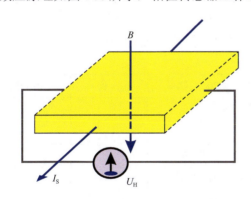

图 4-53　霍尔效应原理图

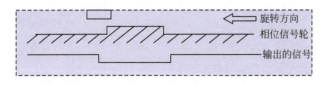

图 4-54　相位传感器工作示意图（1）

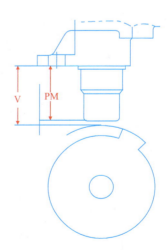

图 4-55　相位传感器工作示意图（2）

霍尔传感器原理：当一电流 I_S 通过一半导体薄片时，在电流的右旋方向就会产生一霍尔电压 U_H，其值与磁场感应 B（与电流 I_S 垂直）和电流 I_S 成正比。霍尔电压受变化的磁场感应强度影响。

② 故障现象和原因　故障现象：排放超标，油耗增加等。故障原因：人为故障。

③ 简易测量方法 （接上接头）打开点火开关但不启动发动机，把数字万用表打到直流电压挡，两表笔分别接传感器3#、1#引脚，确保有12V的参考电压。启动发动机，此时 2# 引脚信号可由车用示波器检查是否正常。

> **要诀 16**
> 发动机传感器要注意，弄清方法和数据。
> 进气温度传感器，额定电阻 2.5 Ω；
> 节气门位置传感器，1脚与2脚 2kΩ；
> 冷却液温度传感器，1脚与2脚 2.5kΩ；
> 爆震传感器啥数值，1脚与2、3脚都大于 1MΩ；
> 氧传感器啥数值，3脚与4脚 0.1～0.9V；
> 转速传感器啥额定值，2脚与3脚 860Ω；
> 相位传感器啥数值，1脚与3脚电压 12V。

3. 电子控制单元

电子控制系统连接器如图4-56所示，其端子功能如表4-2所示。

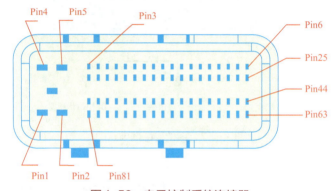

图4-56　电子控制系统连接器

表4-2　端子功能表

引脚序号	配线颜色	引脚定义	引脚序号	配线颜色	引脚定义
1-车身	—	—	17-车身	L/R	传感器地1
2-车身	W/G	点火线圈2	18-车身	W	上游氧传感器
3-车身	W/B	点火地	19-车身	L	爆震传感器A端
4-车身	—	—	20-车身	B/W	爆震传感器B端
5-车身	L/B	点火线圈1	21-车身	—	—
6-车身	R/B	2缸喷油器	22-车身	—	—
7-车身	O	3缸喷油器	23-车身	—	—
8-车身	Y/B	发动机转速输出	24-车身	—	—
9-车身	Y/L	油耗输出	25-车身	—	—
10-车身	—	—	26-车身	B/L	可变进气容积
11-车身	—	—	27-车身	Gr/L	1缸喷油器
12-车身	R/W	蓄电池电源	28-车身	Br	下游氧传感器
13-车身	B/O	点火开关ON电源	29-车身	—	—
14-车身	B/W	电喷主继电器	30-车身	—	—
15-车身	W	发动机转速传感器A端	31-车身	Y/R	故障指示灯
16-车身	B/W	节气门位置传感器	32-车身	O/W	5V电源2

续表

引脚序号	配线颜色	引脚定义	引脚序号	配线颜色	引脚定义
33-车身	G	5V电源1	58-车身	—	—
34-车身	B	发动机转速传感器B端	59-车身	V/W	车速信号
35-车身	Br	传感器地3	60-车身	—	—
36-车身	P/L	传感器地2	61-车身	W/B	功率地1
37-车身	Br	进气压力传感器	62-车身	—	—
38-车身	—	—	63-车身	B	非持续电源
39-车身	B/W	冷却液温度传感器	64-车身	O/W	步进电机相位D
40-车身	R/Y	进气温度传感器	65-车身	G/Y	步进电机相位A
41-车身	—	—	66-车身	P/B	步进电机相位B
42-车身	—	—	67-车身	Gr/L	步进电机相位C
43-车身	—	—	68-车身	G/B	空调冷凝风扇控制
44-车身	B	非持续电源	69-车身	R/L	油泵继电器
45-车身	B	非持续电源	70-车身	G/R	空调控制
46-车身	R/Y	炭罐控制阀	71-车身	P/B	诊断K线
47-车身	R/Y	4缸喷油器	72-车身	Y/W	ABS粗糙路面信号
48-车身	P	上游氧传感器加热	73-车身	—	—
49-车身	—	—	74-车身	—	—
50-车身	G	冷却风扇控制	75-车身	Y/R	空调开关
51-车身	W/B	电子地2	76-车身	G/Y	动力转向补偿信号
52-车身	—	—	77-车身	G/Br	大灯补偿信号
53-车身	W/B	电子地1	78-车身	—	—
54-车身	—	—	79-车身	Br/B	凸轮轴位置传感器
55-车身	W	下游氧传感器	80-车身	W/B	功率地2
56-车身	—	—	81-车身	—	—
57-车身	G/W	空调中压开关			

① 故障现象和原因　故障现象：怠速不稳、加速不良、不能启动、怠速过高、尾气超标、启动困难、空调失效、喷油器控制失效、熄火等。故障原因：a.由于外接装置电气过载而导致ECU内部零部件烧毁而导致失效；b.由于ECU进水而导致线路板锈蚀等。

② 简易测量方法

a.（接上接头）利用发动机数据K线读取发动机故障记录；

b.（卸下接头）检查ECU连接线是否完好，重点检查ECU电源供给、接地线路是否正常；

c.检查外部传感器工作是否正常，输出信号是否可信，其线路是否完好；

d.检查执行器工作是否正常，其线路是否完好；

e.最后更换ECU进行试验。

4. 执行器

（1）电动燃油泵　电动燃油泵电路如图4-57所示。

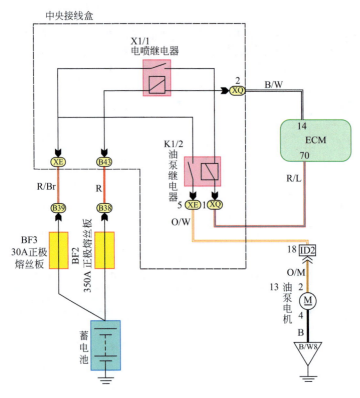

图4-57 电动燃油泵电路图

① 工作原理 电动燃油泵由直流电动机、叶片泵和端盖（集成了止回阀、泄压阀和抗电磁干扰元件）等组成。泵和电动机同轴安装，并且封闭在同一个机壳内。机壳内的泵和电动机周围都充满了汽油，利用燃油散热和润滑。蓄电池通过油泵继电器向电动燃油泵供电，继电器只有在启动时和发动机运转时才使电动燃油泵电路接通。当发动机因事故而停止运转时，燃油泵自动停止运转。电动燃油泵出口的最大压力由泄压阀决定，在450～650kPa。由于本系统采用无回油系统，整个燃油系统的压力由燃油压力调节器决定，一般为350kPa。

② 故障现象和原因 故障现象：运转噪声大、加速不良、不能启动（启动困难）等。故障原因：由于使用劣质燃油，导致：a.胶质堆积形成绝缘层；b.油泵轴衬与电枢抱死；c.油面传感器组件腐蚀等。

维修注意事项：a.根据发动机的需要，电动燃油泵可有不同的流量，外形相同、能够装得上的燃油泵未必是合适的，维修时采用的燃油泵的零件号必须跟原来的一致，不允许换错；b.为了防止燃油泵意外损坏，请不要在干态下长时间运行；c.在需要更换燃油泵的场合，请注意对燃油箱和管路的清洗及更换燃油滤清器。

③ 简易测量方法 （卸下接头）把数字万用表打到欧姆挡，两表笔分别接燃油泵两引脚，测量内阻，不为零或无穷大（即为非短路、断路状态）。（接上接头）在进油管接上燃油压力表，启动发动机，观察燃油泵是否工作；若不运转，检查"+"引脚是否有电源电压；若运转，怠速工况下，检查燃油压力是否在350kPa左右；踩油门至发动机转速2500r/min，观察此时燃油压力是否在350kPa左右。

（2）电磁喷油器 电磁喷油器电路如图4-58所示，其剖面如图4-59所示。

① 工作原理 ECM发出电脉冲给喷油器的线圈，形成磁场力。当磁场力上升到足以克服回位弹簧压力、针阀重力和摩擦力的合力时，针阀开始升起，喷油过程开始。当喷油脉冲截止时，回位弹簧的压力使针阀重又关上。

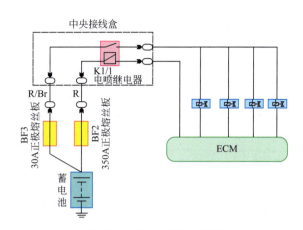

图4-58 电磁喷油器电路图

引脚：每个喷油器共有两个引脚。其中，在壳体一侧用正号标识的那个接主继电器输出端；另一个分别接ECM的27、6、7、47号引脚。

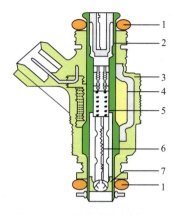

图4-59 电磁喷油器剖面图

1—O形圈；2—滤网；3—带电插头喷油器体；4—线圈；
5—弹簧；6—带线圈衔铁的阀针；7—带喷孔板的阀座

② 故障现象和原因　故障现象：怠速不良、加速不良、不能启动（启动困难）等。故障原因：由于缺少保养，导致喷油器内部出现胶质堆积而失效。

③ 简易测量方法　（卸下接头）把数字万用表打到欧姆挡，两表笔分别接喷油器两引脚，20℃时额定电阻为11～17Ω。

（3）怠速执行器步进电机　怠速执行器步进电机电路如图4-60所示。

① 工作原理　步进电机是一台微型电机，它由围成一圈的多个钢质定子和一个转子组成，见图4-60。每个钢质定子上都绕着一个线圈；转子是一个永久磁铁，永久磁铁的中心是一个螺母。所有的定子线圈都始终通电。只要改变其中某一个线圈的电流方向，转子就转过一个角度。当各个定子线圈按恰当的顺序改变电流方向时，就形成一个旋转磁场，使永久磁铁制成的转子按一定的方向旋转。如果将电流方向改变的顺序颠倒过来，那么转子的旋转方向也会颠倒过来。连接在转子中

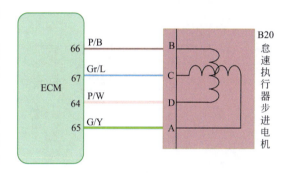

图4-60 怠速执行器步进电机电路图

引脚A接ECM65号引脚；引脚B接ECM66号引脚；
引脚C接ECM67号引脚；引脚D接ECM64号引脚。

心的螺母带动一根丝杆。因为螺旋杆设计成不能转动，所以它只能在轴线方向上移动，故又称直线轴。丝杆的端头是一个塞头，塞头因此而可以缩回或伸出，从而增大或减小怠速执行器旁通进气通道的截面积，直至将它堵塞。每当更换某线圈的电流方向时，转子就转过一个固定的角度，称为步长，其数值等于360°除以定子或线圈的个数。本步进电机转子的步长为15°。相应地，螺旋杆每一步移动的距离也固定。ECU通过控制更换线圈电流方向的次数，来控制步进电机的移动步数，从而调节旁通通道的截面积及流经的空气流量。空气流量大体上跟步长呈线性关系。螺旋杆端头的塞头后面有一个弹簧，在塞头伸长方向可利用的力等于步进电机的力加上弹簧力，在塞头缩回方向上可利用的力等于步进电机的力减去弹簧力。

② 故障现象和原因　故障现象：怠速过高、怠速熄火等。故障原因：由于灰尘、油气等堆积造成旁通空气道部分堵塞，而导致步进电机怠速调整不正常。

M7系统自学习方法为：打开点火开关但不马上启动发动机，等待5s后，再启动发动机。如果此时发现发动机怠速不良，则须重复上述步骤即可。

③ 简易测量方法　（卸下接头）把数字万用表打到欧姆挡，两表笔分别接调节器AD、BC引脚，25℃时额定电阻为（53±5.3）Ω。

（4）双火花点火线圈　双火花点火线圈电路如图4-61所示。

① 工作原理　点火线圈由初级绕组、次级绕组和铁芯、外壳等组成。当某一个初级绕组的接地通道接通时，该初级绕组充电。一旦ECM将初级绕组电路切断，则充电中止，同时在次级绕组中感应出高压电，使火花塞放电。跟带分电器的点火线圈不同的是，点火线圈次级绕组的两端各连接一个火花塞，所以这两个火花塞同时打火。两个初级绕组交替地通电和断电。相应地两个次级绕组交替地放电。

② 故障现象和原因　故障现象：不能启动等。故障原因：电流过大导致烧毁、受外力损坏等。

维修注意事项：维修过程禁止用"短路试火法"测试点火功能，以免损坏电子控制器。

③ 简易测量方法　（卸下接头）把数字万用表打到欧姆挡，两表笔分别接初级绕组两引脚，20℃时，阻值为0.70～0.90Ω，次级绕组阻值为9.68～12.32kΩ。

（5）炭罐控制阀　炭罐控制阀电路如图4-62所示，安装如图4-63所示。

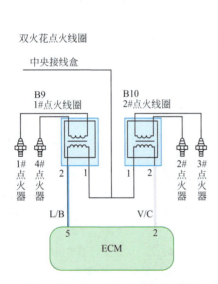

图4-61　双火花点火线圈电路图

引脚定义：
1-4缸点火线圈
低压侧：1号点火线圈初级绕组引脚1接主继电器；1号点火线圈初级绕组引脚2接ECM的5#引脚；
高压侧：次级绕组接线柱分别通过分火线与同名发动机汽缸的火花塞连接；
2-3缸点火线圈
低压侧：2号点火线圈初级绕组引脚1接主继电器；2号点火线圈初级绕组引脚2接ECM的2#引脚；
高压侧：次级绕组接线柱分别通过分火线与同名发动机汽缸的火花塞连接；
注意：本系统中有两个点火线圈，每个点火线圈的次级绕组接两个汽缸，即1缸和4缸同时点火，2缸和3缸同时点火。

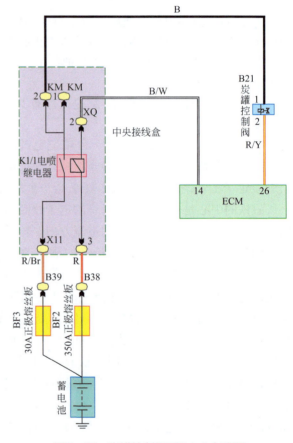

图4-62　炭罐控制阀TEV-2电路图

① 工作原理　炭罐控制阀由电磁线圈、衔铁和阀等组成，进口处设有滤网。流过炭罐控制阀的气流流量一方面跟ECM输出给炭罐控制阀的电脉冲的占空比有关，另一方面还跟炭罐控制阀进口和出口之间的压力差有关。当没有电脉冲时，炭罐控制阀关闭。不同类型的炭罐控制阀在100%占空比，即全部开启条件下的流量各不相同。图4-64给出了两种典型的流量曲线。可见，同样在-200mbar的压力差之下，A型炭罐控制阀全部开启时的流量是3.0m/h，B型的流量是2.0m/h。

压力差与流量关系如图4-64所示。

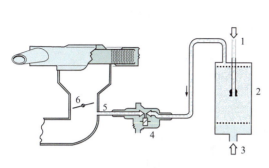

图4-63 炭罐控制阀安装图

1—来自油箱；2—炭罐；3—大气；
4—炭罐控制阀；5—通往进气歧管；6—节气门

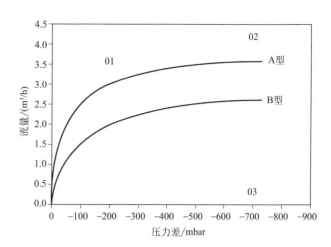

图4-64 压力差与流量关系

② 故障现象和原因　故障现象：功能失效等。故障原因：由于异物进入阀内部，导致锈蚀或密封性差等。

③ 简易测量方法（卸下接头）把数字万用表打到欧姆挡，两表笔分别接炭罐控制阀两引脚，20℃时额定电阻为22～30Ω。

三、广州本田雅阁发动机电控系统识图示例

广州本田雅阁发动机电控系统电路如图4-65～图4-67所示。

1.发动机电控单元电路

> **要诀17**
> 执行器检测要注意，弄清检修方法和数值。
> 测量电动燃油泵，两种状态不一样，
> 内阻不为零非短路，内阻无穷大非断路。
> 测量电磁喷油器，两脚电阻11～17Ω。
> 怠速执行器步进电机，表笔要接调节器两极，
> AD与BC脚电阻什么值，53Ω就是标准值。
> 双火头点火线圈要注意，初次级绕组不同值，
> 初级电阻0.70～0.90Ω，次级电阻9.68～12.32kΩ。
> 碳罐控制阀测量用表笔，额定电阻22～30Ω。

（1）发动机电控单元电源电路　蓄电池通过PGM-EFI主继电器向发动机电控单元供电，当点火开关转到IG1时PGM-EFI主继电器线圈接通。发动机电控单元电源电路：蓄电池→熔断器①→熔断器④→PGM-EFI主继电器触点闭合→发动机电控单元端子B1和B3。

（2）发动机电控单元接地电路　发动机电控单元通过端子B2和B10接地。在发动机正常的情况下，将点火开关首次转至ON位置时，发动机的故障指示灯亮，一般6s之后，自动熄灭。当发动机启动后运转时，故障指示灯应熄灭。如果与上述不符合，则说明出现故障，应用相应的检测仪对其进行检查。

2.发动机电控单元信号输入电路

（1）车速传感器电路

① 车速传感器电源电路　蓄电池→熔断器①→点火开关IG1触点→熔断器⑥→车速传感器→接地。

② 车速传感器信号电路　车速传感器→发动机电控单元端子C23→发动机电控单元。

（2）曲轴位置传感器电路　发动机电控单元→发动机电控单元端子C3→曲轴位置传感器→发动机电控单元端子C9→发动机电控单元。曲轴位置传感器可通过测量其阻值的大小范围来检测，常温下（20℃）其阻值1850～2450Ω。

（3）冷却液温度传感器电路　发动机电控单元→发动机电控单元端子C26→冷却液温度传感器→发动机电控单元端子C15。冷却液温度传感器可通过测量其阻值与温度的变化关系来检测：20℃时，电阻值在2.3～2.6kΩ；80℃时，电阻值在0.31～0.33kΩ。

（4）爆震传感器电路　爆震传感器→发动机电控单元端子C3→发动机电控单元。爆震传感器可通过测量其阻值来检测，20℃时为120～280kΩ。

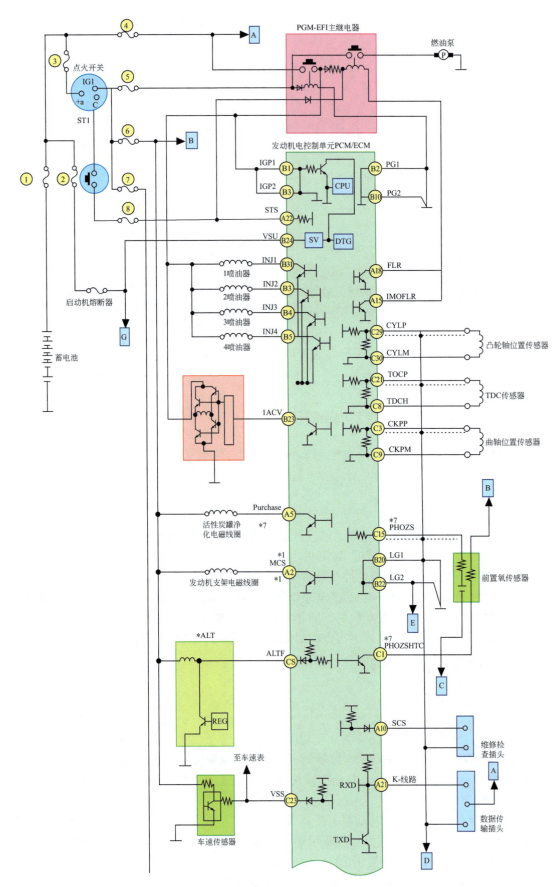

图4-65 广州本田雅阁发动机电控单元电路（1）

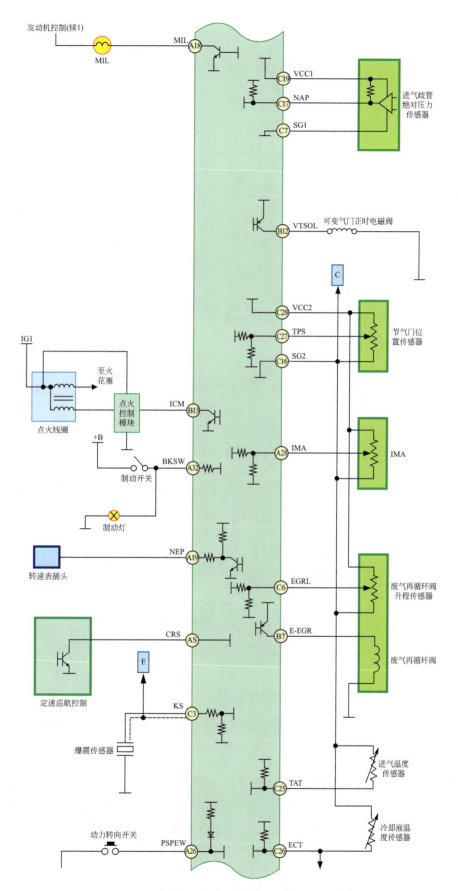

图4-66 广州本田雅阁发动机电控单元电路（2）

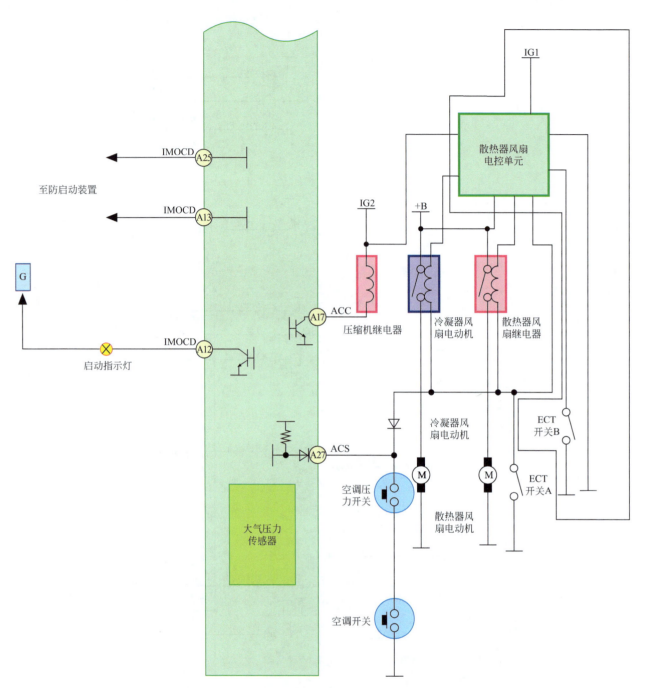

图4-67　广州本田雅阁发动机电控单元电路（3）

（5）进气歧管绝对压力传感器电路　发动机电控单元→发动机电控单元端子C19→进气歧管绝对压力传感器→发动机电控单元端子C17→发动机电控单元。

3.发动机电控单元执行器工作电路

（1）点火线圈电路　蓄电池正极→熔断器①→熔断器③→点火开关IG1触点此处分两路，一路为：点火线圈点火控制模块→发动机电控单元端子B13→发动机电控单元。（初级线圈电路）另一路为：点火线圈→火花塞（次级线圈电路）。当初级线圈电路断电后瞬间，次级线圈中产生电压，火花塞产生火花点火。

（2）可变气门正时电磁阀电路　发动机电控单元→发动机电控单元端子B12→可变气门正时电磁阀→接地。电磁阀可通过测量两端子之间的电阻值来检测，如不正常则需更换。

(3)活性炭罐净化电磁阀电路　蓄电池正极→熔断器①→熔断器③→点火开关IG1触点→熔断器⑥→活性炭罐净化电磁线圈→发动机电控单元端子A5→发动机电控单元。发动机电控单元通过改变传输到活性炭罐净化电磁阀的占空比信号，从而使HC排放的进气量在暖机后适于驾驶情况（发动机负荷、转速、车速等）。

(4)怠速控制阀电路　蓄电池正极→熔断器①→熔断器④→PGM-EFI主继电器触点→怠速控制阀→发动机电控单元端子B23→发动机电控单元。

(5)喷油器电路　蓄电池正极→熔断器①→熔断器④→PGM-EFI主继电器触点此处分开，分别到4个喷油器：1喷油器→发动机电控单元端子B31→发动机电控单元；2喷油器→发动机电控单元端子B3→发动机电控单元；3喷油器→发动机电控单元端子B4→发动机电控单元；4喷油器→发动机电控单元端子B5→发动机电控单元。喷油器的喷油过程受发动机电控单元发出的电脉冲控制，其可以通过测量两端子之间的电阻来检测，如不正常，则需更换。

(6)燃油泵电路

① 燃油泵控制电路：蓄电池正极→熔断器①→熔断器④→PCM-EFI主继电器触点分别到发动机电控单元端子A18和A15。

② 燃油泵工作电路：蓄电池正极→熔断器①→点火开关IG1触点→熔断器⑤→PCM-EFI主继电器触点→燃油泵→接地。燃油泵可通过测量其两端子之间的内阻来检测，一般20℃时为0.2～3.0Ω，如不正常，则更换燃油泵。

(7)发动机电控单元诊断电路

① 维修检查电路　发动机电控单元→发动机电控单元端子A10→维修检查插头。

② 数据传输电路　发动机电控单元→发动机电控单元端子A21→数据传输插头。

③ 数据传输电源电路　蓄电池→熔断器①→熔断器④→数据传输插头。

第五节　防抱死制动系统

一、防抱死制动系统概述

汽车在制动时车轮抱死是非常危险的。若是前轮抱死汽车就失去转向性和方向性；若是后轮抱死，汽车容易发生跑偏，甩尾和侧翻。为了防止车轮在制动时抱死，在现代汽车上普遍装配了防抱死制动系统，英文缩写为ABS。

二、防抱死制动系统的组成及工作原理

ABS系统主要由ABS电控单元、信号输入装置（各车轮处的轮速传感器）和执行器（普通制动系统、ABS泵、ABS电磁阀）等部分组成，其中ABS电控单元是ABS系统的控制核心，也是ABS系统电路的核心。在阅读ABS系统电路时，可以参考发动机电控系统电路的阅读方法。

要诀18：要知ABS啥组成，阅读下文心里明，ABS电控单元有大用，ABS系统的中控，ABS系统怎么工作，就在下文正当中。

1. 防抱死制动系统信号输入装置

(1)轮速传感器　轮速传感器又叫车速转速传感器，常安装在车轮外，用来检测车轮运动状态，获得车轮的转速信号。常用的主要结构形式有电磁感应式和霍尔效应式，其中最常见的是电磁感应式。

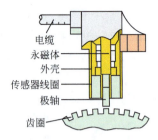

图4-68 电磁感应式轮速传感器输出

电磁感应式轮速传感器主要由静止的传感器头和随车轮一起转动的转子组成，其结构如图4-68所示。传感器头主要由永磁体、电磁感应线圈、极轴等组成。在电路图中一般只画出电磁感应线圈来表示电磁感应式轮速传感器。

霍尔式传感器利用霍尔效应制成，主要由传感器头和齿圈组成。传感器头主要由永磁体、霍尔元件、电子模块等组成，在电路图中一般只画出霍尔元件和电子模块来表示霍尔效应式轮速传感器。另外，一般车辆ABS系统在车速低于10km/h以下是不起作用的。

（2）横向加速度传感器　横向加速度传感器又叫横向加速度开关，常装备在高级轿车上，用于检测汽车在制动时的横向加速度范围。ABS电控单元根据该信号来修正控制指令，调节左右车轮的制动力，防止制动侧滑，使ABS系统更有效地工作。

（3）制动开关　制动开关常安装在制动踏板上，用于向ABS电控单元输送制动信号。ABS电控单元根据该信号来启动ABS系统工作。

（4）压力开关　压力开关装在储能器上，作用是监测储能器中的压力，向电控单元输入压力信号，从而控制液压泵电机的工作状态。

（5）减速度传感器　用于向电控单元提供制动强度信号，以调节制动力。

（6）防抱死制动信号输入电路　如图4-69所示为广本雅阁制动防抱死系统电路。

① 左前轮速传感器信号电路　左前轮速传感器→ABS电控单元端子4和5。

② 左后轮速传感器信号电路　左后轮速传感器→ABS电控单元端子15和16。

2. 防抱死制动系统执行器电路

（1）制动液压泵电路　制动液压泵控制电路：当ABS系统工作时，ABS电控单元的FSR使失效保护继电器工作，线圈通电，则失效保护继电器①、②接通。此时控制电路：蓄电池"+B"→熔断器20A→失效保护继电器触点①→失效保护继电器触点②→ABS泵继电器线圈→ABS电控单元端子PMR→ABS电控单元。

制动液压泵工作电路：蓄电池"+B"→熔断器30A→ABS泵继电器触点→制动液压泵电动机端子1→制动液压泵电动机→制动液压泵电动机端子2→接地。

（2）压力调节器电路　压力调节器电源控制电路：ABS电控单元→ABS电控单元端子FSR→失效保护继电器线圈→接地。

右前电磁阀进油阀工作电路：蓄电池"+B"→熔断器20A→失效保护继电器触点→压力调节器端子10→右前电磁阀（IN）→右前电磁阀（FR—IN）→ABS电控单元。

右前电磁阀排油阀工作电路：蓄电池"+B"→熔断器20A→失效保护继电器触点→压力调节器端子10→右前电磁阀（OUT）→右前排油阀（FR—OUT）→ABS电控单元。

右后、左前和左后压力调节电磁阀的工作电路与上面所述相似，不再重复。

（3）减速度传感器　汽车减速度传感器又叫G传感器，其作用是在汽车制动时获得汽车减速度信号。ABS电控单元根据该信号来判断地面附着系数的高低，调节作用在各车轮上的制动力。

（4）压力开关　压力开关安装在制动储能器上，用来检测制动储能器中的压力。ABS电控单元根据该信号来控制制动液压泵的工作。

3. 防抱死制动系统执行器

（1）制动压力调节器　制动压力调节器常和ABS电控单元、制动液压泵安装在一起组成ABS控制模块，如图4-69所示。根据ABS电控单元的指令调节各车轮制动轮缸的压力，控制车轮制动力的大小。在电路图中一般只画出ABS电控单元来表示整个ABS控制模块。

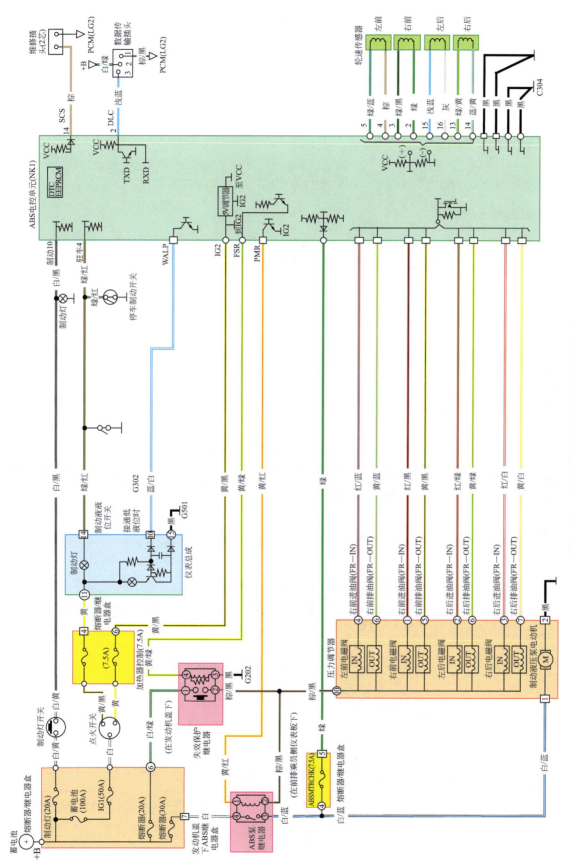

图4-69 广州本田雅阁防抱死制动系统电路

（2）ABS继电器　ABS继电器受ABS电控单元的控制，在ABS系统工作时，接通制动压力调节器和制动液压泵的电源电路，使ABS系统工作。

4.ABS电控单元

ABS电控单元是整个ABS系统的控制中心，接收信号装置传来的信号，经计算分析后控制执行器的工作。在电路图中常用电控单元符号来表示。

三、防抱死制动系统识图示例

广州本田雅阁防抱死制动系统的电路如图4-69所示。

1.ABS电控单元电路

ABS电控单元电源电路：蓄电池"+B"→蓄电池（100A）→熔断器IG1（50A）→点火开关触点→加热器控制熔断器7.5A→ABS电控单元端子IG2→ABS电控单元。

2.防抱死制动系统信号电路

制动信号电路：蓄电池"+B"→制动灯（20A）→制动灯开关触点→ABS电控单元端子10（制动）→ABS电控单元。

四、故障检修

防抱死制动系统的常见故障与排除如表4-3所示。

表4-3　防抱死制动系统的常见故障与排除

故障现象	可能的故障原因
ABS不能有效工作	再次检查故障码，并确保输出正常系统代码
	前轮转速传感器电路
	后轮转速传感器电路
	制动灯开关电路
	用诊断仪检查制动器执行器总成（利用主动测试功能检查制动器执行器总成的工作情况）。如果不正常，则检查液压回路是否泄漏
	若上述可能部位中的电路检查正常，而症状仍然存在，则更换制动器执行器总成（ABS电控单元ECU）
ABS警告灯和/或多信息显示屏（*1）异常（一直亮）	ABS警告灯电路
	制动器执行器总成（ABS电控单元ECU）
ABS警告灯和/或多信息显示屏（*1）异常（不亮）	ABS警告灯电路
	制动器执行器总成（ABS电控单元ECU）
ABS不工作	再次检查故障码，并确保输出正常系统代码
	ABS电控单元（NK1）电源电路
	前轮转速传感器电路
	后轮转速传感器电路
	用诊断仪检查制动器执行器总成（利用主动测试功能检查制动器执行器总成的工作情况）。如果不正常，则检查液压回路是否泄漏
	若上述可能部位中的电路检查正常，而症状仍然存在，则更换制动器执行器总成（ABS电控单元ECU）

注：*1：带多信息显示屏的车辆。

第六节　自动变速器电控系统

一、自动变速器电控系统概述

汽车自动变速器电控系统主要是指现代汽车上安装的电控自动变速器控制系统。早期的自动变速器是全靠液压控制的，直到1968年法国雷诺汽车公司将电子元件应用到自动变速器上，但当时电控技术还不完善，电控技术在自动变速器上应用的范围还比较狭窄。随着电控技术的发展，直到20世纪80年代末电控系统才在自动变速器上大量应用。

现代汽车自动变速器的控制系统由电控系统和液控系统两部分构成。电控系统由自动变速器控制单元、信号输入装置（各种传感器）和执行器（各种电磁阀、控制电路）等组成。自动变速器控制单元接收各种传感器输送的换挡参数信号，经分析计算处理后确定自动变速器的换挡时刻，并通过控制换挡电磁阀来控制液压换挡执行机构实现自动换挡。

二、自动变速器电控系统的组成及工作原理

1. 自动变速器电控系统信号输入装置

（1）车速传感器　车速传感器安装在自动变速器输出轴附近或差速器上，用来测量自动变速器输出轴的转速，并把该信号输送到自动变速器控制单元。自动变速器控制单元根据车速传感器信号计算出车速，作为控制自动变速器换挡的重要依据。

车速传感器有电磁感应式车速传感器、霍尔效应式车速传感器和光电式车速传感器。在电路图中一般用电器符号来表示整个车速传感器。

（2）节气门位置传感器　节气门位置传感器安装在节气门体上，常采用可变电阻式传感器把节气开度的变化转变成电压信号输送到发动机电控单元。发动机电控单元根据节气门位置传感器信号来确定喷油器的喷油量。自动变速器电控单元根据该信号来确定自动变速器的换挡时刻。

（3）变速器油温度传感器　变速器油温度传感器常采用负温度系数热敏电阻传感器，安装在自动变速器油底壳的阀板上，把自动变速器油的温度转变成电压信号输送到自动变速器控制单元，自动变速器控制单元根据该信号来控制自动变速器的换挡，油压和锁止离合器的锁止。

（4）空挡启动开关　空挡启动开关安装在自动变速器手动阀摇臂轴上或换挡杆下方，把换挡杆的位置转变成电压信号输送到自动变速器控制单元。自动变速器控制单元根据该信号来确定换挡杆的位置，控制自动变速器的挡位和发动机的启动。只有在空挡启动开关置于"P"或"N"位时，发动机才能启动。

（5）制动灯开关　制动灯开关安装在制动踏板支架上，当驾驶员踩下制动踏板时，开关触点闭合，把制动信号输送到自动变速器控制单元。自动变速器控制单元根据该信号松开变矩器锁止离合器，切断发动机与自动变速器间的动力传递，同时点亮制动灯。

（6）超速挡开关　超速挡开关用来控制自动变速器的超速挡。在自动变速器换挡杆置于D位置且超速挡开关闭合时，自动变速器能升到最高挡。否则自动变速器只能升到次高挡。

> **要诀19**
> 自动变速器需电控，信号输入才运行；
> 信号输入装置啥作用，认真记诵心里明；
> 车速传感器来测速，位置就在差速器和输出轴；
> 节气门位置传感器，位置就在节气门体；
> 节气门开度变化转电压，输入电控作用大；
> 要问作用怎样大，喷油量调节可不差；
> 油温传感器安在哪，位置就在油底壳阀；
> 温度变化转电压，就可控制换挡了；
> 空挡启动开关安在哪，摇臂轴或换挡杆下；
> 挡杆位置变化转电压，控制发动机启动和换挡；
> 制动灯开关安在哪，离不开制动踏板支架；
> 只要闭合开关触点，变速器因无电压而不转；
> 超速挡开关超速挡，强制降挡开关在踏板下方；
> 模式选择开关很重要，改变换挡模式信号。

(7) 强制降挡开关 强制降挡开关常安装在油门踏板下方,用来检测节气门的开度。在节气门开度大于85%即节气门全开时触点闭合,把节气门全开信号输送到自动变速器控制单元。自动变速器控制单元根据该信号,按照预先设定的程序在自动变速器原来的挡位上自动降低1～2个挡位。

(8) 模式选择开关 模式选择开关用来把驾驶员选择的自动变速器换挡模式信号输送到自动变速器控制单元。自动变速器控制单元根据该信号和预先设定的换挡程序确定自动变速器的换挡时刻。

2. 自动变速器控制单元

自动变速器控制单元在不同的车型上结构和功能会有所不同。例如:在有的车型上自动变速器控制单元和发动机控制单元为一整体。有的控制功能会多一些,有的控制功能会少一些,但是基本的控制功能还是相同的。

自动变速器控制单元基本控制功能如下。

(1) 换挡时刻控制 自动变速器电控单元都能根据预先设定的换挡程序、节气门位置、车速、挡位开关、挡位模式开关、超速挡开关等来确定自动变速器的换挡时刻并控制换挡电磁阀实现自动换挡。

(2) 锁止离合器锁止时刻和锁止压力控制 自动变速器电控单元根据预先设定的程序,节气门位置、车速、换挡模式开关来确定锁止离合器是否锁止,并控制锁止电磁阀接合或分离锁止离合器。自动变速器电控单元还利用锁止电磁阀来调节作用于锁止离合器上的液压力,使锁止离合器接合和分离更为柔和平顺。

(3) 自诊断功能 自动变速器电控单元在工作时不断地检测各传感器、执行器和自动变速器电控单元本身。当检测到故障时,自动变速器电控单元把故障以故障代码的形式记录在电控单元中并点亮仪表板的故障指示灯来提醒驾驶员检查自动变速器系统。

(4) 自动换挡模式选择控制 自动变速器电控单元根据预先设定的程序和换挡模式开关位置确定自动变速器的换挡规律,并控制自动变速器按选择的规律换挡,以满足汽车不同的行驶要求。

(5) 失效保护功能 失效保护功能是在自动变速器电控系统发生故障时仍能维持自动变速器基本的工作条件,使汽车继续行驶。

(6) 换挡品质控制 自动变速器电控单元能够协调发动机电控单元,在自动变速器换挡时,通过延迟发动机的点火时间或减少发动机的喷油量,暂时减小发动机的动力输出,以减小换挡冲击和汽车加速时出现的波动。

三、自动变速器电控系统识图示例

上海通用别克凯越汽车自动变速器电控系统电路如图4-70、图4-71所示。

1. 自动变速器电控单元电路

(1) 自动变速器电控单元电源电路

① 自动变速器电控单元常电源电路 持续通电→熔断器E11(30A)→熔断器F13(10A)→自动变速器电控单元端子B3→自动变速器电控单元。

② 自动变速器电控单元运行时电源电路 运行和启动时通电→熔断器F2(10A)→S205端子7→S205端子8→自动变速器电控单元端子C15→自动变速器电控单元。

(2) 自动变速器电控单元接地电路 自动变速器电控单元接地电路:自动变速器电控单元端子B12和B13分别通过S205经连接器C206的端子7到接地端G201接地。

2. 自动变速器电控单元信号输入装置电路

(1) 制动开关信号电路 持续通电→熔断器E113(15A)→连接器C202端子40→制动开关触点2→制动开关触点4→连接器C201端子61→连接器C201端子50→连接器C206端子9→自动变速器电控单元端子A5→自动变速器电控单元。

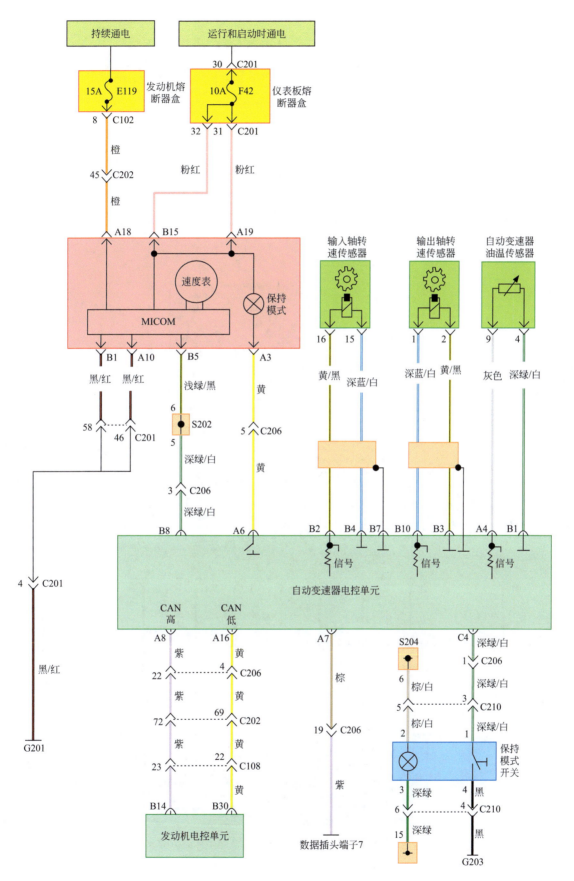

图4-70 上海通用别克凯越汽车自动变速器电控系统电路（1）

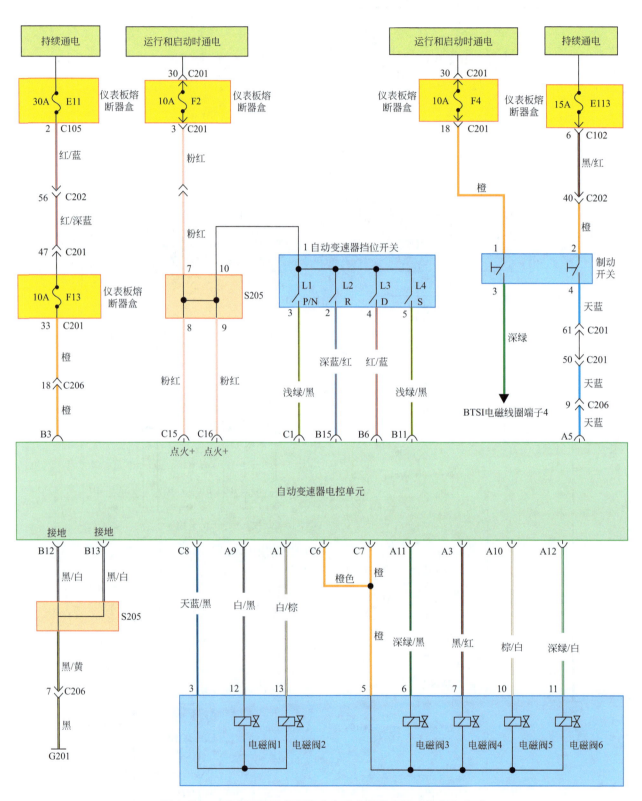

图4-71 上海通用别克凯越汽车自动变速器电控系统电路（2）

（2）保持模式开关信号电路　自动变速器电控单元→自动变速器电控单元端子C4→连接器C206端子1→连接器C210端子3→保持模式开关触点→连接器C210端子4→G203接地。

（3）输入轴转速传感器信号电路　自动变速器电控单元端子B2→输入轴转速传感器→自动变速器电控单元端子B4→自动变速器电控单元。

（4）输出轴转速传感器信号电路　自动变速器电控单元端子B10→输出轴转速传感器→自动变速器电控单元端子B3。

（5）自动变速器油温度传感器信号电路　自动变速器电控单元→自动变速器电控单元端子A4→自动变速器油温传感器→自动变速器电控单元端子B1→自动变速器电控单元。

（6）自动变速器挡位开关信号电路　P/N挡位开关信号电路：自动变速器电控单元→自动变速器电控单元端子C16→S205的端子9→S205的端子10→自动变速器挡位开关端子1→自动变速器挡位开关L1（P/N挡位开关）触点→自动变速器挡位开关端子3→自动变速器电控单元端子C1→自动变速器电控单元。

（7）换挡索线或挡位开关调整不当。

（8）变速器内部机械故障，如离合器或制动器烧损打滑。

3.自动变速器电控系统执行器工作电路

（1）自动变速器电控系统电磁阀1工作电路　自动变速器电控单元→自动变速器电控单元端子A9→自动变速器换挡电磁阀端子12→自动变速器换挡电磁阀1→自动变速器换挡电磁阀端子3→自动变速器电控单元端子C8→自动变速器电控单元。

自动变速器电控系统电磁阀2工作电路与电磁阀1工作电路相似，不再重复。

（2）自动变速器电控系统电磁阀3工作电路　自动变速器电控单元→自动变速器电控单元端子A11→自动变速器换挡电磁阀端子6→自动变速器换挡电磁阀3→自动变速器换挡电磁阀端子5→自动变速器电控单元端子C7→自动变速器电控单元。
　　└→自动变速器电控单元端子C6→自动变速器电控单元。

电磁阀5、电磁阀4和电磁阀6的电路与电磁阀3的工作电路相似，不再重复。

4.自动变速器电控单元与发动机电控单元通信电路

自动变速器电控单元与发动机电控单元通过CAN通信线相连。

（1）CAN高速通信电路　自动变速器电控单元→自动变速器电控单元端子A8（CAN高端子）→连接器C206端子22→连接器C202端子72→连接器C108端子22→发动机电控单元端子B14→发动机电控单元。

（2）CAN低速通信电路　自动变速器电控单元→自动变速器电控单元端子A16（CAN低端子）→连接器C206端子4→连接器C202端子69→连接器C108端子22→发动机电控单元端子B30→发动机电控单元。

四、故障检修

自动变速器电控系统的常见故障与排除如表4-4所示。

表4-4　自动变速器电控系统的常见故障与排除

序号	故障现象	故障原因
1	发动机不能启动	①换挡索线或挡位开关调整不当 ②驻车空挡位置开关损坏
2	操纵手柄从P/N到D或R位时，发动机失速；或减速时发动机失速	①发动机怠速控制不良 ②锁止电磁阀及其电路故障 ③压力控制电磁阀及其电路故障 ④变速器控制模块（ECU）故障 ⑤换挡索线或挡位开关调整不当 ⑥阀体故障

续表

序号	故障现象	故障原因
3	加速不良	① 发动机动力不足 ② 发动机与自动变速器间CAN BUS通信故障 ③ 阀体故障 ④ 自动变速器电控系统故障 ⑤ 自动变速器内部机械故障
4	无1-2升挡 或2-1降挡	① 换挡拉线或挡位开关调整不当 ② 换挡电磁阀2及其电路故障 ③ 变速器控制模块（ECU）故障 ④ 节气门开度信号故障 ⑤ 阀体故障
5	无2-3升挡 或3-2降挡	① 换挡索线或挡位开关调整不当 ② 换挡电磁阀1及其电路故障 ③ 变速器控制模块（ECU）故障 ④ 节气门开度信号故障 ⑤ 阀体故障 ⑥ 自动变速器内部机械故障
6	无3-4升挡 或4-3降挡	① 换挡索线或挡位开关调整不当 ② 换挡电磁阀1及其电路故障 ③ 换挡电磁阀2及其电路故障 ④ 变速器控制模块（ECU）故障 ⑤ 节气门开度信号故障 ⑥ 阀体故障
7	不能锁止	① 锁止电磁阀及其电路故障 ② 制动开关及其线路故障 ③ 变速器控制模块（ECU）故障 ④ 节气门开度信号故障 ⑤ 阀体故障
8	不能强制降挡	① 输出速度传感器信号故障 ② 换挡电磁阀1及其电路故障 ③ 换挡电磁阀2及其电路故障 ④ 正时电磁阀及其线路故障 ⑤ 压力控制电磁阀及其线路故障 ⑥ 变速器控制模块（ECU）故障 ⑦ 节气门开度信号故障
9	换挡点不正确	① 输出速度传感器信号故障 ② 换挡索线或挡位开关调整不当 ③ 压力控制电磁阀及其线路故障 ④ 变速器控制模块（ECU）故障 ⑤ 阀体故障
10	换挡感觉生硬	① 发动机故障 ② 输入速度传感器故障 ③ 变速器油温传感器及其线路故障 ④ 换挡电磁阀1及其电路故障 ⑤ 换挡电磁阀2及其电路故障 ⑥ 正时电磁阀及其线路故障 ⑦ 压力控制电磁阀及其线路故障 ⑧ 锁止电磁阀及其线路故障 ⑨ 变速器控制模块（ECU）故障 ⑩ 发动机水温信号不良 ⑪ 阀体故障 ⑫ 自动变速器油液型号不正确，或油面不正确

第七节　空调系统

一、空调系统概述

汽车空调系统具有制冷、供暖、通风、净化、去湿、除霜等功能，能根据驾乘人员的需要对车内环境的温度、湿度、空气流动速度、方向和洁净度进行调节，给车内的驾乘人员提供一个最舒适的环境，汽车空调按照自动化的程度不同，可分为手动空调、半自动空调和全自动空调三种。

二、空调系统的组成

汽车空调系统主要有制冷系统、供暖系统、通风系统、空气净化系统、操作与控制系统等组成。在阅读汽车空调系统的电路图时，可以把空调系统分为三部分，即信号输入装置、执行器和空调控制单元三部分。

1. 汽车空调系统信号输入装置

（1）温度传感器信号　汽车空调系统温度传感器主要有车外温度传感器、车内温度传感器、冷却液温度传感器、蒸发器温度传感器等传感器。这些温度传感器都采用负温度系数热敏电阻材料制成，传感器的阻值随着温度的升高而减小，即传感器阻值与温度变化成反比。空调控制单元向温度传感器提供5V的工作电压，通过测量与温度传感器串联的电阻电压来确定温度传感器所处的环境温度。空调控制单元将温度传感器输出的温度信号与设定的温度进行对比，并根据对比的结果向各控制继电器发出控制信号，控制空调压缩机的工作或停止。

（2）空调压力开关　空调压力开关用来测量空调系统管路里制冷剂的压力。在制冷剂压力过低或过高时空调压力开关将相应的信号输送到空调控制单元。空调控制单元根据收到的信号关闭空调压缩机继电器和电磁离合器，使空调压缩机停止工作，防止空调压缩机损坏。

（3）阳光照射传感器　阳光照射传感器用来测量阳光的强弱，它是一只光敏电阻，阳光越强，电阻越小；阳光越弱，电阻越大。空调控制单元根据阳光照射传感器信号来修正调温门的位置与鼓风机的转速。

（4）冷却风扇热敏开关　在有的汽车空调系统中利用冷却风扇热敏开关来控制冷却液风扇的运转。冷却风扇热敏开关主要部件是一只负温度系数的热敏电阻，冷却液的温度越高，电阻越小。

在现代的一些汽车空调系统中，还安装了空气质量传感器、烟雾传感器、压缩机转速传感器等传感器。空调控制单元根据这些传感器的信号，使空调系统的工作更能满足人们的要求。

2. 汽车空调系统执行器装置

（1）空调压缩机电磁离合器　空调压缩机电磁离合器安装在空调压缩机上。空调控制单元通过控制电磁离合器的通断电来控制空调压缩机的运转或停止。

（2）鼓风机　鼓风机用来使空气流过蒸发器表面后从各个出风口吹出，实现空气的流动和循环。为了调节鼓风机的转速，常采用：① 通过在鼓风机电路中串联不同的电阻来改变鼓风机两端的电压，控制鼓风机的转速。② 空调控制单元通过控制功率晶体管来改变流至鼓风机的电流从而控制鼓风机的转速。

（3）冷却液风扇　冷却液风扇用来加速空调冷凝器的散热。空调控制单元可以通过控制冷却液风扇电路中继电器的通断来调节串入冷却液风扇电路中的电阻，从而控制冷却液风扇的转速。

（4）出风口风向和风量调节装置　空调控制单元根据驾乘人员的设定，通过控制出风口风向和风量调节装置来控制出风口的风量和风向。

（5）发动机怠速提升装置　发动机怠速提升装置在空调系统打开时，提升发动机怠速时的转速，使发动机输出动力增加，防止发动机熄火。

（6）各类电液阀和保护开关　汽车空调系统中的各类电液阀和保护开关用来调节或保护汽车空调系统，防止汽车空调系统因过载而损坏。

三、广州本田飞度汽车空调系统识图示例

广州本田飞度汽车空调系统的电路如图4-72所示。

1.汽车空调系统信号输入电路

（1）蒸发器温度传感器信号电路　空调控制单元→空调控制单元端子E12→蒸发器温度传感器→空调控制单元端子E4→空调控制单元。

（2）温度传感器信号电路　空调控制单元→空调控制单元端子E14→温度控制刻度盘及温度传感器→空调控制单元端子E4→空调控制单元。

（3）压力开关信号电路　空调控制单元→空调控制单元端子E28→压力开关→A/C开关→鼓风机调速开关→G401/G402接地。

2.汽车空调系统执行器电路

（1）鼓风机电路

① 鼓风机继电器电路　蓄电池"+"→熔断器NO.1（80A）→熔断器NO.3（50A）→点火开关触点→熔断器NO.1（7.5A）→鼓风机继电器线圈→G402接地。此时，鼓风机继电器线圈得电，鼓风机继电器端子1、2接通。

② 鼓风机"1"挡工作电路　蓄电池"+"→熔断器NO.1（80A）→熔断器NO.5（40A）→鼓风机继电器触点1→鼓风机继电器触点2→鼓风机端子1→鼓风机→鼓风机端子2→鼓风机电阻端子2→鼓风机电阻端子3→鼓风机调速开关触点1→G401接地。

③ 鼓风机以"2"挡、"3"挡工作时的电路与"1"挡工作时的电路相比，鼓风机电阻串入电路的电阻依次减小。

④ 鼓风机"4"挡工作时的电路　蓄电池"+"→熔断器NO.1（80A）→熔断器NO.5（40A）→鼓风机继电器触点1→鼓风机继电器触点2→鼓风机调整开关触点4→G401接地。

（2）压缩机离合器电磁阀电路

① 压缩机离合器电磁阀控制电路　蓄电池"+"→熔断器NO.1（80A）→熔断器NO.3（50A）→点火开关→熔断器NO.1（7.5A）→压缩机继电器线圈→空调控制单元端子E18→空调控制单元。

② 压缩机离合器电磁阀工作电路　蓄电池"+"→熔断器NO.1（80A）→熔断器NO.11（20A）→压缩机继电器触点2→压缩机继电器触点1→热保护器→压缩机离合器电磁阀→接地。

（3）冷凝器风扇电动机电路

① 冷凝器风扇电动机控制电路　蓄电池"+"→熔断器NO.1（80A）→熔断器NO.3（50A）→点火开关→熔断器NO.1（7.5A）→冷凝器风扇继电器线圈┬→空调控制单元端子B6→空调控制单元
　　　└→散热器风扇开关→G101接地

此继电器由散热器风扇开关和空调控制单元B6端子共同控制。

② 冷凝器风扇电动机工作电路　蓄电池"+"→熔断器NO.1（80A）→熔断器NO.11（20A）→冷凝器风扇继电器端子2→冷凝器风扇继电器端子1→冷凝器风扇电动机→G301接地。

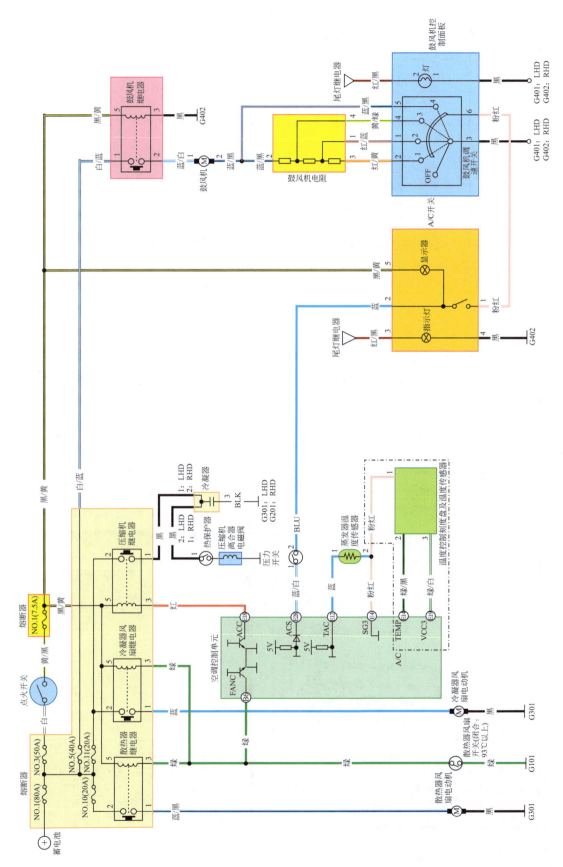

图4-72 广州本田飞度汽车空调系统电路

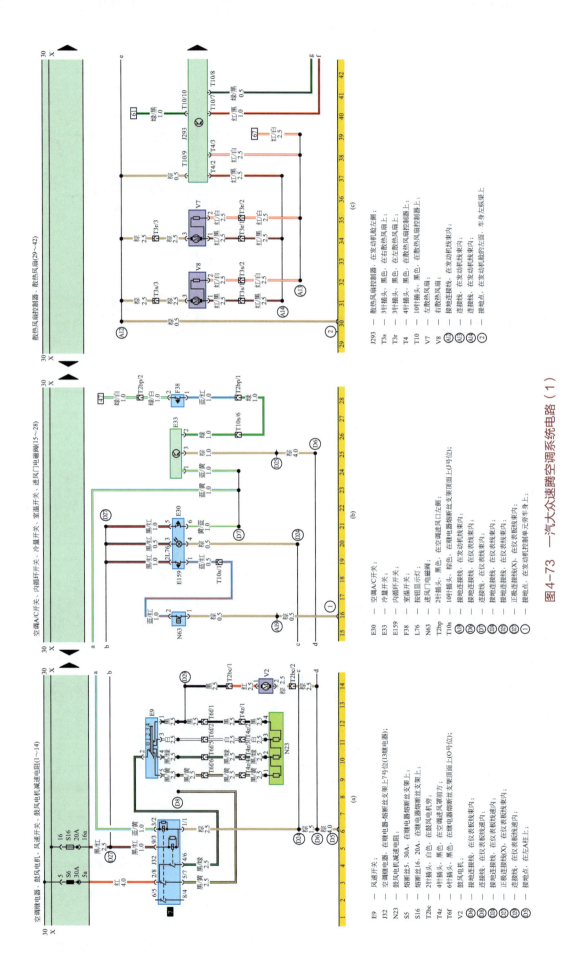

图4-73 一汽大众速腾空调系统电路（1）

（4）散热器风扇电动机电路

① 散热器风扇电动机控制电路　蓄电池"+"→熔断器NO.1（80A）→熔断器NO.3（50A）→点火开关→熔断器NO.1（7.5A）→散热器继电器线圈→散热器风扇开关→G101接地。

② 散热器风扇电动机工作电路　蓄电池"+"→熔断器NO.1（80A）→熔断器NO.10（20A）→散热器继电器端子2→散热器继电器端子1→散热器风扇电动机→G301接地。

（5）鼓风机控制面板指示电路　尾灯继电器→鼓风机控制面板指示灯→G401接地。

（6）A/C开关显示器电路　蓄电池"+"→熔断器NO.1（80A）→熔断器NO.3（50A）→点火开关→熔断器NO.1（7.5A）→显示器→A/C开关→鼓风机调速开关触点→G401接地。

四、一汽大众速腾空调系统识图示例

该电路采用德国大众汽车公司独具特色的纵向排版方式，整个电路上部约1/4部分表示中央继电器板总成，最下面一横线表示接地线，接地线至上部中央继电器板之间从左到右集依次是各种电路元件、开关、连接导线等，接地线下面的数字则把各种电路元件、开关、连接导线在图纸上的唯一位置以数字序号表示出来。在某一序号的位置上通常只对应画一个元件或一根导线。

一汽大众速腾空调电路如图4-73、图4-74所示，从左至右按主要部件的工作情况可分成三大部分：第一部分即图4-73中1～22位置是鼓风机V2的控制电路；第二部分即图4-73、图4-74中

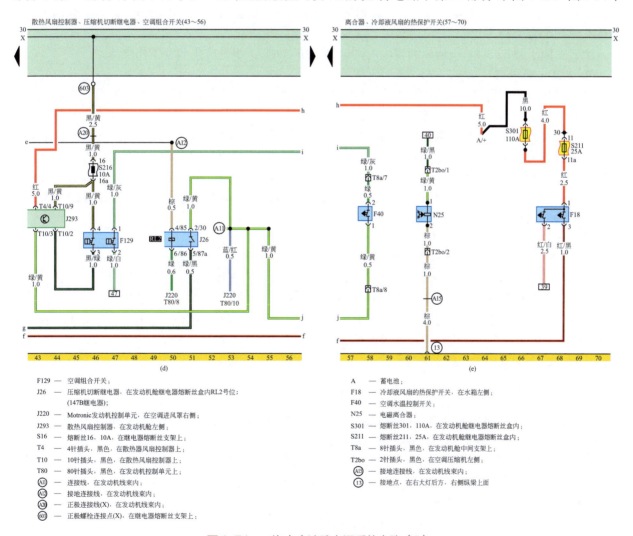

图4-74　一汽大众速腾空调系统电路（2）

从16～58位置是压缩机电磁离合器线圈N25及内循环真空电磁阀N63的控制电路；第三部分即图4-73、图4-74中从31～45及64～68位置为电子风扇V7、V8的控制电路。三方面电路互相联系，互相渗透，构成较完善的整个轿车空调系统的控制电路。

1.鼓风机V2的控制电路

鼓风机除了在制冷系统工作时将冷风吹向车厢内各个角落处，还要用于车厢内的通风与暖气以及前风窗玻璃的除霜去雾等功能的吹风，所以它应该在点火开关接通后即可进行控制操作。根据鼓风机工作情况，鼓风电机电路可分为两种工况，分析如下。

（1）点火开关接通后满足通风或去雾除霜功能的电路分析　根据车辆通风或去雾除霜功能的要求，无论发动机处于熄火还是工作状况，都应满足车辆通风或去雾除霜功能的基本操作。为此只要点火开关接通，中央继电器板内X线将有电，这将导致空调继电器的一组触点进入工作状态，即图4-73、图4-74中J32的3-1脚之间的线圈与对应所控制的触点，其工作状况如下。

合上点火开关，使X线有电，于是X线$^+$→S16→J32/(3-1)→J32/(8-6)$^+$

上式中，X线为中央继电器板中大容量用电设备电源线，当点火开关在启动状态，或熄火，X线都是有电的，用X线右上角加+表示，即X线$^+$；"−"表示某个元件总成内部的连接线；"→"表示各元件之间的连接导线；S16表示第16号熔丝。另外J32/(3-1)分子中J32表示元件名称；分母括号中3与1分别表示J32元件上的3号与1号接线柱；J32右上角的+号表示J32的3-1接线柱之间的线圈得电；而J32/(8-6)$^+$表示J32的8-6脚之间接通；而如果是J32/(8-6)则表示J32的8脚至6脚。以上表示方法在后述文中还常会用到。

上式中由于J32/(3-1)电磁线圈得电，又导致J32/(8-6)$^+$，于是产生如下工作电流。

30号线→S6→J32/(8-6)$^+$→E9/2$^+$

当鼓风机处于任意挡速度运转时，通过操作空调面板上的出风方向控制旋钮，即可改变出风的流动方向，以实现通风、取暖和除霜去雾等不同功能。

（2）空调开关E30接通后鼓风机运转的电路分析　发动机启动后，如果直接接通空调开关E30，而此时如果并没有接通鼓风机开关E9电路，但鼓风机仍将以最低转速自动运转，以保证汽车空调在制冷系统工作后，有循环风吹经蒸发器的散热片及蛇形管的表面，不至于引起因蒸发器表面温度太低而结霜，同时也不至于蒸发器内制冷剂由于吸收不到热量而以液态形式进入压缩机。空调开关E30接通后，鼓风机运转的电路如下。

X线→S16→E30/(5-6)→J32/(2-1)

J32的2-1脚线圈有电，将导致J32/(8-7)$^+$，于是有电流如下。

30号线→S6→J32/(8-7)→N23/(1-4)→V2(1-2)→接地而直接流通

鼓风机以最低转速挡自动运转。此时如果操作鼓风机开关E9，仍可改变V2的转速。

对于一汽大众速腾的空调操作开关，由于在E30不工作时，可单独操作E159，即图4-73、图4-74中16～19位置上，所以在进行取暖或除霜去雾工作时，可进行内外循环工作方式的切换，这一点也是一汽大众速腾在空调操作功能上的独到之处。

2.压缩机电磁离合器线圈N25的控制电路

这里所述的压缩机电磁离合器的控制部分，是指空调E30开关合上后所控制的所有电路。这些电路可分成四个部分，其中有些部分在前述电路中已叙及。

（1）空调继电器J32的控制电路　在发动机工作以后，中央继电器板内30号线、15号线与X号线都已有电，此时合上空调开关E30/(5-6)$^+$便有如下继电器的控制电路。

X线$^+$→S16→E30/(5-6)→J32/(2-1)

J32的(2-1)线圈得电，将导致鼓风机以最低转速运转。

此时如果操作鼓风机开关E9，则可改变V2的转速。

（2）内循环真空继电器线圈N63控制电路　当空调开关E30/（5-6）⁺合上后，则E30/（2-1）⁺的触点也将同步合上，但是开关的这种功能单从图纸的开关符号上是无法确定的，这也是电路图的遗憾之处，在此必须补充说明。所以当E30/（5-6）⁺合上后，即有E30/（2-1）⁺，所以N63控制电路如下。

X线→S16→E30/（2-1）→N63/（2-1）→接地

于是N63接通了控制进气门真空马达的真空气源，真空马达通过拉杆驱动进气风门，使进风门从外循环位置转向内循环位置。

（3）风扇继电器J293的空调开关E30信号电路　当空调开关E30/（5-6）⁺合上后，就有E30空调开关的信号电流通到风扇继电器J293，电路如下。

X线→S16→E30/（5-6）→E33/（1-2）→F38/（1-2）→F129/（2-1）→F40/（2-1）→J293/T10/3

上式中F38为环境温度开关，大约在2℃以上为接通状态，2℃以下断开状态；E33为蒸发器表面防霜开关。F40为发动机高温开关，当发动机水温在120℃以上时切断，120℃以下则接通，F129是安装在储液干燥器上的复合压力开关，其中1与2号脚是在空调系统制冷剂压力大于0.196MPa及小于3.14MPa时接通，而3号与4号脚则在系统制冷剂压力大于1.77MPa时接通，而小于1.37MPa时又切断；但此时尽管风扇继电器J293的T10.3脚已经收到E30开关的工作信号，然而J293对于压缩机电磁离合器N25的控制信号并不马上在J293/T10/10脚输出，它还要受到另外一个信号的控制，所以有下面第（4）方面的电路。

（4）与发动机电脑J220相联系的控制电路　一汽大众速腾在发动机部分虽稍做改动，但总体上仍采用与时代超人相同的电喷发动机2VQS，所以也采用了相同的发动机控制电脑J220，即BOSCH M3.8.2 控制单元。该发动机控制单元J220与空调开关E30相连，还通过安装在发动机舱继电器—熔丝盒内RL2位置上的空调压缩机切断继电器J26与风扇继电器J293/T10/8的脚相连接，对空调实现如下的控制功能。

在发动机正常工况条件下，如果接通空调开关E30，BOSCH M3.8.2控制单元会在接到空调E30信号后140ms内接通压缩机电磁离合器线圈电路，空调便开始工作，由于空调工作要引起发动机输出功率和转速的变化，为此发动机控制单元通过节气门控制部件J338始终维持发动机怠速稳定。另外在下列工况下，发动机控制单元将切断空调压缩机的工作。

当驾驶员急加速把油门突然踩到底时。

当发动机节气门控制器J338处于紧急运行模式时。

当发动机冷却水温度超过120℃时。

为此与发动机电脑J220相联系的控制电路如下。

当发动机工作后，按下空调开关E30，E30通知发动机电脑的信号电流如下。

X线—S16→E30/（5-6）→E33/（1-2）→F38/（1-2）→F129/（2-1）→F40/（2-1）→J220/T80/10

如果发动机电脑不允许空调电路工作，则J220/T80/8脚就会输出低电压信号至J26/86，否则J220/T80/8脚将会输出高电压信号至J26/86，见图4-73、图4-74中50位置，控制J26的触点保持闭合，其工作过程如下。在电路图的50位置上有。

J220/T80/8→J26/（86-85）⁺→接地

如果J26/（86-85）⁺则先前到达J293/T10/3端的空调开关E30工作信号将进一步经过J26/（30-87a）送到J293/T10/8，电流如下。

J293/T10/3→J26/（30-87a）→J293/T10/8

J293/T10/8收到E30/（5-6）⁺信号后立刻在相应输出端J293/T10/10输出高电压至压缩机电磁离合器线圈N25，使N25，压缩机电磁离合器吸合，制冷系统进行循环工作。

空调电子风扇继电器J293的顶面一端有两个熔丝，都是30A的规格，其中一个是电子风扇V7、V8的短路保护控制，另一个是压缩机电磁离合器线圈N25短路保护控制。

3.电子风扇的控制电路

在汽车上,电子风扇安装在发动器散热器的后面,电子风扇的运转及对应转速受到发动机冷却水温度以及空调运转及工况的双重控制,桑塔纳3000空调的电子风扇的控制电路在电路图4-73、图4-74中29～68位置之间,分析如下。

① 当发动机水温达到95℃时,安装在发动机散热器上热敏开关F18的低温挡触点闭合,电路图4-73、图4-74中68号位置上的F18/(1-2)$^+$。

V7、V8低速挡的电流路径如下。

A/+ → S301 → S211 → F18/(1-2)$^+$ → V7/(2-3) → A/– → V8/(2-3)

式中,A/+分子A表示蓄电池;分母中"+"表示蓄电池正极;相应的A/–表示蓄电池负极;于是电子风扇V7、V8以低速挡运转。

② 当发动机冷却温度达到105℃时,电路图4-73、图4-74中67号位置上的F18/(1-3)$^+$,即高速挡触点闭合,于是高速挡电流路径如下。

A/+ → S301 → S211 → F18/(1-3)$^+$ → J293/T10/7

图4-73、图4-74中37-44位置上J293是空调的风扇继电器,主要起到功率的放大与控制作用,用于控制电子风扇V7、V8及压缩机电磁离合器N25。当J293的T10/7脚接到F18/3脚高速挡运转信号后,在37号位置上J293的T4/2,即J293/T4/2输出高电压信号并送至31号位置V8/1脚与34号位置V7脚,于是V7、V8高速运转。

由于仅当发动机冷却液温度足够高,大于等于95℃后,发动机散热器与空调冷凝器的电子风扇就会旋转,所以在高温季节,即使发动机熄火后的较长时间内,电子风扇仍会高速旋转,这主要是发动机冷却水实际温度较高所致,如果发动机实际水温已低于92℃,电子风扇仍在旋转,则可能是F18或风扇电路存在其他故障。

③ 当空调开关E30/(5-6),电子风扇也会低速旋转,分析如下。

在电路图4-73、图4-74中19-21号位置上空调开关E30/(5-6)$^+$后,有电流如下。

X线 → S16 → E30/(5-6) → E33/(1-2) → F38/(1-2) → F129/(2-1) → F40/(2-1) → J293/T10/3

而当J293/T10/3脚接到信号后,J293相对应的J293/T4/3输出端输出高电压信号至V7、V8的2脚,使V7、V8以低速挡运转。以上分析可见,只要空调开关E30合上,电子风扇就会低速运转,以满足空调工作时对冷凝器的散热要求。

④ 运行中的空调系统在高压压力达到1.77MPa时,电子风扇也会高速旋转。分析如下。

如果运行中的空调系统在高压压力达到1.77MPa时,则安装在储液干燥器上的复合压力开关F129/(4-3)$^+$,(图4-73、图4-74中46号位置上)于是有电流如下。

X线 → S216 → F129/(4-3) → J293/T10/2

当J293/T10/2接收到信号后,就会控制其相应输出端T4/2输出高电压,该高电压通至V7、V8的1号脚,使V7、V8以高速挡转速旋转,以加大冷凝器的散热速度,直至系统压力下降到1.37MPa时F129的4-3脚断开,电子风扇又恢复低速挡运转。

第八节 防盗系统

一、防盗系统的组成及工作原理

汽车上的防盗系统主要是用来增加盗车的难度和延长盗车的时间。汽车防盗系统按照防盗的形成可分为机械式、电子式和网络式三种。目前在汽车上运用最多的为电子式防盗系统。电子式防盗系统由开关和传感器、防盗电控单元、执行器三部分组成，其组成示意图如图4-75所示。当防盗系统确认车辆被非法入侵时防盗控制单元就会令警报器发出刺耳的警报音，同时还令警报灯发光耀眼的闪光，以引起行人的注意，恐吓盗贼，使其主动放弃。当车辆被非法启动时，防盗系统电控单元会令发动机电控单元切断启动点火和燃油喷射系统的电路使发动机无法启动。

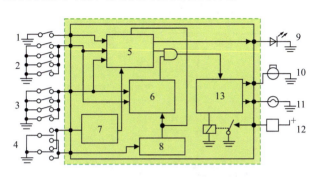

图4-75 汽车防盗系统的组成

1—钥匙存在开关；2—开门开关；3—锁门开关；4—钥匙操作开关；5—警报状态设置；6—是否盗贼检测；7—30s定时器；8—解除警报状态；9—LED指示灯；10—警报器；11—警报灯；12—启动断电器；13—警报控制

二、防盗系统识图示例

上海通用别克凯越汽车防盗系统的电路如图4-76所示。

要诀20：防盗器是啥作用，盗车之贼不欢迎，防盗系统有三种，电子防盗是常用，车辆被非法入侵时，警报响并闪光，吓得盗贼无处藏，车辆被非法启动时，发动机无法启动不用疑。

1.防盗电控单元电路

（1）防盗电控单元电源电路　防盗电控单元电源电路有两条。电路一：持续通电→发动机熔断器盒熔断器Ef1（30A）→连接器C105端子2→连接器C202端子56→仪表板熔断器盒熔断器F15（10A）→防盗电控单元端子25→防盗电控单元。电路二：运行和启动时通电→仪表板熔断器盒熔断器F12（10A）→防盗电控单元端子15→防盗电控单元。

（2）防盗电控单元接地电路　防盗电控单元→防盗电控单元端子2→G301接地。

2.防盗系统信号输入电路

各门锁开关、车门接触开关、开启开关、防盗接收器等信号装置向防盗电控单元输送信号。

（1）车门接触开关信号电路　各车门接触开关→连接器S301端子18、17、16、19→连接器S301端子15→防盗电控单元端子8→防盗电控单元。

（2）防盗门锁开关信号电路　防盗电控单元→防盗电控单元端子12→防盗门锁开关端子4→防盗门锁开关端子2→G303接地。其余两防盗门锁开关信号输入电路与上面所述基本相同。

（3）发动机罩开启开关信号电路　持续通电→发动机熔断器盒熔断器Ef16（10A）→发动机罩开启开关→防盗电控单元。

（4）行李厢盖开关信号电路　防盗电控单元接收器端子24控制行李厢盖开关。

3.防盗系统执行器工作电路

（1）警报器工作电路　持续通电→发动机熔断器盒熔断器Ef16（10A）→警报器→防盗电控单元端子1→防盗电控单元。

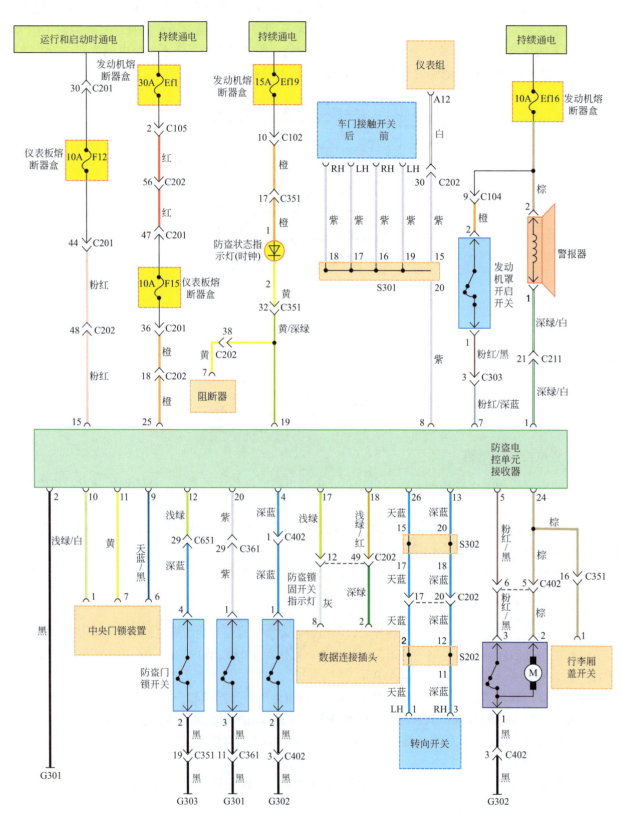

图4-76 上海通用别克凯越防盗系统电路

（2）防盗状态指示灯电路　持续通电→发动机熔断器盒熔断器Ef19（15A）→防盗状态指示灯→防盗电控单元端子19→防盗电控单元。

（3）中央门锁装置电路　防盗电控单元→防盗电控单元端子10、11、9→中央门锁装置。

4.防盗电控单元诊断电路

防盗电控单元诊断电路：防盗电控单元→防盗电控单元端子17、18→数据连接器插头。

三、故障检修

防盗系统的常见故障及排除如表4-5所示。

表4-5　防盗系统的常见故障及排除

故障现象	可能的故障原因
防盗系统无法设置	检查是否输出防盗警报ECU通信故障码
	安全指示灯电路
	防盗警报ECU电源电路
	驾驶员侧车门钥匙锁止/解锁开关
	发动机罩开启开关电路
	防盗警报ECU总成
设置防盗系统时，防盗状态指示灯不闪烁	防盗状态指示灯电路
	防盗警报ECU总成
将点火开关置于ON位置时，警报鸣响状态不能取消	解锁警告开关电路
	防盗警报ECU总成
即使某一车门开启，防盗系统仍可启用	中央门锁装置
	防盗警报ECU总成
防盗系统报警时，危险警告灯不闪烁	线束
	转向信号闪光灯总成
	防盗警报ECU总成
防盗系统报警时，警报器不鸣响	警报器电路
	防盗警报ECU总成
即使没有设置防盗系统，危险警告灯也会闪烁	线束
	转向信号闪光灯总成
	防盗警报ECU总成

第九节　安全气囊系统

一、安全气囊系统概述

汽车安全气囊系统简称SRS，按照保护的方向可以分为正面安全气囊和侧面安全气囊。正面安全气囊常安装在驾驶员前端方向盘的装饰板内和副驾驶员杂物箱上端；侧面安全气囊为帘式安全气囊常安装在A柱与车顶纵梁的内衬里。当汽车发生碰撞时，安全气囊展开挡在车体和驾乘人员之间，保障驾乘人员的安全，减少碰撞时巨大惯性对驾乘人员造成的伤害。

二、安全气囊系统的组成及工作原理

汽车安全气囊系统由信号输入装置（碰撞传感器）、执行器（安全气囊组件）和安全气囊控制单元等组成。安全气囊控制单元是安全气囊系统的核心，在识读电路图时可先从安全气囊控制单元开始。安全气囊系统的工作原理如图4-77所示。

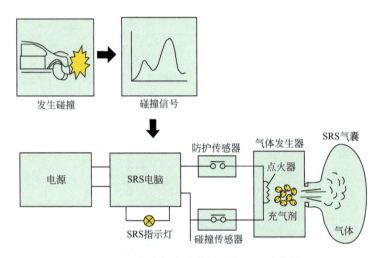

图4-77　安全气囊系统的工作原理示意图

1.汽车安全气囊信号输入装置

汽车安全气囊信号输入装置主要是指安全气囊碰撞传感器，包括前碰撞传感器、侧面碰撞传感器、中央碰撞传感器和安全传感器。这些碰撞传感器在汽车发生碰撞时把碰撞信号输送到安全气囊控制单元，安全气囊控制单元根据该信号来打开安全气囊。

2.汽车安全气囊执行器

汽车安全气囊执行器主要是指安装在汽车各部位的安全气囊组件。安全气囊组件主要由充气装置、气囊、外壳等组成。在汽车发生碰撞时，安全气囊控制单元引爆充气装置中的引爆装置，引爆装置产生高温使气体发生剂迅速产生大量气体经过滤后充入气囊，使气囊在瞬间展开。驾驶员侧的安全气囊组件安装在方向盘上，通过螺旋电缆与安全气囊控制单元相连。

3.汽车安全气囊控制单元

安全气囊控制单元是安全气囊系统的控制中心，它根据碰撞传感器信号判断汽车是否发生了碰撞

及碰撞的强度，并确定是否输出引爆信号给安全气囊充气。安全气囊控制单元由安全气囊备用电源、引爆电路、安全气囊自诊断电路等组成。

安全气囊备用电源由电源控制电路和容量较大的储能电容组成。在汽车正常运行时，蓄电池通过充电电路向储能电容充电，使储能电容始终储存有电量。当蓄电池供电电路因发生碰撞而损坏时，备用电源里储存的电能可及时释放出来，足以引爆气体发生剂，使气囊膨胀充气。

三、安全气囊系统识图示例

北京现代汽车安全气囊系统的电路如图4-78所示。

1. 安全气囊系统信号输入电路

（1）驾驶员侧碰撞传感器信号电路　驾驶员侧碰撞传感器端子2和1分别与安全气囊控制单元端子55和56相连，安全气囊控制单元根据接收到的信号进行分析、判断、处理。

（2）乘客侧碰撞传感器信号电路　乘客侧碰撞传感器信号输出端1和2分别与安全气囊控制单元端子57和58相连，其根据接收到的信号进行分析、判断、处理。

（3）驾驶员侧安全带开关信号电路　ON/ST电源→熔断器16（10A）→驾驶员侧安全带开关→安全气囊控制单元端子65→安全气囊控制单元。

（4）乘客侧安全带开关信号电路　ON/ST电源→熔断器16（10A）→乘客侧安全带开关→安全气囊控制单元端子64→安全气囊控制单元。

2. 安全气囊控制单元电路

（1）安全气囊控制单元电源电路　ON/ST电源→熔断器16（10A）→安全气囊控制单元端子50→安全气囊控制单元。

（2）安全气囊控制单元接地电路　安全气囊控制单元→安全气囊控制单元端子48→G10接地。

3. 安全气囊系统执行器电路

（1）驾驶员侧安全气囊工作电路　安全气囊控制单元→安全气囊控制单元端子47→螺旋弹簧→驾驶员侧安全气囊→螺旋弹簧→安全气囊控制单元端子46→安全气囊控制单元。

（2）驾驶员侧侧面安全气囊工作电路　安全气囊控制单元→安全气囊控制单元端子39→驾驶员侧侧面安全气囊→安全气囊控制单元端子38→安全气囊控制单元。

（3）乘客侧安全带锁紧器工作电路　安全气囊控制单元→安全气囊控制单元端子41→乘客侧安全带锁紧器→安全气囊控制单元端子40→安全气囊控制单元。

4. 安全气囊警告灯电路

ON/ST电源→熔断器11（10A）→连接器I/P-L端子5→连接器112-2端子5→安全气囊警告灯→连接器I/P-K端子3→安全气囊控制单元端子49→安全气囊控制单元。

5. 安全气囊系统诊断电路

安全气囊控制单元→安全气囊控制单元端子72→乘客侧接线盒→侧门诊断连接器。

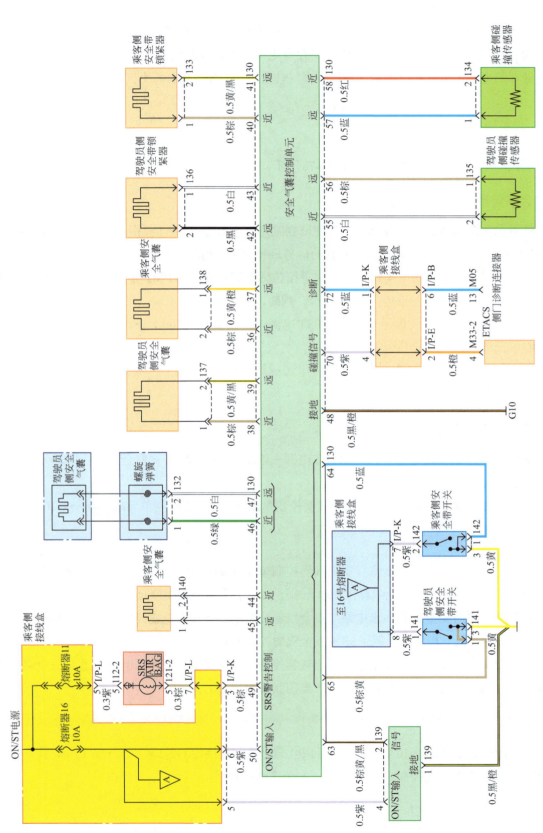

图4-78 北京现代汽车安全气囊系统电路

四、故障检修

安全气囊系统的常见故障及排除如表4-6所示。

表4-6 安全气囊系统的常见故障及排除

故障现象	可能的故障原因
点火开关在ACC或ON位置时，6s后SRS警告灯有时会亮	SRS警告灯故障 安全气囊控制单元故障
点火开关在LOCK位置时，SRS警告灯一直亮 点火开关在ACC或ON位时，SRS警告灯不亮	
没有故障码显示	ON/ST端子电路故障
在进行故障码检测时，SRS警告灯一直亮	
诊断座端子未连接时，有故障码显示	

第十节　中央门锁系统

一、中央门锁系统概述

汽车中央门锁系统的最基本功能是钥匙联动锁门和开锁。驾驶员可以在锁住或打开自己车门的同时锁住或打开其他的车门，这样既为驾驶员提供了方便，又提高了汽车安全性。

二、中央门锁系统的组成及工作原理

汽车中央门锁系统按照中央门锁控制器可以分为继电器式、集成电路—继电器式、中央门锁控制单元控制式等。中央门锁系统一般由门锁控制开关、钥匙操纵开关、各门锁总成、行李箱开启器和门锁控制器等组成。中央门锁系统常和汽车防盗系统联合使用。

当用钥匙转动驾驶员侧锁芯进行开锁或锁止时，门锁开关中的开锁或锁止触点闭合，把开锁或锁止信号输送到中央门锁控制单元或直接控制其他门锁总成打开或锁止车门。当用遥控器打开或锁止车门时，遥控门锁接收器接收遥控器发出的信号，并把该信号输送到中央门锁控制单元，门锁控制单元控制各车门门锁总成打开或锁止车门。

三、中央门锁系统识图示例

一汽丰田威驰汽车中央门锁系统电路如图4-79所示。

1.中央门锁控制继电器电路

（1）中央门锁控制继电器电源电路　蓄电池"+"→熔断器盒熔断器ALT（100A）→熔断器D/L（25A）→中央门锁控制继电器端子4→中央门锁控制继电器。

（2）中央门锁控制继电器接地电路　中央门锁控制继电器→中央门锁控制继电器端子8→IB接地。

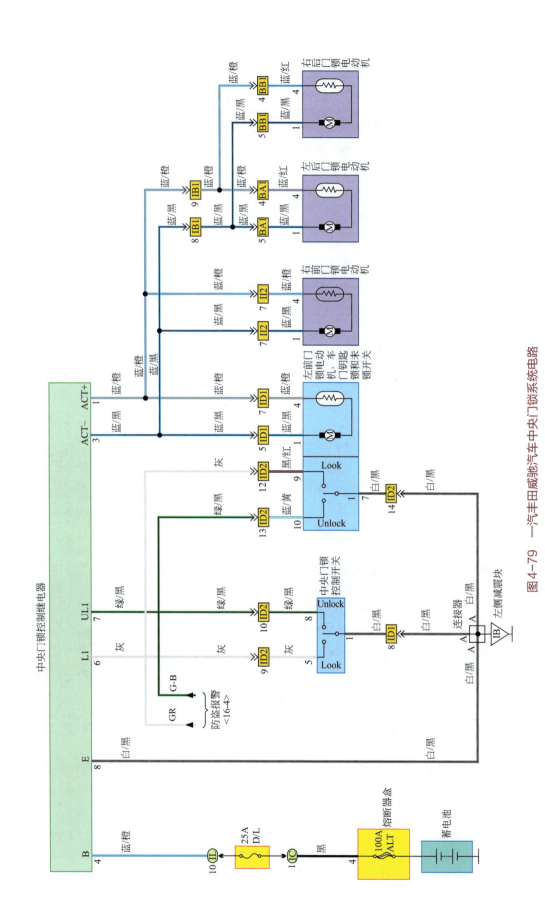

图4-79 一汽丰田威驰汽车中央门锁系统电路

2.汽车中央门锁系统开锁电路

（1）中央门锁系统开锁信号电路　中央门锁控制继电器→中央门锁控制继电器端子7→中央门锁控制开关"Unlock"触点→IB接地。

（2）中央门锁系统开锁电路

左前门锁开锁电路：中央门锁控制继电器→中央门锁控制继电器端子ACT+→左前门锁电动机车门钥匙锁和未锁开关端子4→左前门锁电动机电阻→左前门锁电动机→左前门锁电动机端子1→中央门锁控制继电器端子ACT-→中央门锁控制继电器。

右前门锁开锁电路：中央门锁控制继电器→中央门锁控制继电器端子ACT+→右前门锁电动机端子4→右前门锁电动机电阻→右前门锁电动机→右前门锁电动机端子ACT-→中央门锁控制继电器端子1→中央门锁控制继电器。

左后门锁开锁电路：中央门锁控制继电器→中央门锁控制继电器端子ACT+→左后门锁电动机端子4→左后门锁电动机电阻→左后门锁电动机→左后门锁电动机端子1→中央门锁控制继电器端子ACT-→中央门锁控制继电器。

右后门锁开锁电路：中央门锁控制继电器→中央门锁控制继电器端子ACT+→右后门锁电动机端子4→右后门锁电动机电阻→右后门锁电动机→右后门锁电动机端子1→中央门锁控制继电器端子ACT-→中央门锁控制继电器。

3.中央门锁系统锁止电路

（1）中央门锁系统锁止信号电路　中央门锁控制继电器→中央门锁控制继电器端子6→连接器ID2端子9→中央门锁控制开关"Lock"触点→连接器ID1端子8→IB接地。

（2）中央门锁系统锁止电路　中央门锁系统各车门锁止电路与开锁电路相同，流经各门锁电动机的电流相反。

4.故障检修

故障现象：左前门锁不上/打不开、左后门锁不上/打不开、右前门锁不上/打不开、右后门锁不上/打不开、所有门都锁不上/打不开。

一般故障原因：

① 门锁电动机损坏；

② 车门钥匙锁和未锁开关损坏；

③ 中央门锁控制开关损坏；

④ 中央门锁控制断电器损坏；

⑤ 保险丝烧断。

简易测量方法：

① 检查保险丝有无烧断；

② 有万用表欧姆挡测量门锁电动机的电阻值是否正常；

③ 有万用表欧姆挡分别测量门锁控制开关和车门钥匙锁和未锁开关相应的端子之间是否导通良好；

④ 检查继电器连接线是否完好，重点是电源线和搭铁线；

⑤ 更换门锁控制继电器进行试验。

第十一节　巡航控制系统

一、巡航控制系统概述

汽车巡航控制系统又称为恒速控制系统、速度控制系统、自动驾驶系统，是根据驾驶员预先设定的行驶速度自动调节发动机节气门开度，改变发动机的动力输出，使车辆按设定速度匀速行驶的装置。在汽车进行巡航行驶时，巡航控制系统能根据汽车行驶阻力的变化自动调节节气门开度，无需驾驶员频繁踩动油门踏板，这样就大大减轻了驾驶员的疲劳。

二、巡航控制系统的组成及工作原理

汽车巡航控制系统是闭环控制系统，主要由传感器（车速传感器、发动机转速传感器）、控制开关（巡航开关，主要开关速度设定开关）、汽车巡航控制单元和执行器等部件组成。在汽车巡航控制系统工作时，巡航控制单元通过对比速度设定开关设定的巡航速度与车速传感器输入的实际车速，计算出两个车速间的差值，确定节气门开度的大小，控制执行机构调节节气门开度的大小，将实际车速迅速调节到驾驶员设定的车速，实现汽车的恒速行驶。巡航控制系统工作原理如图4-80所示。

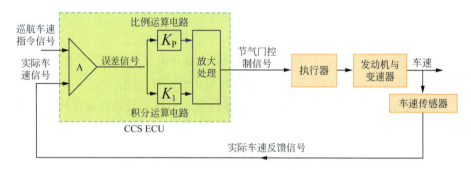

图4-80　巡航控制系统工作原理

汽车巡航控制系统工作要满足两个条件：一是最低车速限制，一般的车型为40km/h，也有的车型有更高的车速要求；二是汽车要有一定的负载，即汽车的驱动轮要与地面相接触。若要是用举升机将驱动轮举起，则巡航控制系统不起作用。

三、巡航控制系统识图示例

一汽丰田皇冠汽车巡航控制系统的电路如图4-81所示。

1. 汽车巡航控制系统信号电路

（1）车速传感器信号电路　组合仪表盘→车速传感器→巡航控制单元端子20→巡航控制单元。

（2）节气门位置传感器信号电路　节气门位置传感器→巡航控制单元端子23→巡航控制单元。

（3）制动灯开关信号电路　当踩下制动器时，制动开关闭合，此时巡航控制单元→巡航控制单元端子1→制动灯开关触点→巡航控制单元端子16→巡航控制单元。

（4）离合器开关信号电路　对于手动变速的车来讲，当离合器开关闭合时，离合器开关信号电路：蓄电池"+"→熔断器ALT→熔断器AMI→点火开关"START"触点→熔断器ST→离合器开关触点→巡航控制单元端子2→巡航控制单元。

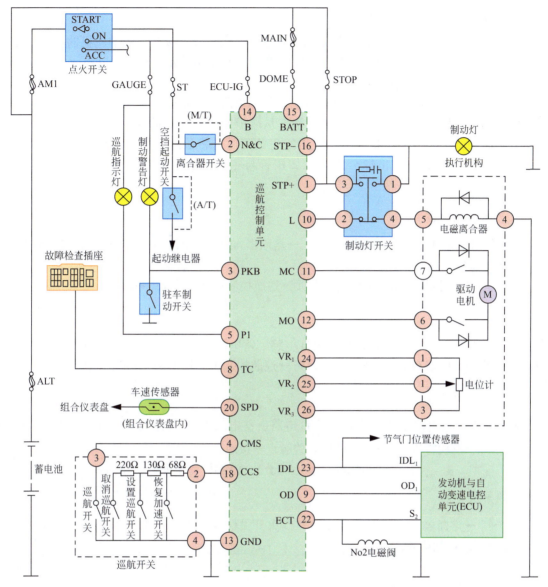

图4-81　一汽丰田皇冠汽车巡航控制系统电路图

（5）巡航开关信号电路

① 当巡航主开关按下时，巡航主开关信号电路：巡航控制单元→巡航控制单元端子4→巡航开关端子3→巡航主开关→巡航开关端子4此处分两路，一路经巡航控制单元端子GND接地，另一路直接通过车身搭铁接地。

② 当需要取消巡航控制时，按下取消巡航控制开关，此时取消巡航开关信号电路：巡航控制单元→巡航控制单元端子18→巡航开关端子2→68Ω电阻→130Ω电阻→220Ω电阻→取消巡航开关→巡航开关端子4此处分两路，一路经巡航控制单元端子GND接地，另一种直接通过车身搭铁接地。

③ 当设置巡航开关按下时，设置巡航开关信号电路：巡航控制单元→巡航控制单元端子18→巡航开关端子2→68Ω电阻→130Ω电阻→设置巡航开关→巡航开关端子4此处分两路，一路经巡航控制单元端子GND接地，另一路直接通过车身搭铁接地。

④ 当按下恢复加速开关时，恢复加速开关信号电路：巡航控制单元→巡航控制单元端子18→巡航开关端子2→68Ω电阻→恢复加速开关→巡航开关端子4此处分两路，一路经巡航控制单元端子GND接地，另一路直接通过车身搭铁接地。

2.汽车巡航控制系统执行机构电路

（1）电磁离合器线圈电路　电磁离合器线圈通电令电磁离合器接合，驱动电机的动力经电磁离合器传递驱动节气门打开或关闭。电磁离合器线圈电路：巡航控制单元→巡航控制单元端子10→制动灯开关常闭触点→电磁离合器线圈→接地。

（2）驱动电机电路　电位计串联在驱动电机工作的电路中，在驱动电机工作时，电位计滑臂随减速机构、控制臂或拉索移动，将执行机构工作情况从端子25反馈给巡航控制单元。巡航控制单元根据反馈信号电压的高低即可诊断出执行机构是否发生故障，并将故障编成故障代码储存在巡航控制单元里。巡航控制单元的端子11和12分别通过二极管与驱动电机的两端相连，从而控制驱动电机正转、反转。

3.巡航控制单元电路

（1）巡航控制单元电源电路　蓄电池"+"→熔断器ALT→熔断器MAIN→熔断器DOME→巡航控制单元端子15→巡航控制单元。

（2）巡航控制单元接地电路　巡航控制单元→巡航控制单元端子13→接地。

4.巡航指示灯电路

当点火开关置于"ON"挡时，巡航指示灯电路：蓄电池"+"→熔断器ALT→熔断器AMI→点火开关"ON"触点→熔断器GAUGE→巡航指示灯→巡航控制单元端子5→巡航控制单元。

5.制动警告灯电路

当点火开关置于"ON"挡时，制动警告灯电路：蓄电池"+"→熔断器ALT→熔断器AMI→点火开关"ON"触点→制动警告灯→驻车制动开关触点→接地。
　　　　　　　　　　　　　　　　　　　　　　　└→巡航控制单元端子3→巡航控制单元。

6.离合器开关电路

蓄电池"+"→熔断器ALT→熔断器AMI→点火开关触点→熔断器ST→离合器开关触点→巡航控制单元端子2→巡航控制单元。

四、故障检修

巡航系统的常见故障及排除如表4-7所示。

表4-7　巡航系统的常见故障及排除

故障现象	可能的故障原因
车速不能设置，巡航指示灯亮起	巡航控制开关电路
	车速传感器电路
	组合仪表
	制动灯开关电路
	离合器开关电路A/T
	若上述部位检查完毕且证明各部位均正常，但症状仍然出现，则应更换巡航控制单元

续表

故障现象	可能的故障原因
巡航控制系统在工作时被取消	制动灯开关电路
	离合器开关电路
	巡航控制开关电路
	车速传感器电路
	组合仪表
	若上述部位检查完毕且证明各部位均正常，但症状仍然出现，则应更换巡航控制单元
车速不能设置，巡航指示灯不亮	制动灯开关电路
	离合器开关电路 A/T
	车速传感器电路
	组合仪表
	巡航控制开关电路
	巡航指示灯电路
	若上述部位检查完毕且证明各部位均正常，但症状仍然出现，则应更换巡航控制单元
可以设定车速，巡航指示灯不亮	巡航指示灯电路
	若上述部位检查完毕且证明各部位均正常，但症状仍然出现，则应更换巡航控制单元
拉回巡航控制主开关不能取消巡航控制（巡航指示灯一直亮）	巡航控制开关电路
	若上述部位检查完毕且证明各部位均正常，但症状仍然出现，则应更换巡航控制单元
拉回巡航控制主开关不能取消巡航控制（巡航指示灯熄灭）	更换巡航控制单元
当车速降到低于速度下限时，巡航控制没有取消（巡航指示灯一直亮）	车速传感器电路
	若上述部位检查完毕且证明各部位均正常，但症状仍然出现，则应更换巡航控制单元
当车速降到低于速度下限时，巡航控制没有取消（巡航指示灯熄灭）	更换巡航控制单元
踩下制动踏板不能取消巡航控制（巡航指示灯一直亮）	制动灯开关电路若上述部位检查完毕且证明各部门均正常，但症状仍然出现，则应更换巡航控制单元
踩下离合器踏板不能取消巡航控制（巡航指示灯熄灭）	离合器开关电路 A/T
	若上述部位检查完毕且证明各部位均正常，但症状仍然出现，则应更换巡航控制单元
踩下离合器踏板不能取消巡航控制（巡航指示灯一直亮）	更换巡航控制单元
移动换挡杆不能取消巡航控制	变速器挡位传感器电路
	若上述部位检查完毕且证明各部位均正常，但症状仍然出现，则应更换巡航控制单元
抖动（车速不稳定）	车速传感器电路
	组合仪表
	若上述部位检查完毕且证明各部位均正常，但症状仍然出现，则应更换巡航控制单元
巡航指示灯始终闪烁	TC 和 CG 端子电路
	若上述部位检查完毕且证明各部位均正常，但症状仍然出现，则应更换巡航控制单元

第十二节 仪表系统

一、仪表系统概述

为了能使驾驶员随时掌握车辆各工作部位的运行状况，并能及时地发现和排除潜在的故障，在驾驶员座位前方的仪表板上安装了各种显示仪表用来显示车辆工作部位的运行状况和运行参数，包括仪表、指示灯和蜂鸣器等。在有些车辆上用显示屏代替显示仪表直接显示文字、图像等信息。

二、仪表系统的组成及工作原理

汽车仪表系统主要由安装在汽车上各部位的传感器、仪表板上的各种显示仪表和位于各控制单元中的仪表显示信号电路等组成。仪表显示电路通常由相应的传感器或控制单元中的仪表显示信号电路与仪表串联而成。在有的仪表上，为了使仪表工作更加稳定，在仪表显示电路中接有稳压器，保持仪表两端的电压稳定在 8.6～10V。

指示灯常用来指示系统的工作状况或发出警告。由于仪表板上的指示灯众多，为了便于区分常采用不同颜色的指示灯。绿色指示灯一般用于指示正常的工作状态，例如转向指示灯、电源指示灯等；红色指示灯一般用于发出警告或需要对系统进行检修，例如机油压力过低警告指示灯、冷却液温度过高指示灯、发电机充电指示灯、ABS 报警指示灯等；橘黄色指示灯一般用于指示工况或发出警告，例如发动机故障指示灯、制动液液位低报警灯、制动摩擦片更换提示灯、驻车制动提示灯等。可以通过把点火开关置于"ON"位但不启动发动机来检查指示灯是否烧毁，如果正常，所有指示灯都应点亮。

三、仪表装置系统识图示例

桑塔纳3000系列轿车仪表板上主要有车速里程表、转速表、冷却液温度表和燃油表、ABS 故障警告灯、制动装置警告灯、润滑油压力警告灯、冷却液液面警告灯及充电指示灯、远光指示灯、后窗加热器开关指示灯，另外还有雾灯开关、后窗加热器开关、危险报警闪光灯开关、空调开关，以及收放机、点烟器、杂物箱、电子钟、空调出风口等，如图4-82所示。仪表板夜间显示采用导光装置、透过式标度盘和导光指针，照明清晰、美观、富有立体感。该仪表板的主要特点是采用了薄膜印刷线路板，容易检查和发现故障，维修方便。

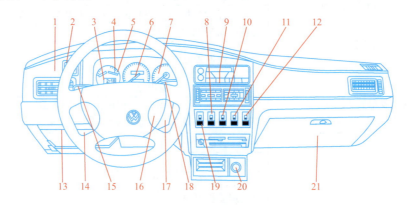

图4-82　仪表板

1—出风口；2—灯光开关及仪表板照明调节器；3—电子钟；4—冷却液温度表和燃油表；5—信号灯；6—车速里程表；7—转速表；8—后窗加热器开关；9—收放机；10—危险报警闪光灯开关；11—防盗装置指示灯；12—ABS 指示灯；13—熔丝护板壳；14—阻风门拉钮（电喷发动机无此拉钮）；15—转向信号灯及变光拨杆开关；16—喇叭按钮；17—转向器锁/点火开关；18—风窗刮水器及清洗器拨杆开关；19—雾灯开关；20—点烟器；21—杂物箱

桑塔纳3000系列轿车组合仪表盘的组成如图4-83所示，电路图如图4-84所示。

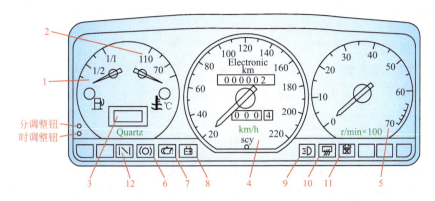

图4-83　桑塔纳3000系列轿车组合仪表盘的组成

1—燃油表；2—冷却液温度表；3—液晶电子钟；4—电子车速里程表；5—电子转速表；6—制动装置警告灯；7—机油压力警告灯；
8—充电指示灯；9—远光指示灯；10—后窗加热器开关指示灯；11—冷却液液面警告灯；12—阻风门指示灯

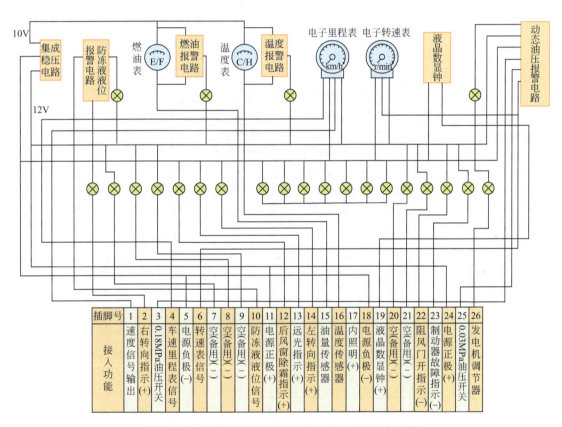

图4-84　桑塔纳3000系列轿车组合仪表盘的电路图

组合仪表的技术参数如下。

① 标称电压　12V，DC。

② 电子车速里程表　传动比为1∶975，指示速度范围为20～220km/h，里程累计为0～999999km，单程累计为0～999.9km。

③ 电子转速表　满刻度频率为233.3Hz，指示转速范围为0～7000r/min。

④ 温度表　指示温度范围为70～130℃，高温报警为124℃（红色报警灯闪亮）。

⑤ 燃油表　指示油箱燃油的量，指示的刻度为0～1/2～1（油箱容积）。当油箱内剩油量只有9L左右时，橙色警告灯发亮。

⑥ 低油压报警开关　常闭式，压力报警值为0.03MPa；常开式，压力报警值为0.18 MPa。

⑦ 电子液晶数显钟　4位7段，显示时、分，中间二点不闪动，具有12小时和24小时两种时制，可任意选择。

⑧ 组合仪表　质量为1.23千克。

⑨ 传感器的主要技术参数　电子车速里程表转速传感器的方榫轴每转输出的脉冲：6个输出插座。电子转速表用的传感器，是利用发动机点火系中插头输出脉冲信号而工作的，其波形为尖脉冲，幅度为（165±15）V。

1.转速表

桑塔纳3000系列轿车采用电子式发动机转速表，转速信号取自点火线圈"—"端子，如图4-85所示。当点火线圈初级电流接通或切断时，产生的脉冲信号经中央线路板、仪表盘印刷电路、仪表盘白色14孔插座进入转速表控制电路。控制电路为数字集成电路，脉冲信号经集成电路处理后，由转速表指针指示出发动机转速值。在转速表的背面，有一个黑色3孔插座，该插座与印制电路连接。

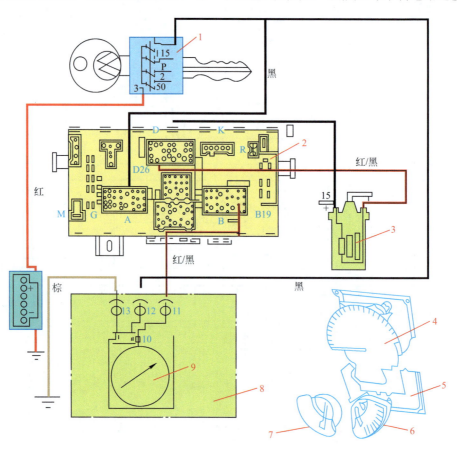

图4-85　转速表接线图

1—点火开关；2—中央线路板；3—点火线圈；4—转速表；5—支架；6—燃油表；7—冷却液温度表；8—仪表板；9—转速表；10—黑色3孔插座；11—白色14孔插座；12—黑色14孔插座；13—白色14孔插座

2.车速里程表

桑塔纳3000系列采用电子车速里程表，如图4-86所示。它主要由动圈式车速测量机构8、行星齿轮减速传动机构带动的十进制记录里程数字轮4、处理与速度有关的脉冲信号用线路板组合5、接受与速度有关的霍尔型转速传感器以及步进电动机6等组成。

电子里程表是以动圈式测量机构指示车速，步进电动机通过行星齿轮系减速数字轮记录里程，安装在变速器后部的车速传感器，将车速转化为脉冲信号，经由电子元器件组成的电路处理后，输出电流驱动动圈式测量机构，带动指针偏转一定的角度。由于车速传感器产生的脉冲频率经电路处理后，与输出的电流相对应，因此指针指示相应的车速，而里程记录是将输入的脉冲频率，由电路分频处理后，驱动步进电动机，经行星齿轮减速分别累计里程及日程里程。

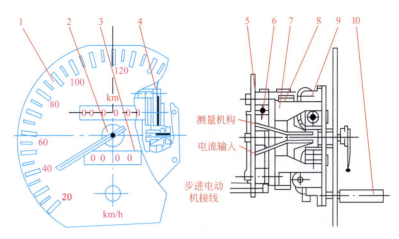

图4-86　电子车速里程表

1—刻度盘；2—指针组合；3—里程计数器；4—行星齿轮系；5—线路板组合；6—步进电动机；
7—座架；8—动圈式测量机构；9—计数器组合；10—日程复位机构

3.燃油表

桑塔纳3000系列轿车采用电热式燃油表，燃油表传感器为滑动电阻式，如图4-87所示。燃油表与冷却液温度表及其指示灯共用一个稳压电源，仪表工作电压为9.5～10.5V。

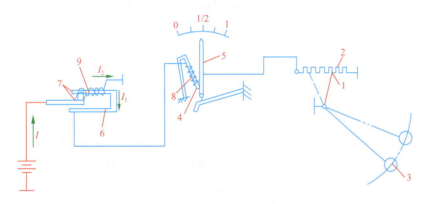

图4-87　电热式燃油表

1—滑动接触片；2—可变电阻；3—浮子；4—双金属片；5—燃油表指针；6—稳压器双金属片；
7—触点；8—燃油表电阻丝；9—稳压器电阻丝

电流自蓄电池经稳压器的双金属片6、燃油表电阻丝8、燃油表传感器的可变电阻2和滑动接触片1，最后回到蓄电池。当燃油箱中的油面高度和浮子3处于最低置时，滑动接触片1位于可变电阻2的右端，此时电阻最大（560Ω）而电流最小，电阻丝8散发的热量也最少，使得双金属片4产生较小的变形，指针5处于"0"位；反之，当燃油箱中的油加满时，电阻最小（50Ω）而电流最大，指针移至燃油表最右端的"1"位。

如图4-88所示，燃油表传感器上有一根棕色导线接地，变阻信号经紫/黑色导线进入中央线路板E5接点，通过中央线路板内部结构与B3接点相导通，经紫/黑色导线经过仪表板白色14孔插座进入仪表板印刷线路板与燃油表连接，燃油表电源由稳压器输出端A供给。

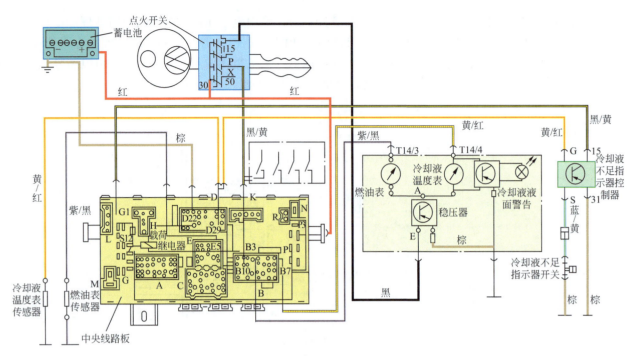

图4-88 燃油表、冷却液温度表等的接线图

4. 冷却液温度表

桑塔纳3000系列轿车冷却液温度表（俗称水温表）属于电热式，与燃油表共用一个稳压器。冷却液温度表的工作电压在9.5～10.5V范围之内。

如图4-89所示，冷却液温度表传感器（水温表传感器）6为负温度系数热敏电阻，当发动机冷却液温达到115℃左右时，水温表传感器阻值为62Ω，此时冷却液温度表指示满刻度，同时冷却液液面警告灯应闪光报警；当发动机冷机时，电阻值在500Ω左右，冷却液温度指针指向低位刻度。双金属片2因热变形而带动指针3转动，而变形量取决于流经双金属片上电阻丝电流的大小。

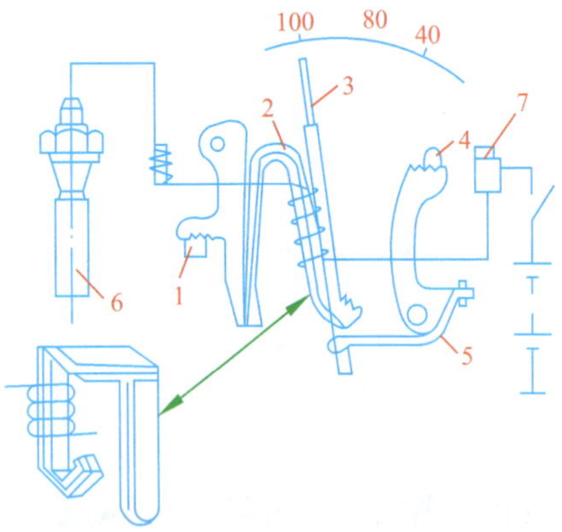

如图4-88所示，冷却液温度表传感器外壳直接接地，其上有一黄/红色导线进入中央线路板接点D29，在中央线路板内部与接点B7相导通。而经与接点B7相连接的黄/红色导线通过仪表板处白色14孔插座送入仪表板印刷线路板与冷却液温度表连接。还经与接点B7相连接的黄/红色导线与冷却液不足指示器控制器G相连接。冷却液不足指示器控制器15接受开关控制的电源，它可从位于中央线路板的减荷继电器（又称中间继电器）上获得。经中央线路板接点G1，由黑/黄色导线与控制器的15端子相连接。而控制器S端子经蓝/黄色导线串接冷却液不足指示器开关后接地，控制器31端子由棕色导线搭铁。

图4-89 电热式冷却液温度表

1,4—调整齿扇；2—双金属片；3—水温表指针；5—弹簧片；6—水温表传感器；7—稳压器

5. 润滑油压力指示系统

桑塔纳3000系列轿车的润滑油（机油）压力指示系统，由低压油压开关、高压油压开关、油压检

查控制器、润滑油压力警告灯等组成。当发动机工作时，用于指示润滑系主油道中机油压力的大小。润滑油压力指示系统的接线图，如图4-90所示。

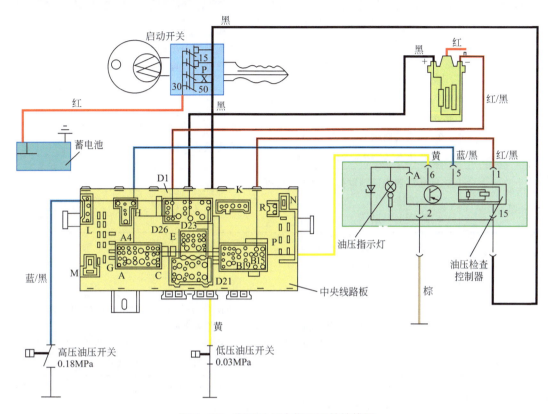

图4-90 润滑油压力指示系统接线图

低压油压开关为常闭型开关，安装在发动机缸盖上。当油压低于0.03MPa时，开关闭合；当油压高于0.03MPa时，开关打开。高压油压开关为常开型开关，安装在机油滤清器支架上。当油压高于0.18MPa时，开关闭合；当油压低于0.18MPa时，开关打开。油压检查控制器安装在车速里程表框架上，机油压力警告灯安装在仪表板上。当点火开关接通后，该警告灯即闪亮，发动机启动后，该灯应熄灭。如车辆在行驶时该灯仍然发亮或闪烁，表明发动机润滑系统发生故障。

高压油压开关上蓝/黑色导线进入中央线路板D1接点，通过中央线路板内部结构，与接点A4相接通。蓝/黑色导线从接点A4出发，通过仪表板14孔黑色插座进入印刷线路板，继而进入油压控制器端子5，送入高压油压信号。

低压油开关上黄色导线进入中央线路板接点D21，通过中央线路板内部结构，与接点B15相接通。黄色导线从接点B15出发，通过仪表板14孔黑色插座进入印刷线路板，继而进入油压控制器端子6，送入低压油压信号。

点火线圈"-"接线柱上红黑色导线进入中央线路板接点D26，通过中央线路板内部结构，与接点B19相接通。红/黑色导线从接点B19出发，通过仪表板14孔白色插座进入印刷线路板，继而进入油压检查控制器端子1，送入转速信号。

四、故障检修

仪表装置的常见故障与排除如表4-8所示。

表4-8 仪表装置的常见故障与排除

常见现象	原因	排除方法
转速表工作不正常或停止工作	① 转速表背面的黑色3孔插座接触不良 ② 仪表板上的印制线路板断路 ③ 转速表连接导线松脱、接头损坏	① 检查、修理插座 ② 修理或更换印制线路板 ③ 修理或更换导线
燃油表不工作	① 燃油表与传感器之间的连接线路断路或接触不良 ② 传感器损坏 ③ 稳压器（与水温表共用）损坏	① 修理或更换导线 ② 修理或更换传感器 ③ 更换稳压器
燃油表指针跳跃或停留在某一刻度上	① 传感器内部滑动接触片触头与可变电阻接触不良 ② 可变电阻损坏	① 清洗、修理传感器 ② 更换传感器
冷却液温度表不工作或指示不正常	① 水温传感器表面有水垢 ② 稳压器输出电压不正常 ③ 导线接触不良	① 清除水垢或更换传感器 ② 用万用表或替换片检查 ③ 检查、修理导线
冷却液不足警告灯不工作	① 冷却液不足指示器开关损坏 ② 冷却液不足指示器控制器损坏	① 检查开关内是否有水和黑色的插脚是否有横向裂纹，如有应更换开关 ② 检查印制线路板上14号位上的冷却液不足指示器控制器，如腐蚀严重应更换
接通点火开关时机油压力指示灯不亮或发动机转速低于2000r/min时油压指示灯闪亮	① 低压油压开关损坏连接导线断路、接触不良 ② 连接导线断路、接触不良 ③ 油压检查控制器损坏	① 0.015～0.045MPa检查时，测线灯不熄灭，应更换低压油压开关 ② 拔下低压油压开关的黄色导线并搭铁油压指示灯不亮，修理或更换中间导线 ③ 拆下仪表板，从油压检查控制器端子5处引一根导线搭铁，油压指示灯闪亮，更换油压检查控制器
发动机转速高于2000r/min时油压指示灯闪亮	① 低压油压开关损坏 ② 高压油压开关损坏 ③ 油压检查控制器损坏	① 更换低压油压开关 ② 转速高于2000r/min高压油压开关仍打开，应更换高压油压开关 ③ 更换油压检查控制器

具体的故障检查步骤如下。

1.转速表工作不正常或停止工作

首先检查转速表背面的黑色3孔插头与插座接触是否良好及电压是否正常。3个端子的连接情况分别为：端子a为电源负极，与仪表盘14孔白色插座上的棕色导线连接后搭铁（仪表盘上所有搭铁点均由棕色导线汇集在一起，并用胶布包扎后连接在仪表盘14孔白色插座的一个端子上，再由棕色导线引到仪表线路的搭铁端子上）；端子b为电源正极，经14孔黑色插座与点火开关"15"连接，点火开关接通时，b端子上的电压应等于电源电压，如电压为零，则检测仪表盘14端子黑色插座上的导线有无电压（仪表盘上所有电源均从点火开关端子15经黑色导线引入）；端子c为信号输入端子，与仪表盘14孔白色插座上的红/黑色导线连接。可用万用表检测c端子上有无信号电压。

如果3孔插座上各端子上的电压正常，说明线路良好，故障发生在转速表，应予以维修或更换。如果连接导线松脱，应重新拧紧；如果连接处接触不良，应去除污锈；如果发现接头损坏，应进行修理或更换。

2.燃油表不工作

① 首先断开点火开关,检查燃油表传感器至中央线路板及中央线路板至仪表盘之间的导线是否断路或短路。

② 判定故障发生在哪一个部件。如是线路导线良好,说明仪表电路的零部件有故障,此时需要判断故障发生在仪表稳压器还是指示表或传感器。拆下仪表盘,然后接通点火开关,检测仪表稳压器端子A与端子B之间的输出电压(图4-88),正常值应为9.5～10.5V。如稳压器输出电压低于9.5V或高于10.5V或无输出电压,则需更换稳压器;如稳压器输出电压正常,说明故障发生在燃油指示表或传感器。

区别指示表与传感器故障的一般方法是用外接电阻代替传感器电阻进行检测判别。具体方法是:拆下传感器信号输出端子上的导线,当连接50Ω电阻时,指示表应当指示在油箱加满位置;当连接560Ω电阻时,指示表应当指示在油箱无油位置。如指示表指示正确,说明传感器有故障,否则说明燃油指示表故障,应予维修或更换。

③ 维修传感器故障时,可根据油箱的储油量,检测燃油传感器的阻值是否与上述标准值相符。如与标准值不符,则需更换传感器。

3.燃油表指示不正常

当燃油指示表出现指针跳动或停留在某一刻度不动时,一般是由传感器内部滑动接触片与可变电阻接触不良或变阻器氧化、锈蚀所致,维修时更换燃油传感器即可。

4.冷却液温度表指示不正常

① 检查稳压器的电源电压应在9.5～10.5V之间,否则应更换稳压器。

② 检查冷却液温度传感器与中央线路板接点D29的导线应导通,中央线路板接点D29与B7之间应导通,接点B7与仪表板上的白色14孔插头(T14/4)应导通。

③ 冷却液温度传感器表面若有水垢,应清除。

5.冷却液温度表不工作

检查冷却液温度表是否损坏可用外接电阻的方法。用给定的电阻值代替传感器,检查冷却液温度表指针的偏转是否与标定情况一致。如果不一致,甚至没有指示,在连接导线良好、稳压器输出正常的情况下,故障在冷却液温度表上。如果外接给定的电阻后,冷却液温度表指示正常,则故障在传感器,应检查更换传感器。

如图4-91所示为冷却液温度表传感器的检查方法:将冷却液温度表传感器2和温度表3放在加热的水槽1中,用标准冷却液温度表6测试。当加热到115℃时,测其电阻应为62Ω,当温度低于49℃时,其电阻值应为500Ω。

冷却液温度表指针偏斜的调整如图4-89所示。当100℃时指针不准,可拨动左调节板进行调整;当40℃不准时,可拨动右调节板进行调整。

6.冷却液不足警告灯不工作

① 若冷却液不足指示器开关损坏(此开关安装膨胀水箱上),检查时仍需观察膨胀水箱上的凹沟内是否积水。拔下指示器开关上的电线插头,检查电线插孔内是否有水,开关的两黑色检查脚上是否有横向裂纹。

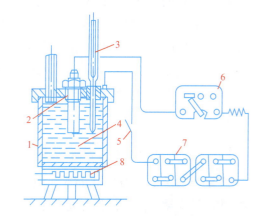

图4-91 冷却液温度表传感器的检查方法

1—加热槽;2—被测传感器;3—水银温度表;4—热水;5—开关;6—标准冷却液温度表;7—蓄电池;8—加热电炉

如果发现有上述情况，应更换冷却液指示器开关。

② 若冷却液不足指示器控制器损坏，应立刻检查中央线路板及线路板上14号位的冷却液不足指示器控制器，观察其是否有因冷却水造成腐蚀。如果腐蚀程度较轻，可进行检查、清洁工作；如果腐蚀严重，应更换控制器。

7. 接通点火开关时（发动机未启动），机油压力指示灯不亮

拔下低压油压开关黄色导线插头并搭铁。如油压指示灯闪亮，说明低压油压开关损坏，应予更换新品。如油压指示灯仍不闪亮，则应拆下仪表盘，并用导线将油压检查控制器上的端子6搭铁，如果此时油压指示灯闪亮，说明端子6至低压油压开关之间的电路断路；如果油压指示灯仍不闪亮，则需检查油压指示灯和仪表盘印刷电路是否良好。油压指示灯发光二极管为闪动型二极管，当正向电压大于1.5V时，便能闪动发光。如果二极管良好，说明故障发生在油压检查控制器，应予更换新品。

8. 发动机低速运转时，油压指示灯闪亮

当发动机运转时，如果润滑油压力低于30kPa，低压油压开关触点就保持闭合状态，油压指示灯就会发亮，蜂鸣器也会发响，警告驾驶员及时检查排除故障。

当发动机转速低于2150r/min时，如果油压指示灯闪亮，可在发动机润滑油压力正常的前提下，拔下低压油压开关黄色导线插头。如果此时油压指示灯熄灭，说明低压油压开关触点仍处于闭合状态（触点烧结），应予更换新品。

9. 发动机高速运转时，油压指示灯闪亮

在正常情况下，当发动机转速高于2150r/min时，油压指示灯应不闪亮，蜂鸣器应不发响；当拔下高压油压开关蓝/黑色导线插头时，油压指示灯应闪亮，蜂鸣器应发响。如果未拔高压油压开关蓝/黑色导线插头时，油压指示灯闪亮，蜂鸣器发响，则说明油压指示系统有故障。

在润滑油压力正常的前提下，先检查发动机转速高于2150r/min时，低压油压开关触点是否断开。可将低压油压开关导线插头拔下，用万用表电阻挡检测油压开关接线插座端子与发动机缸体间的阻值进行判断，阻值为零说明触点闭合，阻值为无穷大说明触点断开。如低压油压开关触点仍闭合，说明低压油压开关损坏，应予更换。

再检查发动机转速高于2150r/min时，高压油压开关触点是否闭合，检查方法与检查低压油压开关相同。如高压油压开关触点仍为断开状态，说明高压油压开关损坏，应予更换新品。

如果高、低压油压开关均正常，则应拆下仪表盘，用导线将油压检查控制器端子5搭铁继续检查。如果此时油压指示灯仍不闪亮，蜂鸣器仍不发响，说明油压检查控制器故障，应予维修或更换；如果此时油压指示灯不闪亮，蜂鸣器也不发响，说明油压检查控制器端子5至高压油压开关之间线路断路，应予维修。

10. 发动机高速运转时，蜂鸣器发响

当发动机转速高于2150r/min时，拔下高压油压开关蓝/黑色导线插头，蜂鸣器应发响。如果蜂鸣器不发响，则说明点火线圈信号电路或油压检查控制器有故障。检查排除故障时，拆下仪表盘，用万用表检测油压检查控制器信号输入端子1有无电压。如有信号电压，说明油压检查控制器故障，应予维修或更换；如无信号电压，说明信号输入端1至点火线圈端子一之间断路或接触不良。

11. 油压指示灯不亮

当点火开关接通，发动机未启动时，油压指示灯应闪亮。如油压指示灯不亮，则应检查发光二极管是否损坏及其电路是否断路。指示灯电路为：电源正极→点火开关端子30→点火开关触点→点火开关端子15→黑色导线→仪表盘14孔黑色插座端子14→降压电阻→油压指示灯→油压检查控制器端子A→油压检查控制器内部电路→油压检查控制器端子→仪表盘14孔黑色插座端子2→棕色导线搭铁回到电源负极。

如图4-92所示，用数字式万用表3（V、A、G1315A）检测发光二极管4的技术状态。红色导线夹接二极管的正极（+），黑色导线夹接发光二极管的负极（−）。此时要分清，发光二极管的外壳上有一棱边1处的电极为负极，发光二极管的外壳内较大的极2为正极。当通过正向电压1.7V时，二极管应闪亮。

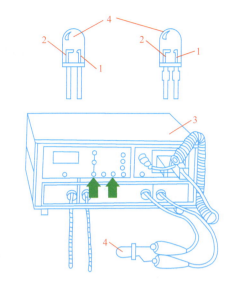

图4-92 发光二极管的测试

1—发光二极管负极；2—发光二极管正极；3—数字万用表；4—发光二极管

第十三节 刮水器和洗涤器

一、刮水器和洗涤器概述

刮水器主要由刮水器电动机总成、连杆机构及3个方向球头活节和摆杆与刮片组成，如图4-93所示。刮水器电动机如图4-94所示，它是一个永磁直流小电动机和一个蜗轮蜗杆组成的减速器。为了保证刮水器摆杆与刮片能在工作结束后停止在前风窗玻璃下边沿并与之平行，在减速器蜗轮输出轴的背面装有自动停位导电片，并在减速器后盖板上设有与导电片相接触的3个导电触点，再通过刮水器开关0位置的触点，共同完成刮水器的自动停位功能。

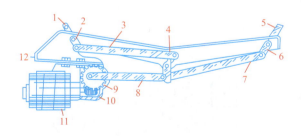

图4-93 电动刮水器的结构

1，5—刮水片架；2，4，6—摆杆；3,7,8—连杆；9—蜗轮；10—蜗杆；11—永磁式电动机；12—支架

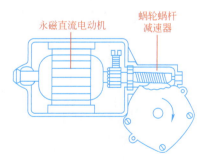

图4-94 刮水器电动机

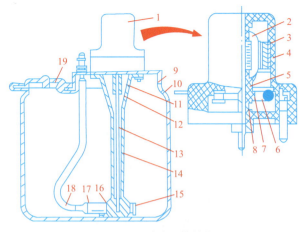

洗涤器主要由洗涤器电动机、洗涤器水泵、水管和喷嘴等组成,如图4-95所示。洗涤器电动机为永磁式微型电动机,洗涤器水泵的叶片转子固定在水泵轴上,水泵轴用联轴节与洗涤器电动机轴连接,出水软管用胶管分别与发动机盖上的4个喷嘴连接。当洗涤器电动机电枢接通电流时,电枢绕组便在永久磁铁产生的磁场中受力旋转。电枢轴转动时,通过联轴节驱动水泵轴和泵转子一同旋转,泵转子便将储液罐内的洗涤剂泵入出水软管,并经挡风玻璃前端的喷嘴喷向挡风玻璃。与此同时,刮水器同步工作,刮水片同时摆动,从而将挡风玻璃上的脏污刮洗干净。

图4-95 洗涤器的结构

1—电动机;2—电枢;3—永久磁铁;4—电机壳体;5—集电环;6—电刷架;7—电刷;8—凸缘;9—水泵固定盘;10—储液罐;11—电动机轴;12—联轴节;13—水泵轴;14—水泵壳;15—水泵转子;16—滤清器;17—接头;18—出水软管;19—储液罐盖

二、刮水器和洗涤器系统电路识图示例

前风窗刮水器及洗涤器接线图如图4-96所示。在中央线路板内部,接点D9与A5接通,接点D20与端子D9接通,接点D17与A6接通,接点C9与A19接通,接点D22为搭铁端子,减荷继电器2安装在中央线路板上;刮水继电器安装在中央线路板上。刮水器及洗涤器的工作过程如下。

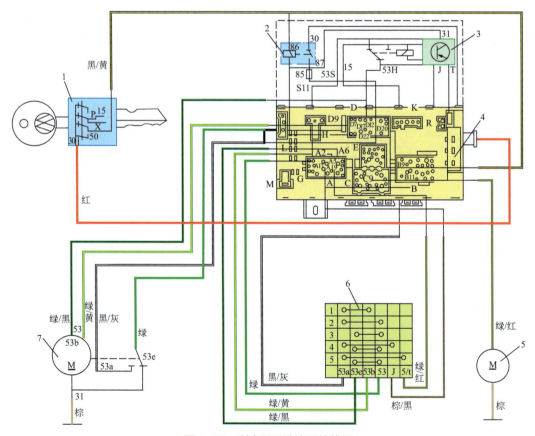

图4-96 刮水器及洗涤器接线图

1—点火开关;2—减荷继电器;3—刮水器继电器;4—中央线路板;5—洗涤器电动机;6—刮水器与洗涤器开关;7—刮水器电动机

（1）高速刮水　刮水器高速工作时，电动机电机电路直接受刮水器与洗涤器开关6控制，不受刮水器继电器控制。刮水器与洗涤器开关拨到1挡，其电路为：电源正极→中央线路板单孔插座→红色导线→点火开关端子30→点火开关端子X→黑/黄色导线→熔丝S11→中央线路板接点B9→黑/灰色导线→刮水器与洗涤器开关端子53a→刮水器与洗涤器开关1挡→刮水器与洗涤器开关端子53b→绿/黄色导线→中央线路板接点A5→接点D9→绿/黄色导线→刮水器电动机端子53b→刮水器电动机→电动机端子31→棕色导线搭铁回到电源负极。此时电动机电刷偏置，电枢轴以62～80r/min的转速运转，风窗上的刮水片快速摆刮。

（2）低速刮水　当刮水器与洗涤器开关拨到2挡时，其电路为：电源正极→中央线路板单孔插座→红色导线→点火开关端子30→点火开关端子X→黑/黄色导线→熔丝S11→中央线路板接点B9→黑/灰色导线→刮水器与洗涤器开关端子53a→刮水器与洗涤器开关2挡→刮水器与洗涤器开关端子53→绿色导线→中央线路板接点A2→刮水继电器端子53S→刮水继电器触点→刮水继电器端子53H→中央线路板接点D12→绿/黑色导线→刮水器电动机→电动机端子31→棕色导线搭铁回到电源负极。电动机电刷相隔180°，电枢轴以42～52r/min的转速运转，风窗上的刮水片慢速摆刮。

（3）点动刮水　刮水器与洗涤器开关3挡为空挡，刮水器处于停止工作状态。当驾驶员按下手柄开关时，刮水系统工作情况与手柄开关接通2挡时相同，当放松手柄时，开关将自动回到空挡，实现点动刮水。

（4）间歇刮水　当刮水器与洗涤器开关拨到4挡（最下挡）时，刮水器处于间歇工作状态。在继电器的控制下，刮水器每6s工作一次。刮水器继电器电路为：电源正极→中央线路板单孔插座→红色导线→点火开关端子30→点火开关端子X→黑/黄色导线→熔丝S11→中央线路板接点B9→黑/灰色导线→刮水器与洗涤器开关端子53a→刮水器与洗涤器开关4挡→刮水器与洗涤器开关端子J→棕/黑色导线→中央线路板接点A12→刮水器继电器端子J→继电器内部电路→继电器端子31搭铁回到电源负极。

刮水继电器电源接通后，内部电路工作，其触点每6s将端子53H接通电源一次，使刮水器电动机电源接通工作。此时电动机电路为：电源正极→中央线路板单孔插座→红色导线→点火开关端子30→点火开关端子X→黑/黄色导线→熔丝S11→中央线路板接点B9→继电器端子15→继电器触点→继电器端子53H→绿/黑色导线→刮水器电动机→电动机端子31→棕色导线搭铁回到电源负极。

（5）清洗玻璃　当驾驶员将刮水器与洗涤器开关向转向盘方向拨动时，洗涤器电动机电路接通，位于发动机盖上的4个喷嘴同时向挡风玻璃上喷洒洗涤液，与此同时，刮水器继电器电路接通并控制刮水器的刮水片摆刮3～4次后停止摆刮。洗涤器电动机电路为：电源正极→中央线路板单孔插座→红色导线→点火开关端子30→点火开关端子X→黑/黄色导线→熔丝S11→中央线路板接点B9→黑/灰色导线→刮水器与洗涤器开关端子53a→刮水器与洗涤器开关5挡→刮水器与洗涤器开关端子5/t→绿/红色导线→中央线路板接点A19→中央线路板接头C9→绿/红色导线→清洗器电动机→棕色导线搭铁回到电源负极。如刮水器与洗涤器开关停留在该位置，水泵将继续喷洒洗涤液，刮水器也将继续工作；如放松开关，水泵将停止喷水，继电器和刮水器也将停止工作。

（6）停机复位　在刮水器电动机上设有一个由凸轮驱动的一掷二位停机自动复位开关，用以保证刮水器停机（刮水器与洗涤器开关拨回到3挡）时，刮水处在挡风玻璃下沿位置，只有在刮水片摆到挡风玻璃下沿时，刮水器电动机电路才能切断，否则停机自动复位开关的触点53e和53a接通，电动机将继续转动，直到刮水片摆到玻璃下沿时为止。

当点火开关接通时，减荷继电器2线圈电流接通，其电路为：电源正极→中央线路板单孔插座→红色导线→点火开关端子30→点火开关端子X→黑/黄色导线→减荷继电器的端子86、线圈、端子85→中央线路板接点D22搭铁回到电源负极。

减荷继电器2线圈通电产生电磁吸力，将其触点吸闭，刮水器电动机停机复位时的电路接通，其电路为：电源正极→中央线路板单孔插座→减荷继电器端子30、触点、端子87→中央线路板接点D20→黑/灰导线→刮水器电动机触点53a、53e→绿色导线→中央线路板接点D17→中央线路板A6接点→绿/黑色导线→刮水器与洗涤器开关端子53e、53→绿色导线→中央线路板接点A2→刮水器继电器端子

53S→继电器触点、端子53H→中央线路板接点D12→绿/黑色导线→刮水器电动机→端子31搭铁回到电源负极。刮水器电动机转动到复位开关的触点53e与搭铁触点31接通时，电动机电路切断停止转动，此时刮水片正好摆到挡风玻璃下沿位置。

三、故障检修

刮水器及洗涤器常见故障与排除如表4-9所示。

表4-9 刮水器及洗涤器常见故障与排除

故障现象	原因	排除方法
接通点火开关，拨动刮水器各挡开关，刮水器均不工作	① 熔丝S11熔断 ② 刮水器电动机插接器不良 ③ 刮水器电动机内部断路转子咬死	① 更换熔丝 ② 修理或更换插接器 ③ 修理或更换刮水电动机
刮水器在"慢挡"工作，其他各挡均不工作	① 中央线路板接点D12及中间连接导线接触不良、断路 ② 继电器损坏 ③ 刮水器与洗涤器开关有故障	① 修理或更换中间导线 ② 更换继电器 ③ 修理或更换开关
刮水器在"间歇挡"不工作，其他各挡均工作正常	① 中央线路板接点A12及中间连接导线接触不良、断路 ② 刮水器开关有故障 ③ 继电器与洗涤器损坏	① 修理或更换中间导线 ② 修理或更换开关 ③ 更换继电器
刮水器开关在"喷水挡"刮水与喷水均不工作，其他各挡无工作正常	① 中央线路板接点A19、C9及中间连接导线接触不良、断路 ② 刮水器与洗涤器开关有故障 ③ 喷水电机、喷水泵有故障，连接管、喷嘴堵塞	① 修理或更换中间导线 ② 修理或更换开关 ③ 修理、更换或清洗相关部件

第十四节　辅助电器系统

一、辅助电器概述

随着汽车电控技术在现代汽车上广泛的应用，汽车上安装的用电器越来越多，这些用电器除了应用于发动机控制外，绝大部分为汽车辅助电器，例如电动刮水器、电喇叭、电动车窗天窗等。这些辅助电器除了能更好地为驾乘人员服务外，还改善了汽车的操作性，创造了更加舒适的驾乘环境，减轻了驾乘人员的劳动强度，提高了汽车行驶安全性。

二、辅助电器的组成及工作原理

汽车辅助电器包括电动车窗天窗、电动调节座椅及加热装置、电动刮水器、娱乐通信设备、点烟器等用电器。这些辅助电器有的由开关控制，有的由继电器控制，有的由电控单元控制，虽然控制方式不同，但都是依靠消耗电能工作。在识读电路图的时候可以先从控制器和用电器处开始，这样可以收到事半功倍的效果。

三、后车窗除霜和后视镜加热电路识图示例

一汽马自达汽车后车窗除霜和后视镜加热电路如图4-97所示。

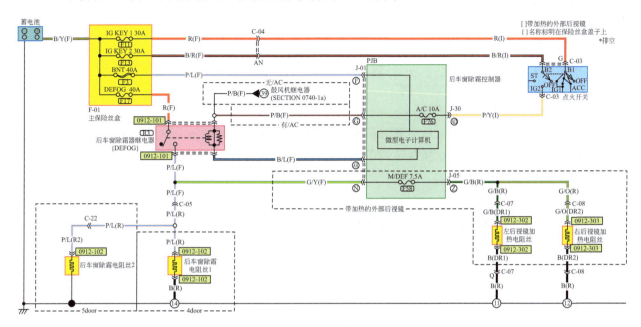

图4-97　一汽马自达汽车后车窗除霜和后视镜加热电路

后车窗除霜和后视镜加热是由后车窗除霜控制器控制后车窗除霜继电器线圈的搭铁来控制的，而除霜继电器线圈的正极是由点火开关控制的，当后车窗除霜继电器触点闭合后，除霜加热丝的回路接通开始加热。

1. 后车窗除霜控制器电源电路

蓄电池"+"→熔断器F3（BTN　40A）→后车窗除霜控制器端子Ⓕ→后车窗除霜控制器。

2. 后车窗除霜控制电路（后车窗除霜器继电器线圈电路）

蓄电池"+"→熔断器F13（IGKEY2　30A）→点火开关IG2触点→后车窗除霜控制器端子ⒶⒸ→后车窗除霜控制器→熔断器F76（A/C、10A）→后车窗除霜控制器端子Ⓖ→后车窗除霜器继电器线圈→后车窗除霜控制器端子ⒶⒽ→后车窗除霜控制器。

3. 后车窗除霜和后视镜加热电路

一汽马自达汽车后车窗除霜和后视镜加热是同时工作的。

（1）后车窗除霜电路　蓄电池"+"→熔断器F17（DEFOG、40A）→后车窗除霜器继电器触点→后车窗除霜电阻丝1→连接点14→接地。
　　　　　　　　　　　　　　　　　　→后车窗除霜电阻丝2→接地。

（2）后视镜加热电路　蓄电池"+"→熔断器F17（DEFOG　40A）→后车窗除霜器继电器触点→后车窗除霜控制器端子N→熔断器F58（M/DEF 7.5A）→后车窗除霜控制器端子②→左后视镜加热电阻丝。
　　　→右后视镜加热电阻丝。

4. 故障检修

故障现象：后车窗不能除霜、左/右后视镜不能加热。

一般故障原因：

① 保险丝烧断；

② 后车窗除霜继电器不正常；

③ 后车窗电阻丝损坏；

④ 后视镜加热电阻丝损坏；

⑤ 微型电子计算机有故障。

简易测量方法：

① 检查保险丝继电器是否正常；

② 用万用表欧姆挡分别测量后车窗电阻丝和后视镜加热电阻丝相应的电阻值是否正常；

③ 检查微型电子计算机的连接线是否完好，重点检查其电源电路；

④ 更换微型电子计算机。

四、驾驶员侧电动座椅电路识图示例

一汽大众奔腾汽车驾驶员侧电动座椅的电路如图4-98所示。

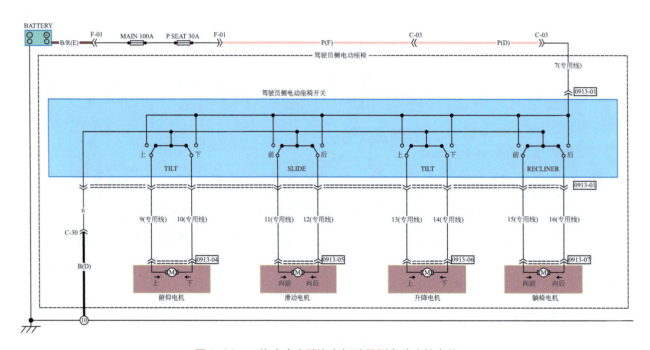

图4-98 一汽大众奔腾汽车驾驶员侧电动座椅电路

1.驾驶员侧电动座椅俯仰电路

（1）驾驶员侧电动座椅下俯电路　蓄电池"+"→熔断器MAIN（100A）→熔断器PSEAT（30A）→连接器0913-01→驾驶员侧电动座椅开关下俯开关触点→俯仰电机→驾驶员侧电动座椅俯仰开关触点→⑩接地。

（2）驾驶员侧电动座椅上仰电路　蓄电池"+"→熔断器MAIN（100A）→熔断器PSEAT（30A）→连接器0913-01→驾驶员侧电动座椅开关上仰开关触点→俯仰电机→驾驶员侧电动座椅俯仰开关触点→⑩接地。

2.驾驶员侧电动座椅滑动电路

（1）驾驶员侧电动座椅前滑电路　蓄电池"+"→熔断器MAIN（100A）→熔断器PSEAT（30A）→连接器0913-01→驾驶员侧电动座椅开关前滑开关触点→滑动电机→驾驶员侧电动座椅滑动开关触点→⑩接地。

（2）驾驶员侧电动座椅后滑电路　蓄电池"+"→熔断器MAIN（100A）→熔断器PSEAT（30A）→连接器0913-01→驾驶员侧电动座椅开关后滑开关触点→滑动电机→驾驶员侧电动座椅滑动开关触点→⑩接地。

3.驾驶员侧电动座椅升降电路

（1）驾驶员侧电动座椅上升电路　蓄电池"+"→熔断器MAIN（100A）→熔断器PSEAT（30A）→驾驶员侧电动座椅开关上升开关触点→升降电机→驾驶员侧电动座椅升降开关→⑩接地。

（2）驾驶员侧电动座椅下降电路　蓄电池"+"→熔断器MAIN（100A）→熔断器PSEAT（30A）→驾驶员侧电动座椅开关下降开关触点→升降电机→驾驶员侧电动座椅升降开关→⑩接地。

4.驾驶员侧电动座椅躺椅电路

（1）驾驶员侧电动座椅前躺电路　蓄电池"+"→熔断器MAIN（100A）→熔断器PSEAT（30A）→驾驶员侧电动座椅开关前躺开关触点→躺椅电机→驾驶员侧电动座椅躺椅开关触点→⑩接地。

（2）驾驶员侧电动座椅后躺电路　蓄电池"+"→熔断器MAIN（100A）→熔断器PSEAT（30A）→驾驶员侧电动座椅开关后躺开关触点→躺椅电机→驾驶员侧电动座椅躺椅开关触点→⑩接地。

5.故障检修

故障现象：电动座椅能升不能降、能降不能升、不能使用等。

一般故障原因：

① 电动座椅开关损坏；

② 保险丝损坏；

③ 电动机损坏等。

简易测量方法：

① 拆下接头，把数字万用表打到欧姆挡，用两表笔开关的输入输出两端，检测开关是否良好；

② 用万用表欧姆挡测量电动机的内阻是否正常；

③ 查看其保险丝是否烧断。

电动座椅俯仰、滑动、躺椅功能可按上述方法检查判断。

五、天窗电路识图示例

一汽马自达汽车天窗电路如图4-99所示。

1.一汽马自达汽车天窗装置电路

（1）天窗装置电源电路

① 天窗装置电源电路1　蓄电池"+"→熔断器F3（BNT、40A）→熔断器F52（SUNROOF、20A）→天窗装置端子J→天窗装置。

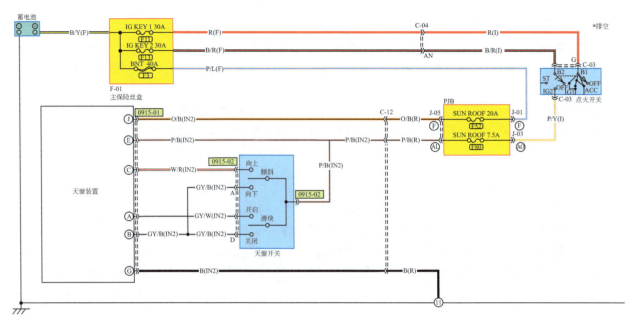

图4-99 一汽马自达汽车天窗电路

② 天窗装置电源电路2 当点火开关位于IG2挡时,蓄电池"+"→熔断器F13(IGKEY2、30A)→点火开关IG2触点→熔断器F80(SUNROOF、7.5A)→天窗装置端子E→天窗装置。

③ 天窗装置接地电路 天窗装置→天窗装置端子G→11接地。

(2)天窗控制电路

① 天窗向上倾斜控制电路 蓄电池"+"→熔断器F13(IGKEY2、30A)→点火开关IG2触点→熔断器F80(SUNROOF、7.5A)→天窗开关向上倾斜开关触点→天窗装置端子C→天窗装置。

② 天窗向下倾斜控制电路 蓄电池"+"→熔断器F13(IGKEY2、30A)→点火开关IG2触点→熔断器F80(SUNROOF、7.5A)→天窗开关向下倾斜开关触点→天窗装置端子B→天窗装置。

③ 天窗开启控制电路 蓄电池"+"→熔断器F13(IGKEY2、30A)→点火开关IG2触点→熔断器F80(SUNROOF、7.5A)→天窗开关滑动开启触点→天窗装置端子A→天窗装置。

④ 天窗关闭控制电路 蓄电池"+"→熔断器F13(IGKEY2、30A)→点火开关IG2触点→熔断器F80(SUNROOF、7.5A)→天窗开关滑动关闭触点→天窗装置端子B→天窗装置。

2.故障检修

故障现象:天窗倾斜功能不能使用、天窗滑动功能不能使用、天窗倾斜向上/向下不可使用、天窗滑动开启/关闭不可使用。

一般故障原因:

① 天窗开关损坏;

② 天窗装置损坏;

③ 保险丝损坏。

简易测量方法:

① 拆下开关接头,用万用表的欧姆挡检查天窗开关的输入输出端是否导通;

② 查看保险丝能否导通;

③ 检查天窗装置的电源、搭铁以及输入输出信号是否良好正常。

第十五节　照明与信号装置系统

一、照明与信号装置结构特点

桑塔纳3000系列轿车的照明系统包括前照灯、雾灯、车内灯（顶灯）、仪表灯、行李厢灯及牌照灯、车内照明灯、警报/指示灯，信号系统包括转向灯、驻车灯、倒车灯、尾灯、制动灯、驻车制动指示灯、喇叭。比较桑塔纳2000，原先布置在前保险杠上的方形雾灯如今已移到保险杠下方最外侧，照明效果更好，并且变成了更为小巧玲珑的内嵌形圆形雾灯，与车身整体造型和谐一致。高位制动灯使制动信号更为醒目，制动信息传递更为有效，特别在雨雾等视野较差的情况下，可明显提醒后方驾驶员，保持车距。该杆形高位制动灯位于后风窗与顶盖的接合处，可使后方车辆驾驶员视线与之持平，容易发现制动灯信号，减少追尾事故的发生。照明与信号装置如表4-10所示。

表4-10　照明与信号装置

名称	规格	数量	名称	规格	数量
前照灯	H4卤素灯泡12V 55W/60W	2	转向灯	12V21W	4
前雾灯	12V55W	2	小灯	12V4W	2
后雾灯	12V21W	1	牌照灯	12V4W	2
车内灯（顶灯）	12V10W	1	尾灯	12V5W	2
发动机舱灯	12V10W	1	制动灯	12V21W	2
行李厢灯	12V5W	1	倒车灯	12V21W	2
杂物箱灯	12V1.2W	1	喇叭	双声蜗牛电子喇叭，声强≥105dB（A）	1

1. 前照灯

桑塔纳3000系列轿车采用组合前照灯，前照灯不受继电器控制。灯罩内密闭着具有远光和近光功能的双丝灯泡（功率为55W/60W），另外还有小灯（功率为4W）。左右前照灯的近光、远光都分别有熔丝保护，它们的代号为S21、S10、S22、S9，如图4-100所示。

左前照灯L1、右前照灯L2受灯光开关E1和转向灯组合手柄开关（位于转向盘左边）中的变光/超车开关E4控制。当向上抬起组合开关手柄时，E4中的变光/超车开关触点接通，30号线（直接与蓄电池正极连接的火线，不受点火开关控制）电源经熔丝S9、S10直接接通左前照灯L1、右前照灯L2的远光灯丝电路。与此同时，电源还从熔丝S9向仪表盘上的远光灯指示灯K1提供电源，使左右远光灯与远光指示灯同时发亮。当放松手柄时，组合开关手柄在回位弹簧弹力的作用下便自动切断电源，左右远光灯与远光指示灯同时熄灭。反复抬起与放松组合开关手柄，左右远光灯与远光指示灯同时闪烁，向前方汽车发出超车信号。

当E1拨到位置2时，30号线电源经点火开关D第二挡和E1第一挡加到E4上，当向上拨动一下组合开关

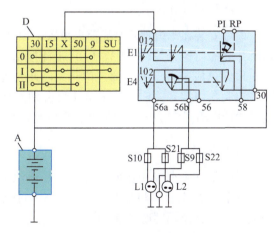

图4-100　前照灯电路图

A—蓄电池；D—点火开关；E1—灯光开关；E4—变光/超车开关；S10, S21, S9, S22—熔丝；L1, L2—左、右前照灯

手柄时，可依次接通左、右前照灯的近光灯丝电路（经熔丝S21、S22）或远光灯丝电路（经熔丝S9、S10），当左前照灯L1、右前照灯L2的远光灯发亮时，仪表盘上的远光指示灯K1同时发亮。

2. 雾灯

桑塔纳3000系列轿车设有前雾灯和后雾灯。前雾灯左、右各一个，位于保险杠下方最外侧，功率为55W；后雾灯只有一个（安装在左后方），功率为21W。

雾灯开关受灯光开关E1和雾灯开关E23控制。当E1处于位置2或3时，30号线电源将经过E1第四挡加到雾灯继电器J5的线圈上，线圈通电将其触点吸闭。雾灯继电器的触点闭合后，X号线（从点火开关X端子引出的电源线，受点火开关控制）电源经雾灯继电器J5的触点加到雾灯开关E23上的电源端子上。当雾灯开关在位置1（空位）时，前雾灯L22、L23和后雾灯L20均不亮；当雾灯开关拨到位置2时，前雾灯L22、L23灯丝电路接通，电源经雾灯开关的第一挡、熔丝S6加到前左雾灯L22和前右雾灯L23上；当雾灯开关拨到位置3时，前雾灯L22、L23灯丝电路接通，前左雾灯L22和前右雾灯L23仍然亮，此时雾灯开关的第二挡后雾灯电路接通，电源经熔丝S27加到后雾灯L20上，前后雾灯均发亮，与此同时，安装在雾灯开关内的雾灯指示灯K17电路也接通，前后雾灯和雾灯指示灯同时发亮。

3. 小灯和尾灯

桑塔纳3000系列轿车的小灯和尾灯兼作停车灯作用。当汽车停驶时，用作停车灯；当汽车行驶时，用作小灯和尾灯。小灯功率为4W，尾灯功率为5W。

小灯M1、M3和尾灯M2、M4受点火开关D（四挡第三位）、灯光开关E1（四挡第三位）和停车灯开关E19控制。

① 作停车灯用　当汽车停驶时，点火开关断开（位于位置1），30号线电源通过点火开关的第三挡加到停车灯开关上。当E19处于位置2（空位）时，小灯与尾灯电源切断。E19在转向灯组合手柄开关内；当E19处于位置1（手柄向下拨动时），前左小灯M1和左尾灯M4电路接通；当E19处于位置3（手柄向上拨动）时，前右小灯M3和右尾灯M2电路接通，此时小灯和尾灯均用作停车灯。

② 作小灯与尾车灯用　当汽车行驶时，点火开关处于位置2，停车灯电源被切断，此时小灯和尾灯受E1控制，灯光开关的1位为空位，小灯和尾灯均不亮；当灯光开关处于2或3位时，30号线电源通过E1的第二挡经熔丝S7加到前左小灯M1和左尾灯M4、通过E1的第三挡经熔丝S8加到前右小灯M3和右尾灯M2，此时两只小灯和两只尾灯分别起启动小灯和尾灯的作用。

小灯安装在前照灯灯罩内，又称为边灯。尾灯与转向灯、制动灯等到组装在一起，统称为组合后灯。

4. 车内灯（顶灯）

顶灯安装在车内顶部略靠前方位置。顶灯W由30号线电源经熔丝S3供电，并分别受到顶灯开关和四个并联的门控开关F2、F3、F10、F11控制。

顶灯总成带有一个一挡三位开关，开关处在1位时顶灯发亮，2位时顶灯熄灭，3位时顶灯受门控开关控制，门控开关F2、F3、F10、F11分别安装在左前、右前、左后、右后门上，当任何一扇门打开时，相应的门控开关就会闭合，顶灯就会发亮，只有在四扇门都有处于关闭状态时，顶灯才会熄灭。

5. 行李厢灯

行李厢照明灯W3由30号线电源经熔丝S3供电，且受行李厢照明灯开关F5控制。当行李厢打开时，安装在行李厢盖与行李厢结合处的F5接通，行李厢照明灯W3发亮；当行李厢盖关闭时，照明灯开关断开，行李厢照明灯W3熄灭。

6. 牌照灯

牌照灯有两个，受灯光开关E1控制。当E1处于位置1时，牌照灯X熄灭；当E1处于2位或3位时，

30号线电源经车灯开关第四挡、熔丝S20、线束插头T1V加到牌照灯X上,两只牌照灯X发亮。

7. 倒车灯与制动灯

倒车灯的功率为21W。当变速杆拨到倒挡时,倒车灯开关F4接通,15号线电源经熔丝S15、F4加到倒车灯开关(M16、M17)上,倒车灯发亮;当变速器杆移出倒挡时,倒车灯开关断开,倒车灯熄灭。

制动灯的功率为21W。当驾驶员踩下制动踏板时,位于踏板支架上部的制动灯开关F接通,30号线电源经熔丝S2、制动灯开关F加到制动灯(M9、M10)上,制动灯发亮;当驾驶员放松制动踏板时,制动灯开关断开,制动灯熄灭。

8. 其他照明灯

仪表板照明灯L10(两个)、时钟照明灯L8、点烟器照明灯L28、烟灰缸照明灯L41、除霜器开关照明灯L39、雾灯开关照明灯L40、空调开关照明灯L21等七种照明灯均受灯光开关控制。当灯光开关E1处于位置1时,七种照明灯熄灭;当车灯开关E1处于位置2或3时,30号线电源经灯光开关第四挡、仪表板照明灯调光电阻E20接通七种照明灯电路,照明灯均发亮。

9. 转向灯与报警灯

转向灯与报警灯信号系统由转向灯、闪光继电器、转向组合手柄开关、危险报警闪光灯开关等组成。如图4-101所示,4个转向灯5、6、7、8(前左转向信号灯M5、后左转向信号灯M6、前右转向信号灯M7、后右转向信号灯M8)兼作报警灯使用,功率均为21W,后转向信号灯与尾灯、制动灯和倒车灯等组合在一起。转向灯与危险报警闪光灯共作一只含有电子元件与继电器的复合继电器,位于中央线路板12号位置。转向灯系统使用S19熔丝,危险报警闪光灯使用S4熔丝。

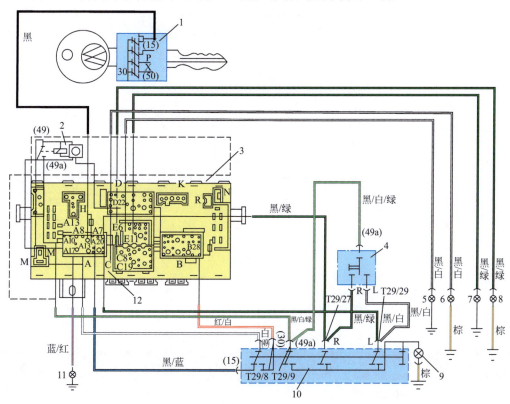

图4-101 转向灯与危险报警闪光灯接线图

1—点火开关(D);2—转向/报警灯继电器(J2);3—中央线路板;4—转向灯开关(E2);5—前左转向灯(M5);6—后左转向灯(M6);7—前右转向灯(M7);8—后右转向灯(M8);9—危险报警闪光灯指示灯(K6);10—危险报警闪光灯开关(E3);11—仪表板处转向指示灯(K5);12—中央线路板E6、C19、A20接通,E11、C8与A7接通

转向时，点火开关1（D）接通，电源从点火开关端子"15"经黑色线进入中央线路板3背面接点A8，经内部线路到接点S19，再从接点A13出来用黑/蓝线与危险报警闪光灯开关10（E3）的接线柱15相接。转向时，接线柱15与49接通，再用白色线与中央线路板3的A18相接，再经内部线路与继电器2的接线柱49相连。继电器接通后由接线柱49a经内部线路从A10出来，用黑/绿/白线与仪表板上的插座T29/25相接，再由黑/绿/白线与转向灯开关4（E2）的接线柱49a相接。

当右转向时，接线柱R用黑/绿线经仪表板插座T29/27与中央线路板3的接点A7相通，再经内部线路与接点C8、E11相通，然后用黑/绿线与后右转向灯8（M8）、前右转向灯7（M7）相通。

当左转向时，转向灯开关4（E2）的接线柱L用黑/白线与仪表板插座T29/29相连，再用黑/白线与中央线路板3的接点A20相通，经内部线路与接点E6、C19相通，再用黑/白线16、17与前左转向灯5（M5）、后左转向灯6（M6）相通。

在转向的同时，继电器2的接经柱49a由内部线路通向A17。用蓝/红线通向转向指示灯11（K5）。

当报警时，30号线电源经熔丝S4从中央线路板3的接点B28用红/白色线与仪表板插座T29/9相接，再与危险报警闪光灯开关10（E3）的接线柱30相接，此时E3同时接通各接线柱49、R、L，使所用转向灯闪亮，并使危险报警闪光灯指示灯9（K6）闪亮。

10. 喇叭

桑塔纳3000系列轿车采用盆形电喇叭，有高音喇叭、低音喇叭各一个，并同步工作，它们合用一个继电器和喇叭按钮。设置喇叭继电器的目的，是避免使用两个喇叭导致电流过大而烧坏喇叭按钮。

如图4-102所示，按下转向盘上的喇叭按钮H时，继电器J4励磁电流经熔丝S18提供，流经继电器触点的电流则经熔丝S16提供，喇叭发音。

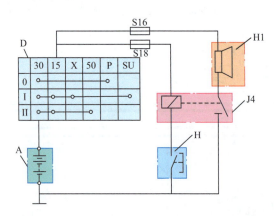

图4-102 喇叭电路图

A—蓄电池；D—点火开关；S16、S18—熔丝；H—喇叭按钮；H1—双声喇叭；J4—喇叭继电器

二、故障检修

照明装置与喇叭常见故障与排除分别如表4-11和表4-12所示。

表4-11 照明装置常见故障与排除

故障现象	原因	排除方法
前照灯远光和近光都不亮	① 灯泡烧坏 ② 熔丝熔断 ③ 点火开关及其连接导线接触不良、断路 ④ 变光/超车开关有故障	① 更换灯泡 ② 更换熔丝 ③ 修理或更换点火开关、 ④ 修理或更换变光/超车开关

续表

故障现象	原因	排除方法
远光、近光在变光时，仪表板上的指示灯不亮	① 指示灯烧坏 ② 中央线路板插接器及连接导线连接不良、断路 ③ 仪表板上的印刷电路板断路	① 更换指示灯 ② 修理或更换连接导线 ③ 修理或更换印刷电路板
危险报警闪光灯和转向灯都不工作	① 灯泡与灯座接触不良 ② 棕色导线搭铁不良 ③ 熔丝 S19 或 S4 熔断 ④ 继电器（危险报警闪光灯和转向灯共用）损坏	① 修理或更换灯泡和灯座 ② 检修导线 ③ 更换熔丝 ④ 修理或更换继电器
危险报警闪光灯和转向灯工作正常，仪表板上的指示灯不亮	① 仪表板14孔插接器上蓝/红色导线断路 ② 中央线路板接头A17接触不良 ③ 指示灯损坏	① 更换导线 ② 检修中央线路板 ③ 更换指示灯
转向灯工作而危险报警闪光灯不工作或相反	① 熔丝 S4 熔断 ② 危险报警闪光灯开关或直接导线有故障 ③ 熔丝 S19 熔断 ④ 转向灯开关或连接导线有故障	① 更换熔丝 ② 修理或更换开关和导线 ③ 更换熔丝 ④ 修理或更换开关和导线

表4-12　喇叭常见故障与排除

故障现象	原因	排除方法
高音和低音喇叭均不响	① 喇叭接线柱上的黑/黄色导线接触不良、断路 ② 熔丝 S16 熔断 ③ 喇叭有故障 ④ 喇叭按钮导线断路或内部接触不良	① 修理或更换导线 ② 更换熔丝 ③ 更换喇叭 ④ 修理或更换喇叭按钮和导线
喇叭声音低哑	① 蓄电池存电不足 ② 喇叭有故障	① 充电或更换蓄电池 ② 更换喇叭
放松喇叭按钮后，喇叭长鸣不停	① 喇叭内部短路 ② 喇叭按钮短路	① 更换喇叭 ② 修理喇叭按钮

第十六节　故障自诊断系统

一、故障自诊断系统概述

在现代汽车上，人们为了快速、准确、方便地找出电控系统的故障，利用电控单元对信号输入装置、执行器、相应电路及电控单元本身进行监测。当电控单元检测出故障后，以故障代码的形式储存起来，并点亮故障警告灯，在对车辆进行维修可以通过故障警告灯或用解码器直接读出故障代码。

故障自诊断系统虽然被称为一个系统，但它与整个电控系统都有关联，不能算是一个独立的系统。因此，在汽车电路图中并没有单独的故障自诊断系统电路图，而是在电控系统中有代表自诊断系统的诊断插座及故障警告灯或是在相关的电路图中画出，如图4-103所示。

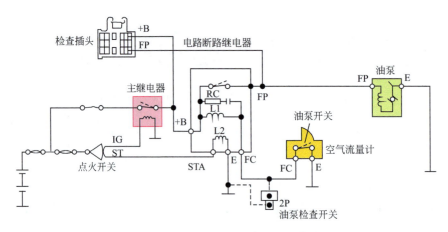

图 4-103 油泵开关控制的油泵电路

二、故障自诊断系统的组成及工作原理

汽车故障自诊断系统主要由位于各电控单元里的故障诊断电路、故障插座和故障警告灯等组成。故障警告灯位于仪表板上的组合仪表里,在点火钥匙置于"ON"位但不启动发动机时,各电控单元对系统进行自诊断,同时点亮故障警告灯。在自诊断结束后,若电控单元没有检测到故障则令故障警告灯熄灭。否则,则令故障警告灯常亮,提醒驾驶员及时检查出故障的系统。

故障诊断插座常用来连接故障自诊断系统和解码器。自从 1994 年以后,世界上各汽车制造厂按照 OBO-Ⅱ 的标准,在驾驶室仪表板的下方安装统一诊断模式和统一的 16 脚诊断插座。诊断插座外观如图 4-104 所示。诊断插座各端子的功能如表 4-13 所示。

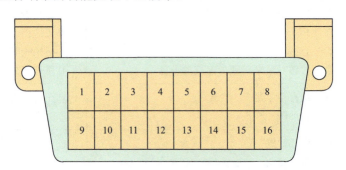

图 4-104 汽车自诊断系统诊断插座

表 4-13 世界主要自诊断系统诊断插座端子功能

车种 端子	通用	福特	克莱斯勒	奔驰	沃尔沃	丰田	三菱
1	—	—	—	DM7#/1 HFM15#/1	—	—	触发发动机故障码
2 SAE-J2012	"M"发动机资料	BUS⊕	—	—	—	SDL	—
3	悬架	—	SRS—4#	—	A2#BUS⊖	—	—
4	搭铁	搭铁	搭铁	搭铁	搭铁	搭铁	搭铁
5	搭铁	搭铁	搭铁	搭铁	搭铁	搭铁	搭铁

续表

车种 端子	通用	福特	克莱斯勒	奔驰	沃尔沃	丰田	三菱
6	"B"触发	—	发动机9#	—	—	—	A/T故障码9#
7 ISO-9141	—	—	发动机30# ABS 5#	DM23#/1	A6# BUS⊖	—	发动机资料92#
8	防盗	—	—	—	—	—	ABS故障码22#
9	BCM资料	—	—	DM6#/1 HFM16#/1	—	—	—
10 SAE-J2012	—	BUS S	—	—	—	—	发动机资料86#
11	悬架	—	SRS	—	—	—	—
12							SRS诊断9#
13	—	触发					定速24#
14	音响空调						
15							
16	B+	B+	B+	B+	B+	B+	B+

汽车自诊断系统工作的原理

（1）信号输入装置的诊断　电控单元通过监测信号输入装置是否有信号输入，并将输入的信号与标准信号相对比来确定信号输入装置或电路是否有故障。若检测到故障，则记录相应的故障代码。

（2）执行器的诊断　电控单元通过向执行器发出工作指令并监测执行器是否已经工作来判断执行器及电路是否发生故障。若检测到故障，则记录相应的故障代码。

（3）电控单元的诊断　电控单元通过执行电控单元内部的自诊断电路来进行自诊断，若发现故障，则记录故障代码。

三、自诊断系统诊断插座电路识图示例

东风悦达起亚汽车自诊断系统诊断插座电路如图4-105所示。

1.汽车自诊断系统诊断插座电源电路

蓄电池"+"→熔断器SUNROOF（15A）→诊断插座端子16。

2.电控单元ECU诊断电路

（1）电控单元ECU（SECTION B-1c）诊断电路　电控单元ECU（SECTION B-1c）（19）→诊断插座端子5。

（2）电控单元ECU（SECTION B-1c　B-2c　B-3c）诊断电路　电控单元ECU（SECTION B-1a　B-2c　B-3c）→连接器X-01→诊断插座端子7。

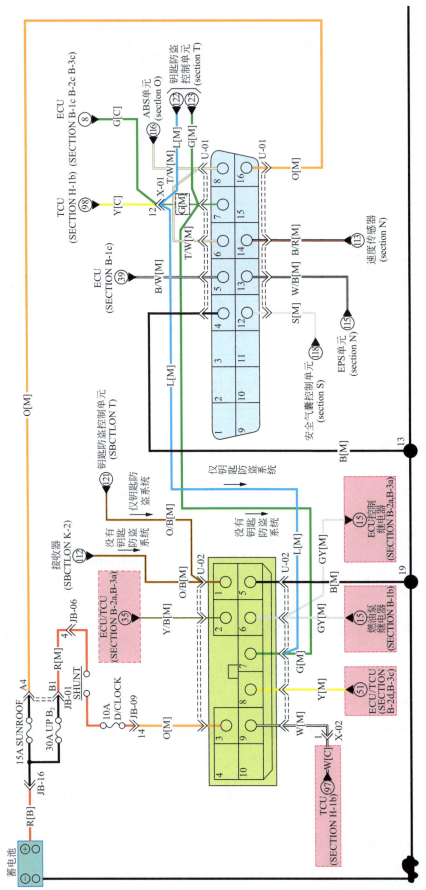

图4-105 东风悦达起亚汽车自诊断系统诊断插座电路

3.安全气囊控制单元诊断电路

安全气囊控制单元118→诊断插座端子12。

4.速度传感器诊断电路

速度传感器113→诊断插座端子14。

第十七节　车载网络系统

一、车载网络系统概述

随着电控技术在汽车上被越来越广泛地应用，汽车上的电控单元越来越多甚至达到了上百个。每个电控单元都要与多个传感器和执行器发生通信，并且各个电控单元间也需要进行信息交换，如果每个电控单元的信息都通过各自独立的数据线进行传输，这就会导致电控单元针脚数目越来越多，整个电控系统的线束和连接器也会越来越多。为了简化电控系统的线路，提高各电控单元之间的通信速度，降低电控系统的故障频率，越来越多的车型采用车载网络系统。

二、车载网络系统的组成及工作原理

汽车车载网络系统通常由一个控制器、一个收发器、两个数据传输终端和两条数据传输线组成。除数据传输线外，其他元器件都置于控制单元内部。各个控制单元并联在数据传输线上，构成车载网络系统。位于数据传输线上的每一个电控单元都有一个读取器来接收并发送信号，这样就实现了车载网络系统内输入信号的共享，即一个传感器可以同时向几个电控单元发送信号，一个执行器又可以同时接收几个电控单元的信号。其工作原理如图4-106所示。

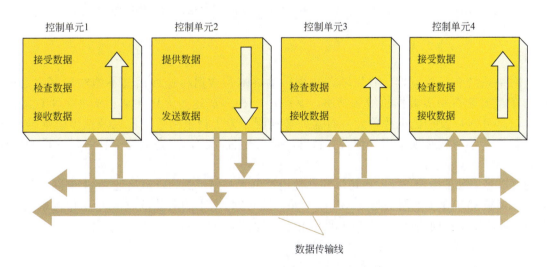

图4-106　车载网络系统数据传输线的具体传输过程

车载网络系统各部分的工作原理如下。

1. 车载网络控制器

车载网络控制器用来接收各控制单元传来的数据,并对这些数据进行处理,将处理以后的数据传入车载网络收发器。车载网络控制器同样也接收由车载网络收发器传来的数据,并对这些数据进行处理,将处理后的数据传到各控制单元。

2. 车载网络收发器

车载网络收发器由发送器和接收器组成,它将车载网络控制器输出的数据转变成电信号并通过数据总线发送出去。同时,它也接收数据总线数据,并将数据传到车载网络控制器。

3. 数据传输终端

数据传输终端实质上是一个定值电阻,其作用是防止数据在数据终端被反射回来,因为产生的反射波将会影响数据线上正常的数据传输。

4. 数据传输线

数据在数据传输线上进行双向传递,为了防止外界电磁波的干扰和向外辐射电磁波,数据传输线采用两条缠绕在一起的双绞线,其结构如图4-107所示。两条线上的电位始终保持相反,即两条线上的电压总和始终保持为一常数。例如一条线上为5V,则另一条线上为0V,如图4-108所示。通过这种方法,数据传输线得到了保护,不仅使数据传输线免受外界电磁波的干扰,还使其保持中性,不向外界辐射电磁波。数据传输线采用双绞线还有另一个优点就是能提供备份数据,即在一条传输线出现故障不能正常传输时,另一条能保证整个系统正常运行,提高了数据传输和车载网络运行的可靠性。

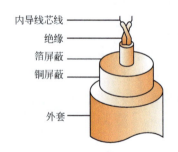

图4-107 数据传输线的结构

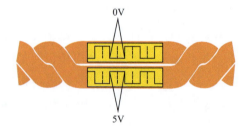

图4-108 数据传输线上的电位

5. 网关

车载网络系统有了控制器、收发器、数据传输终端和数据传输线后并不能实现网络数据传递,这是因为车上安装有很多数据总线和网络,必须用一种方法达到信息共享和不产生协议间的冲突。例如,车门打开时,发动机电控单元有时需要被唤醒。为了使采用不同协议及速度的数据总线间实现无差错数据传输,就必须采用一种具有特殊功能的电控单元,来完成这个任务,这样的电控单元就是网关。

网关可以是单独的电控单元,也可以和其他电控单元共用。例如一汽奥迪A6上的网关是组合仪表电控单元,奔驰S320车上的网关是点火控制单元,宝马745车上的网关是ZGM中央电控单元。网关工作状态的好坏决定了不同的总线、模块和网络相互间通信质量的好坏。网关的具体作用有:

① 实现整个车载网络系统车辆数据的同步性;
② 激活和监控整个车载网络系统的工作状态;

③ 负责接收和发送整个车载网络系统的数据信息；

④ 把车载网络系统里的数据信息转变成 OBD–Ⅱ 诊断系统功能识别的数据语言，方便诊断信息的输出；

⑤ 实现低速数据传输网络和高速数据传输网络信息的共享。

6. 通信协议

通信协议决定了车载网络系统数据传输的先后顺序，相当于车载网络系统的"交通规则"。例如当电控单元 A 检测到发动机冷却液温度过高时，相对于其他不太重要的信息（如电控单元 B 发送活性炭罐已满信息），具有代表传输的权力。通信协议的标准蕴含唤醒访问和握手。唤醒访问就是给处于休眠状态的电控单元一个信号，让电控单元重新正常工作。握手就是电控单元间的相互确认兼容并正常工作。通信协议的主要原则如下。

① 在一个简单的通信协议中，电控单元不分主次。电控单元间的信息按优先原则进行传递。电控单元知道该接收什么信息，该忽略什么信息。

② 在车载网络系统里，一个电控单元是主电控单元时，则其他为从属电控单元。根据优先原则，主电控单元决定从属电控单元是否发送信息，何时发送信息。

③ 通信协议中的仲裁系统按照每条信息的数字拼法为各数据传输设定优先规则。例如，以数字 1 结尾的信息要比以 0 结尾的具有优先权。

世界上各国各汽车制造厂家对通信协议没有统一规定。目前世界上主要运用的车载网络通信协议如表 4-14 所示。

表4-14　世界主要车载网络通信协议简介

通信协议名称	开关公司	应用
VAN	法国标致-雪铁龙汽车集团 雷诺汽车公司 JAERGER 公司	主要应用于车身系统，在通信速率方面有待进一步优化
CAN	德国博世公司	应用于高速网络传输
J1850	美国汽车工程师学会	主要应用于美国汽车公司和日本汽车公司的车身系统
A-BUS	德国大众汽车公司	应用于低速率和高速率信息网络传输
I-BUS	德国宝马汽车公司	低速率网络信息传输
ST-FIAT	法国 SGS–THOMSON 公司 意大利菲亚特汽车公司	低速率信息网络传输

三、车载网络系统识图示例

车载网络系统一般不作为一个单独的系统用电路图画出来，常和其他系统画在一起，把两条数据传输线标注出来，如图 4-109 所示。在阅读到车载网络系统的电路图时，只需要知道哪两条是数据传输线就可以了，至于数据传输线上传递的信号从电路图上是无法看出来的，只有参考其他相关资料才能读懂。

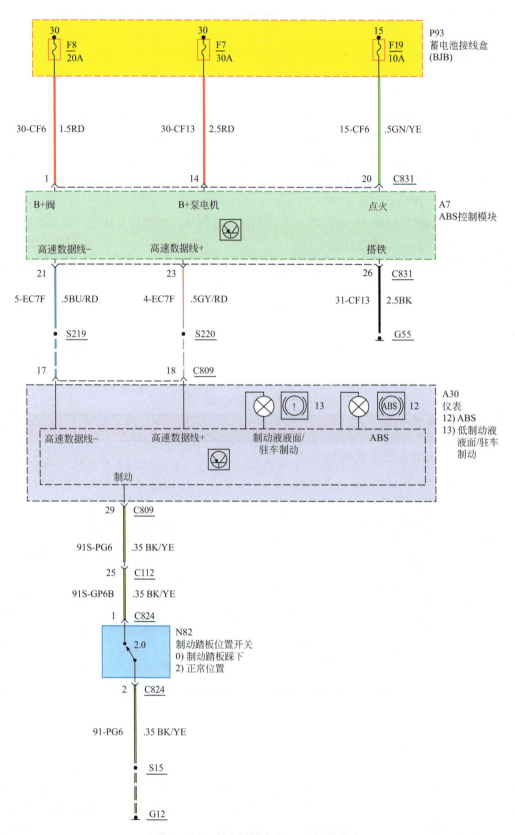

图4-109 长安福特汽车ABS系统电路

第十八节　中央集控门锁

一、中央集控门锁概述

中央集控门锁是一种由钥匙控制四门门锁锁闭与开启的装置，如图4-110所示。

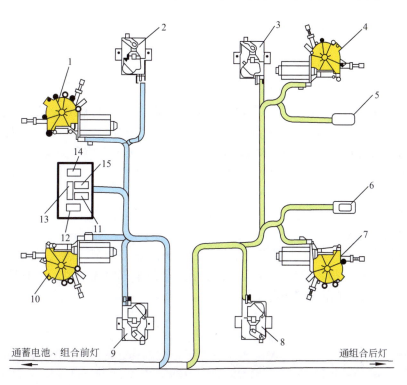

图4-110　中央集控门锁的布置图

1—右前摇窗机电动机；2—右前集控闭锁器；3—右后集控闭锁器；4—右后摇窗机电动机；5—右后摇窗机开关；6—左后摇窗机开关；
7—左后摇窗机电动机；8—左后集控闭锁器；9—左前集控门锁控制器；10—左前摇窗机电动机；11—左后摇窗机开关；
12—左前摇窗机开关；13—安全开关（按下后可锁定后车门玻璃升降）；14—右前摇窗机开关；15—右后摇窗机开关

门锁的锁闭与开启有两种方式可供选择。一是独立地按下或提起右前、右后和左后车门上的门锁提钮可分别锁闭或开启这三个车门的门锁；另一种方式是通过设在左前门上的门锁提钮或门锁钥匙对四个车门门锁的锁闭和开启进行集中控制。为此右前、左后和右后门各自采用手动和电动机驱动同步联动的门锁闭锁器，左前门的门锁只有通过钥匙（车外钥匙）和提钮（车内锁门）手动进行锁闭和开启操作。但门锁操纵机构通过一个联动的连杆同步带动一个集控开关，通过该开关可以同时控制其他车门的锁闭与开启机构，对各自的车门门锁进行集中的操纵。

二、中央集控门锁系统识图示例

如图4-111所示，将左前门门锁提钮压下，集控开关第2位触点被接通。由于提钮压下过程中，集控开关的附带的控制触点K已被短暂闭合过，故左前集控门锁控制器（J53）已使其触点闭合。这时A路电源经熔丝，并通过J53的闭合触点及集控开关第二掷第2位加至集控门锁内部电源线P2；与此同时电源的负极经集控开关第一掷第2位加至集控门锁内部电源线P1。电动机V30、V31和V32反转，带动各自门锁锁闭。1～2s后，J53控制其已闭合的触点断开，从而切断了为电动机供电的A路电源，电动机停转，并一直保持此状态。

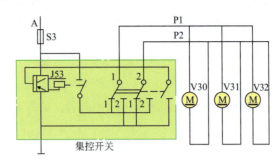

图4-111 中央集控门锁电路图

S3—熔丝；P1，P2—内部电源线；J53—左前集控门锁控制器；V30，V31，V32—右前，右后，左后集控门锁电动机

若左前门门锁操纵提钮拔起，集控开关第2位触点被断开，第1位触点闭合。在这一过程中，集控开关附带的控制触点K又被短暂闭合，从而使J53的触点再次闭合1～2s。这时A路电源经J53的闭合触点和集控开关第一掷第1位加至内部电源线P1；而电源的负极经集控开关第二掷第1位加至内部电源线P2。内部电源的供电电压极性改变，电动机V30、V31和V32正转，带动各自的门锁开启。1～2s后，J53控制其已闭合的触点断开，电动机停转。

由于图4-111中A路电源为车内常火线，与蓄电池直接相连，所以中央集控门锁对门锁的控制功能与点火开关的钥匙位置无关。

在中央集控门锁失灵时，应该先观察是全部门锁失灵还是某个车门锁失灵。如果全部门锁失灵一般是由电源断路、集控开关损坏等原因造成的；如果只是某个车门锁失灵，一般是该门锁机械方面的故障，只要拆检故障所在车门即可查出。

第十九节　电动后视镜

一、电动后视镜概述

电动后视镜主要由镜面玻璃、双电动机、连接件、传递机构及其壳体等组成，如图4-112所示。控制开关由旋转开关、摇动开关和线束等组成，安装在左前门内饰板上。电动后视镜电路图如图4-113所示。

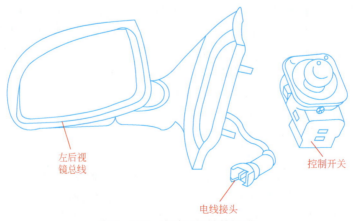

图4-112 电动后视镜的组成

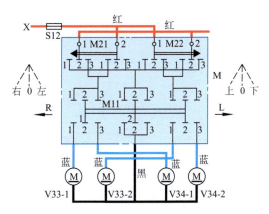

图4-113 电动后视镜电路图

S12—熔丝；M—电动后视镜开关；M11，M21，M22—电动后视镜分开关；
V33-1，V33-2—右镜左右，上下电动机；V34-1，V34-2—左镜左右、上下电动机

二、电动后视镜系统识图示例

如图4-113所示，左、右外侧电动后视镜由设置在左前门内把手上端的调整开关控制。当点火开关处于"ON"位置，将此开关旋转，可选择需调整的后视镜（L为左侧，R为右侧，中间为停止操作）。摇动开关可调整后视镜反射面的空间角度。

两侧电动后视镜各有两个永磁电动机，通过控制两个电动机的开关可获得二顺二反四种电流，即可进行四种运动，使镜面产生四种不同方位的位置调整。

电动后视镜如有故障，直接表现是后视镜不能被操纵，此时可以进行如下检查。

① 首先检查熔丝和断电器（过载保护），然后用万用表测试开关总成。

② 如果开关完好，应用12V电源的跨接线检查电动机的工作情况，接线换向时，电动机也应反向转动。

③ 如果电动机工作正常，而后视镜仍不运动，应检查连接后视镜控制开关和车门或仪表板金属件的搭铁情况。